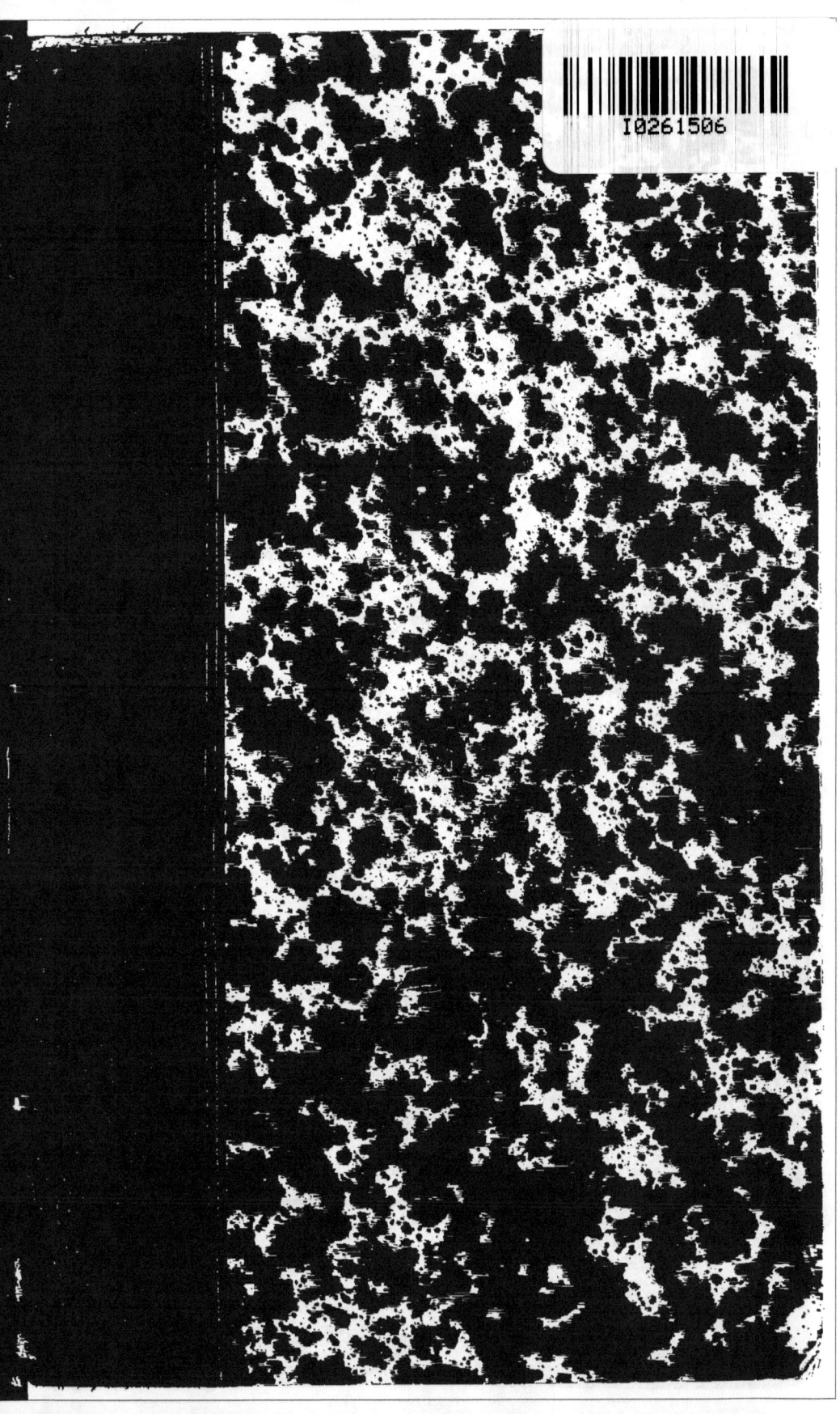

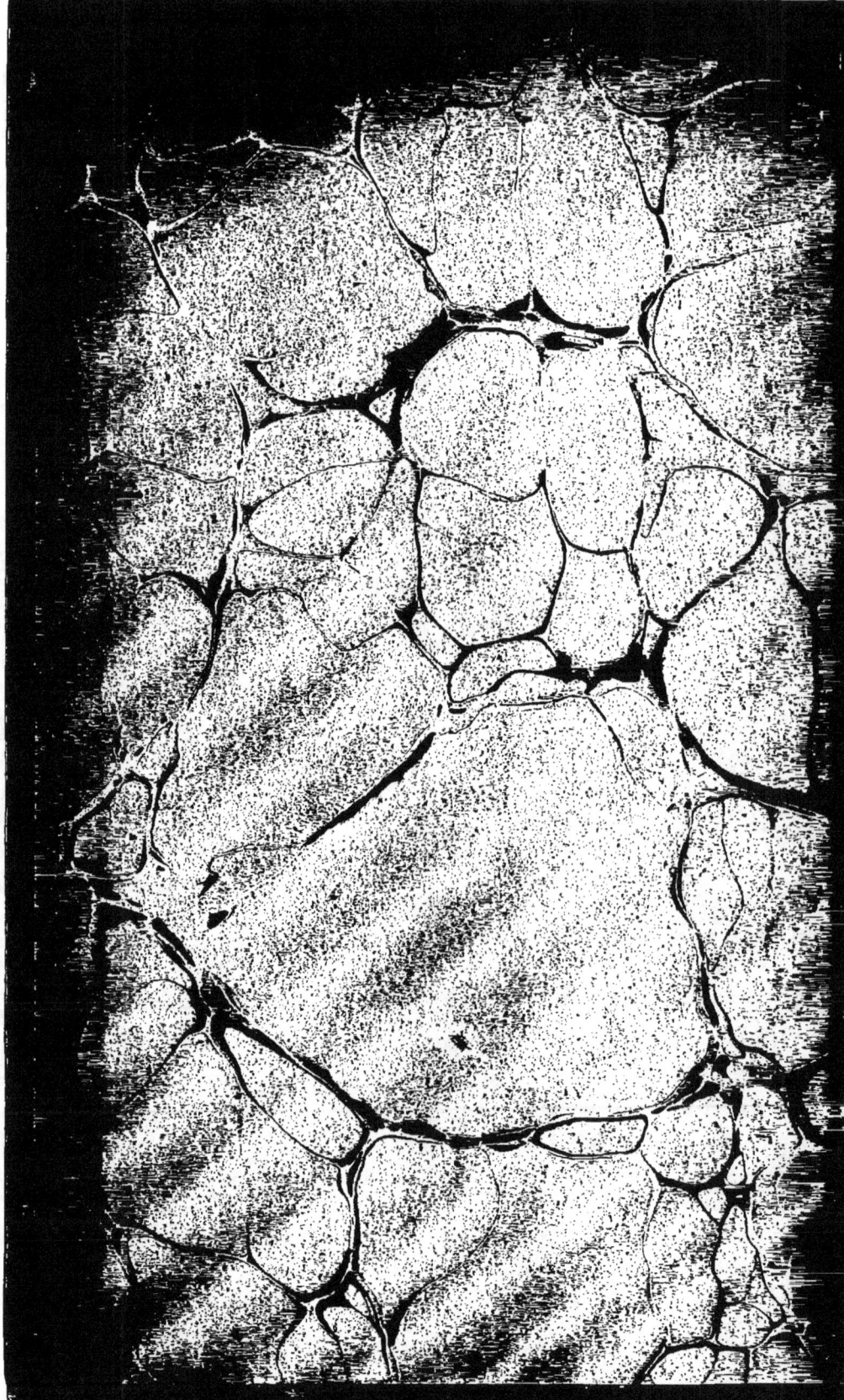

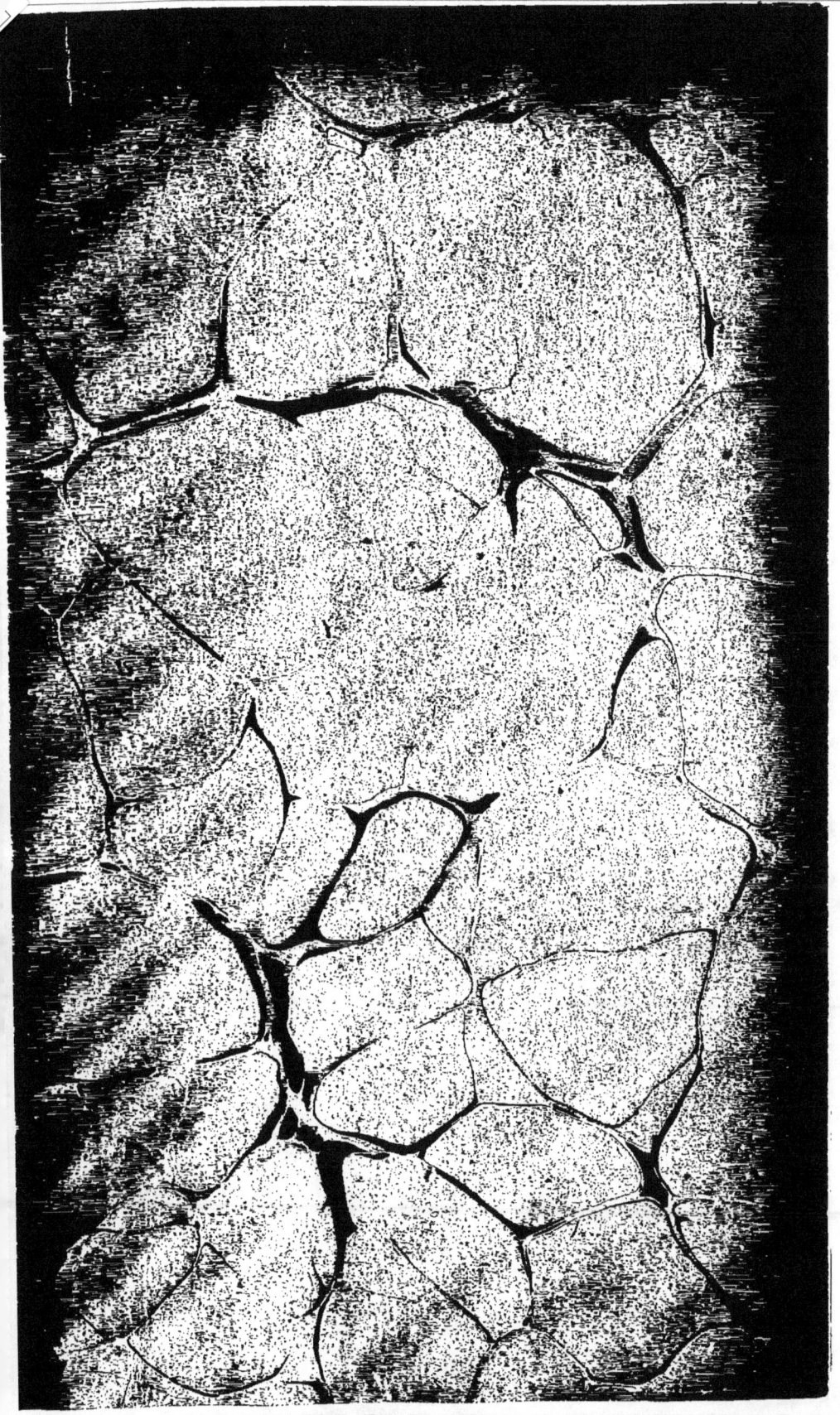

(Conserver la Couverture)

LA Guerre

DE

1870-71

CAMPAGNE DE L'ARMÉE DU NORD

II

PONT-NOYELLES

PARIS
LIBRAIRIE MILITAIRE R. CHAPELOT et Cie
IMPRIMEURS-ÉDITEURS
30, Rue et Passage Dauphine, 30

—

1903

Tous droits réservés.

LA
GUERRE DE 1870-71

CAMPAGNE DE L'ARMÉE DU NORD

II
PONT-NOYELLES

Publié par la Revue d'Histoire

rédigée à la Section historique de l'État-Major de l'Armée

LA Guerre

DE

1870-71

CAMPAGNE DE L'ARMÉE DU NORD

II

PONT-NOYELLES

PARIS
LIBRAIRIE MILITAIRE R. CHAPELOT et Cⁱᵉ
IMPRIMEURS-ÉDITEURS
30, Rue et Passage Dauphine, 30
—
1903
Tous droits réservés.

SOMMAIRE

CAMPAGNE DE L'ARMÉE DU NORD

II

	Pages.
VII. — Organisation de l'armée du Nord.	1
VIII. — Surprise de Ham. Démonstration sur La Fère. Marche sur Amiens.	27
IX. — Opérations autour d'Amiens. Concentration de l'armée du Nord sur la rive gauche de l'Hallue.	56
X. — Bataille de Pont-Noyelles.	87
XI. — Retraite de l'armée sur la Scarpe. Siège de Péronne. Le général Faidherbe reprend l'offensive.	125

Documents annexes.

CHAPITRES VIII et IX.	1
— X.	74
— XI.	105

LA GUERRE DE 1870-1871

CAMPAGNE DE L'ARMÉE DU NORD

VII

Organisation de l'armée du Nord.

Pendant la journée du 27 novembre, les troupes françaises avaient vaillamment combattu pour couvrir Amiens ; mais hâtivement embrigadées, sans approvisionnements, ni convois, avec un commandement faiblement constitué et sans états-majors, elles étaient privées des moyens nécessaires pour continuer la lutte. Ce ne fut qu'après leur retraite, après que de nouvelles ressources les eurent complétées, que l'armée du Nord fut réellement organisée.

« Elle n'a pas eu », a dit le général Faidherbe, « la même importance, par le nombre, que les autres armées de la République, mais elle a brillé, entre toutes, par son organisation, par sa discipline, et par l'excellent esprit dont elle a toujours été animée. »

Ce témoignage serait incomplet si l'on oubliait que les vertus militaires, citées par le général en chef, furent la conséquence des exemples qu'il donna lui-même, ou des mesures qu'il fit appliquer. « La discipline, je l'exigerai impitoyablement » (1), disait l'ordre du 6 décembre, et la création des cours martiales en fut la confirmation.

Le général Faidherbe ne disposa pas, néanmoins, d'une armée normale (2), mais d'une réunion de soldats à peine encadrés, dont l'effectif constamment réduit par les fatigues et les privations, ne dépassa jamais 30,000 combattants (3).

Dès le début, la pénurie d'officiers (4) avait été le plus grand obstacle aux nouvelles formations. Les demandes adressées, à ce sujet, au gouvernement de Tours (5) ne pouvant être satisfaites, il fallut se contenter des ressources locales, pour improviser, notamment, un corps d'état-major avec quelques officiers de l'armée active, ou de la garde nationale mobile; malgré leur bonne volonté, leur inexpérience allait causer souvent des fatigues, auxquelles les troupes ne pouvaient être préparées par une instruction sommaire (6).

---

(1) *Ordre du 6 décembre.*

« Les moindres actes de violence, de rapine, de maraude, devront être punis avec la dernière rigueur par les chefs auxquels ils seront dénoncés, et au besoin par les conseils de guerre et les cours martiales qui seront constitués partout. Ce n'est que de cette façon que nous obtiendrons le concours loyal des populations ».

(2) Général Faidherbe. *La Campagne du Nord.*

(3) Général de Villenoisy.

(4) Le général, à titre auxiliaire, Rittier, était chargé de tenir le contrôle de tous les officiers et de préparer les mutations.

(5) Dépêche du 4 décembre.

(6) Les hommes ne devaient faire partie des bataillons actifs qu'après avoir tiré au moins trois balles, mais cette prescription ne fut pas toujours observée. (Général de Villenoisy.)

Artillerie. — L'une des premières préoccupations du général Farre, en rentrant à Lille après la bataille de Villers-Bretonneux, avait été de compléter l'artillerie, et d'organiser le ravitaillement en munitions.

Dès le 4 décembre, la 3e batterie *ter* du 15e était en formation à Lille, et quinze jours plus tard la 3e batterie *bis* du 15e, la 4e batterie *bis* du 15e, et une batterie de 4, formée à Arras par des gardes mobiles du Pas-de-Calais, avaient rejoint l'armée.

A Arras, le lieutenant de vaisseau Rolland organisait aussi une batterie avec les mobilisés du Pas-de-Calais (1), des marins, des sapeurs-conducteurs du génie.

A Douai, furent ramenées les pièces de 4 appartenant à la garde nationale d'Amiens; elles devaient être servies par la 1re batterie de la Seine-Inférieure (2), capitaine Belleville, mais ne purent être mobilisées pour prendre part à la bataille de Pont-Noyelles.

En résumé, le 20 décembre, onze batteries de campagne dont sept de 4, trois de 12, une de 8, étaient à l'armée. Elles avaient un effectif moyen de 120 sous-officiers et canonniers (3), 100 chevaux, six caissons, un chariot de batterie, une forge, un affût de rechange. Le matériel de deux autres batteries de 4 était prêt (4).

On utilisa en même temps les pièces de 4 de montagne, qui formèrent quatre batteries, servies par la

---

(1) Cette batterie sera chargée, le 23 décembre, de servir quatre pièces en acier de 9 centimètres achetées en Angleterre.

(2) Dépêches du général Treuille de Beaulieu, 16 décembre et jours suivants. Voir les pièces annexes.

(3) Effectifs des batteries (*Archives de l'Artillerie*) :
Batteries de 4 : 3 officiers, 123 hommes, 91 chevaux, y compris 3 attelages haut-le-pied.
Batteries de 8 et de 12 : 3 officiers, 144 hommes, 115 chevaux.
Batteries mixtes : 1 lieutenant de vaisseau, 2 enseignes, 75 marins, 65 conducteurs du train, 98 chevaux.

(4) Lettre du colonel Briant, 16 décembre ; voir les pièces annexes.

2ᵉ batterie de la garde mobile de la Seine-Inférieure, capitaine Montégut, par des gardes mobiles du Nord, et par quelques anciens soldats (1).

Avant la bataille de Pont-Noyelles, huit de ces pièces furent ramenées d'Avesnes à Lille, et confiées aux mobiles du Finistère, capitaine Benoît (2).

Chaque pièce de 4 de montagne était généralement attelée de deux chevaux, et avait un approvisionnement de 100 coups, porté par un mulet, ou sur des voitures de réquisition.

Enfin, deux pièces de montagne, avec les munitions nécessaires et un pont volant, furent destinées à être placées sur un truc de chemin de fer (3).

On prépara également une réserve avec quatre pièces de 12 de campagne, huit de 12 de siège, et 150 coups par pièce ; elle arriva à Albert le 17 décembre, mais ne fut pas utilisée.

La création des parcs, destinés au ravitaillement en munitions, avait été décidée le 4 décembre. Un petit approvisionnement, comprenant 109,302 cartouches d'infanterie, était prêt à Cambrai le 8, et, le 19 décembre, arrivèrent à Albert 33 voitures d'artillerie (3 caissons par batterie) et 42 caissons modèle 1840, contenant chacun 20,000 cartouches (4). Ils étaient conduits par des

---

(1) Deux de ces batteries furent envoyées à Abbeville et formèrent ensuite l'artillerie de la 4ᵉ division. Deux autres furent confiées au lieutenant-colonel Martin.

(2) Cette batterie n'était pas prête au moment de la bataille de Pont-Noyelles.

(3) Elles arrivèrent à Albert le 19 décembre, mais ne furent pas employées.

(4) *Le Sous-Chef d'état-major au Général en chef.*

Lille, le 19 décembre.

« Il existe actuellement trois parcs :

1° Parc de siège : 12 pièces et munitions sur wagons, pont de

hommes de la garde mobile, par la 3ᵉ compagnie *ter* du 1ᵉʳ régiment du train (1), et attelés avec des chevaux de réquisition. Seul le parc de la 4ᵉ division, créé le 19 décembre, ne figura pas à la bataille de Pont-Noyelles.

Ces ressources parurent insuffisantes, car un ordre du 20 décembre prescrivait l'organisation d'une deuxième demi-ligne de caissons (un par bataillon, trois par batterie), qui ne fut prête qu'à la fin du mois, et constitua en réalité le grand parc.

Des dépôts de munitions, alimentés par une fabrication active, par des achats à l'étranger, commençaient à exister à Douai, Lille, Arras et Cambrai (2). Mais les armes manquaient. A la date du 18 décembre, il ne restait plus en excédent que 437 fusils modèle 1866 (3), une pièce de 12 rayée de campagne, sans caisson, 30 pièces de 8 non rayées, 80 pièces de 4 sans affûts, 60 caissons de 4, et un assez grand nombre de caissons de 8, avec compartimentage incomplet; les forges, les

---

débarquement, 1 sous-officier, 5 brigadiers, 16 hommes, avec ordre de ne pas quitter le train sur lequel est chargé le parc ;

2° Parc de munitions d'artillerie : 1/2 ligne de caissons pour 11 batteries, 33 voitures attelées avec chevaux et conducteurs d'artillerie ;

3° Parc de munitions d'infanterie : une voiture par bataillon, soit 42 voitures pour les trois premières divisions ; 1 sous-officier, 2 brigadiers, 10 hommes, dont 2 ouvriers par division. »

(Voir les pièces annexes pour d'autres détails, notamment une lettre du commandant Charon du 10 décembre et la circulaire du 25 décembre, réglant le réapprovisionnement des munitions.)

(1) Créée le 7 décembre.

(2) 150,000 cartouches 66 à Douai, 325,000 à Lille, 335,000 à Arras, 200,000 à Cambrai. (Lettre du commandant Charon, du 10 décembre.)

100,000 cartouches 66 arrivaient d'Angleterre à Dunkerque, le 9 décembre. L'ingénieur des mines Matrot achetait des capsules en Belgique.

(3) Voir l'état des approvisionnements, à la date du 5 décembre et la dépêche du colonel Briant, du 17 décembre.

chariots de batterie, restaient seuls en assez grande quantité (1).

Infanterie. — Conformément aux ordres du Ministre de la guerre (2), les bataillons furent groupés en régiments de marche (3). Le 67ᵉ se forma avec deux bataillons du 75ᵉ, un du 65ᵉ; le 68ᵉ avec deux du 24ᵉ, un du 64ᵉ; le 69ᵉ avec deux du 43ᵉ, un d'infanterie de marine.

Les dépôts contenaient encore des ressources qui permirent la formation de neuf nouveaux bataillons, dont deux de chasseurs à pied (4).

Le numérotage des bataillons de chasseurs fut modifié par ordre du Ministre. Le 1ᵉʳ bataillon, les 1ᵉʳ et 2ᵉ du 2ᵉ chasseurs, devinrent respectivement les 18ᵉ, 2ᵉ, 19ᵉ bataillons; seuls, les 17ᵉ et 20ᵉ conservèrent leur appellation primitive.

Cavalerie. — Des ordres étaient déjà donnés pour la formation des 5ᵉ et 6ᵉ escadrons (5), lorsqu'une lettre du Ministre, en date du 17 décembre, fit connaître que les quatre premiers, dénommés escadrons du 7ᵉ dragons, auraient leur dépôt à Fougères (6), que les deux autres,

---

(1) Voir la correspondance du 17 décembre.
(2) Voir la correspondance des 1ᵉʳ, 5, 7 décembre.
(3) Les dépôts des bataillons continuaient à les administrer. Chaque bataillon avait 5 compagnies à 150 hommes, et 3 officiers.
(4) Le 2ᵉ bataillon du 91ᵉ était formé dans les derniers jours de novembre. Le 17 décembre, création du 3ᵉ bataillon du 24ᵉ, du 2ᵉ bataillon du 33ᵉ, du 2ᵉ bataillon du 65ᵉ; le 19 décembre, création du 3ᵉ bataillon du 75ᵉ, du 2ᵉ bataillon du 64ᵉ; le 21, création à Lille d'un bataillon étranger (114 hommes le 7 janvier); à Douai, formation du 24ᵉ bataillon de chasseurs, avec des détachements des 2ᵉ et 20ᵉ bataillons; à Boulogne, puis à Saint-Omer, formation du 25ᵉ bataillon de chasseurs, dénommé plus tard 26ᵉ.
(5) Voir les pièces annexes, 9 et 10 décembre.
(6) Ce dépôt arriva néanmoins à Dunkerque, au commencement de janvier, avec la 1ʳᵉ compagnie *bis* du 3ᵉ génie, et fut envoyé à Valenciennes.

rattachés au 11ᵉ dragons, constitueraient leur dépôt à Lille.

Mais les chevaux, les cadres manquaient, et les harnachements achetés en Belgique ne suffisaient pas aux besoins (1).

Génie. — Mézières avait envoyé 70 sapeurs, qui servirent de noyau à la 2ᵉ compagnie *ter* du 2ᵉ génie, formée le 12 décembre à Lille (2), et le Ministre annonçait le 18, qu'il allait diriger vers le Nord la 1ʳᵉ compagnie *bis* du 3ᵉ génie. Un parc de sept voitures fut organisé.

Garde mobile. — Si quelques officiers de garde mobile avaient fait preuve de qualités militaires (3) pendant la journée du 27 novembre, d'autres s'étaient laissés aller à de fâcheuses défaillances. Le général Farre, M. Testelin, le lieutenant-colonel de Villenoisy délibérèrent à ce sujet. On décida que tous les grades, jusqu'à celui de capitaine inclus, seraient donnés à l'élection, et comme atténuation de cette mesure, on renvoya plus tard dans leurs foyers les officiers jugés incapables. En outre tous les officiers supérieurs, et les adjudants-majors, furent considérés comme démissionnaires, et remplacés en partie par des officiers de l'armée active, choisis par le général en

---

(1) Le commandant Cominal achetait des selles, des harnais, en Belgique. (Dépêche du 19 décembre.)

(2) Effectif : 4 officiers, 150 sous-officiers, caporaux et sapeurs. (Ordre du 12 décembre.)

(3) Le général de Villenoisy cite, pour sa brillante conduite, le commandant de Brigode, du 9ᵉ bataillon du Nord, qui, malgré son grand âge et bien que son fils eût été tué à ses côtés, à Villers-Bretonneux, fit preuve d'une grande vaillance et d'une incessante sollicitude pour ses hommes.

chef (1). Ces mesures donnèrent de bons résultats, et furent complétées par la création, ou la réorganisation, de plusieurs corps.

Un ordre du 10 décembre organisa à Arras le 48ᵉ régiment *bis*, avec les 10ᵉ (commandant Chevreux), 11ᵉ (commandant Raynaud), 12ᵉ (commandant Frey) bataillons du Nord (2).

Les 2ᵉ et 3ᵉ bataillons du Gard, le 3ᵉ bataillon *bis* qu'ils fournirent, furent dénommés 44ᵉ régiment de mobiles (3).

---

(1) *Officiers de l'armée active nommés dans la garde mobile.*

91ᵉ régiment de mobiles : lieutenant-colonel Fovel, capitaine dans l'armée active, évadé de Metz.

44ᵉ régiment de mobiles : lieutenant-colonel Lemaire, capitaine dans l'armée active ; commandant Do (3ᵉ bataillon *bis*), capitaine dans l'armée active.

101ᵉ régiment de mobiles : lieutenant-colonel de Brouard et commandant Bouilly (2ᵉ bataillon), évadés de Metz.

47ᵉ régiments de mobiles : lieutenant-colonel Lebel, commandants Marcenary (5ᵉ bataillon), Colombier (6ᵉ bataillon), capitaines dans l'armée active.

48ᵉ régiment de mobiles : lieutenant-colonel Degoutin, capitaine au 75ᵉ ; commandants Pyot (7ᵉ bataillon), Vernhette (9ᵉ bataillon), capitaines dans l'armée active.

48ᵉ *bis* régiment de mobiles : lieutenant-colonel Lebœuf, chef de bataillon au 43ᵉ ; commandant Chevreux (10ᵉ bataillon), capitaine de chasseurs à pied.

(2) Le 11ᵉ bataillon du Nord avait été formé à Dunkerque, le 14 novembre, à l'effectif de 1200 hommes. Chaque bataillon du 48ᵉ *bis* eut 5 compagnies à 150 hommes.

(3) Chaque bataillon du 44ᵉ mobiles avait 5 compagnies à l'effectif de 142 hommes.

Le régiment était commandé par le lieutenant-colonel Saignemorte, et, à partir du 22 décembre, par le lieutenant-colonel Lemaire.

Le 2ᵉ bataillon fut commandé par le capitaine Chambon à partir du 29 décembre, le 3ᵉ *bis* par le commandant Do, capitaine dans l'armée active.

Les dépôts du 44ᵉ mobiles et du 101ᵉ mobiles furent établis à Gravelines le 2 janvier.

Le 3ᵉ bataillon de la Marne et le 4ᵉ de la Somme formèrent le régiment de Somme-et-Marne, devenu plus tard le 101ᵉ régiment (1).

Les 5ᵉ (commandant Matis), 6ᵉ (commandant Pessez), 7ᵉ (commandant Nègre Lespine) bataillons du Pas-de-Calais devinrent le 91ᵉ mobiles sous les ordres du lieutenant-colonel Fovel (2).

Les 4ᵉ (commandant du Châtelet) et 5ᵉ (commandant Atché) bataillons de l'Aisne devaient constituer un régiment (3), dénommé 91ᵉ *bis*, puis 103ᵉ, qui ne participa qu'aux dernières opérations.

Enfin, les compagnies restantes des neuf bataillons du Nord permirent d'organiser un nouveau régiment à 3 bataillons, appelé 46ᵉ *bis* et plus tard 102ᵉ (4).

Garde nationale mobilisée. — Les décrets du 29 septembre et du 11 octobre ayant mis à la disposition du Gouvernement de la Défense nationale tous les céli-

---

(1) Il était commandé par le lieutenant-colonel de Brouard, capitaine échappé de Metz ; le 1ᵉʳ bataillon, commandant Huré, fut formé des cinq premières compagnies du bataillon de la Somme ; le 2ᵉ bataillon, commandant Bouilly, lieutenant échappé de Metz, comprenait les 6ᵉ et 7ᵉ compagnies de la Somme, les 6ᵉ, 7ᵉ et 8ᵉ compagnies de la Marne ; le 3ᵉ bataillon, commandant du Hamel de Breuil, comprenait les cinq premières compagnies du bataillon de la Marne.

(2) Le 5ᵉ bataillon comprenait les 1ʳᵉ, 2ᵉ, 3ᵉ, 4ᵉ, 6ᵉ compagnies ; le 6ᵉ bataillon, les 2ᵉ, 3ᵉ, 5ᵉ, 7ᵉ, 8ᵉ compagnies ; le 7ᵉ bataillon, les 1ʳᵉ, 3ᵉ, 4ᵉ, 7ᵉ, 8ᵉ compagnies ; les autres compagnies restaient au dépôt à Arras.

(3) Ordre du 20 décembre.
Le dépôt du 91ᵉ *bis* était rattaché à celui du 91ᵉ régiment de mobiles à Arras. Les 6ᵉ, 7ᵉ et 8ᵉ compagnies du 4ᵉ bataillon, prisonnières à La Fère, avaient été reformées avec des hommes évadés de Laon, Soissons, La Fère.

(4) Ce régiment, commandé par le lieutenant-colonel de Vintimille, prit part à la bataille de Saint-Quentin après avoir été formé à Maubeuge, Valenciennes, Landrecies avec les 3ᵉ et 4ᵉ compagnies du 1ᵉʳ bataillon

bataires, ou veufs sans enfants, de 21 à 40 ans (1), le général Faidherbe essaya de les utiliser, et forma la 4ᵉ division, avec 14 bataillons, à 5 compagnies, du département du Nord (2).

Restaient environ 18,000 hommes destinés à former des troupes de garnison (3).

---

du Nord, les 1ʳᵉ, 2ᵉ, 7ᵉ compagnies du 2ᵉ ; les 2ᵉ et 3ᵉ compagnies du 3ᵉ ; la 6ᵉ compagnie du 4ᵉ ; la 2ᵉ compagnie du 5ᵉ ; les 6ᵉ et 7ᵉ compagnies du 6ᵉ ; les 3ᵉ et 7ᵉ compagnies du 7ᵉ ; les 3ᵉ et 7ᵉ compagnies du 8ᵉ ; la 5ᵉ compagnie du 9ᵉ.

Les 1ᵉʳ, 2ᵉ, 3ᵉ bataillons du 46ᵉ *bis* étaient respectivement sous les ordres des commandants Krafft, ancien officier de marine, Stiévenard et Robin. (Voir les pièces annexes à la date du 9 janvier.)

(1) Le décret du 2 novembre ajoutait à ces catégories les hommes mariés ou veufs, qui ne furent pas appelés.

Dépêche du Ministre de la guerre.

2 décembre.

« Vous pourrez, d'accord avec l'autorité civile, prendre sous votre commandement tous les mobilisés qui seraient en état de faire campagne. »

(2)   *Ordre du général Faidherbe, commandant en chef.*

Lille, 10 décembre.

« Le général de division, commandant en chef le 22ᵉ corps d'armée,

Considérant que les circonstances exigent qu'on utilise dès à présent les gardes nationaux mobilisés de la région du Nord, décrète :

1° Le général commandant organisera immédiatement, au moyen de 14 bataillons, une division composée de deux brigades et qui prendra le nom de 4ᵉ division de l'armée du Nord. Cette division ira prendre ses cantonnements, jusqu'à nouvel ordre, entre Arras et Doullens. »

(3) Garde nationale mobilisée du Nord : 9 légions.

1ʳᵉ *légion* (Lille) : Les 1ᵉʳ, 2ᵉ, 3ᵉ bataillons formèrent le 1ᵉʳ régiment de marche ; le 4ᵉ bataillon (3ᵉ voltigeurs), formé à la fin de décembre, fut envoyé à Douai.

2ᵉ *légion* (Roubaix, Tourcoing, Le Quesnoy, etc.) : Les 1ᵉʳ, 2ᵉ, 3ᵉ bataillons (Roubaix, Tourcoing) formèrent le 2ᵉ régiment de marche.

3ᵉ *légion* (Armentières, Haubourdin, La Bassée, etc.) : 6 bataillons. Les 1ᵉʳ, 2ᵉ, 5ᵉ formèrent le 3ᵉ régiment de marche. Restaient 3 batail-

La 4ᵉ division, commandée par le *général* Robin, capitaine d'infanterie de marine, homme actif, mais ayant des « antécédents fâcheux » (1), qui ne devaient être connus que plus tard, fut toujours incapable de rendre des services sérieux en première ligne. Les deux chefs de brigade, anciens officiers, firent preuve de bonne volonté; les bataillons dits de voltigeurs, composés, en partie, d'anciens soldats et de volontaires, se montrèrent plusieurs fois à la hauteur

---

lons qui formèrent le 5ᵉ régiment et furent envoyés le 31 décembre à Douai.

4ᵉ *légion* (Avesnes) : 4 bataillons, 3,000 hommes.

5ᵉ *légion* (Cambrai, Le Cateau) : 5 bataillons. Le 4ᵉ forma le 2ᵉ voltigeurs. Restaient 3,300 hommes qui formèrent en partie le 9ᵉ régiment de marche.

6ᵉ *légion* : 3 bataillons qui formèrent le 7ᵉ régiment de marche.

7ᵉ *légion* (Dunkerque) : 5 bataillons, dont le 3ᵉ fut bataillon de marche.

8ᵉ *légion* (Hazebrouck) : 7 bataillons, dont 3 formèrent le 8ᵉ régiment à Douai, et un, le 3ᵉ, fut envoyé à Cambrai à la fin de décembre.

9ᵉ *légion* (Valenciennes, Bouchain) : 7 bataillons, dont deux formèrent avec le bataillon de Condé le 4ᵉ régiment de marche. Les 1ᵉʳ, 2ᵉ et 4ᵉ bataillons formèrent le 6ᵉ régiment de marche.

(1) Le *général* Robin était en non-activité, par retrait d'emploi, au début de la guerre; son chef d'état-major, M. Jeanne, fut congédié par le commissaire général après la bataille de Pont-Noyelles.

Dépositions de M. Testelin et du général Paulze d'Ivoy devant la Commission d'enquête :

M. Testelin. — Ces deux personnages avaient des antécédents fâcheux, qui n'ont été connus que plus tard ; mais je dois dire que pendant quinze jours, ils ont déployé un grand zèle et fait preuve d'une habileté plus qu'ordinaire. Ce sont deux hommes décriés, mais comme militaires ils ne manquent pas de talent.

Général Paulze d'Ivoy. — MM. Robin et Jeanne étaient les deux plus mauvais sujets que j'aie jamais vus.

Le Président. — M. Robin a dû alors conduire fort mal sa division?

Général Paulze d'Ivoy. — Il ne l'a pas conduite du tout.

des circonstances; on verra que d'autres aussi se signalèrent; mais mal armés, sans cadres (1), sans instruction, les mobilisés ne constituaient, en général, qu'un appoint numérique.

Dans la hâte de l'organisation, on avait acheté des chaussures de mauvaise qualité (2); les armes étaient défectueuses (3); une lettre collective, adressée le 13 décembre au général Robin par ses chefs de corps, signale que « plus de la moitié des hommes ne sait pas faire la charge, ne peut ni démonter ni nettoyer les armes, n'a pas de pièces de rechange, que les effets d'équipement manquent, que le service médical n'est pas assuré, que les chaussures sont en mauvais état, et que, dans ces conditions, le départ pour l'armée paraît être impossible ».

Le 20 décembre, la composition de la 4e division était celle-ci :

Commandant de la division : général Robin.

Chef d'état-major : Ch. Jeanne.

Intendant : M. Bohy.

1re *Brigade*. — Colonel Brusley.

Commandant Foutrein : 1er bataillon de voltigeurs, 480 hommes (fusils modèle 1866).

Lieutenant-colonel Loy : 1er régiment de marche, comprenant les 1er, 2e et 3e bataillons de la 1re légion :

---

(1) Les officiers étaient élus par la troupe. Quelques chefs de bataillon étaient d'anciens sous-officiers.

(2) « Les mobilisés étaient des gens qui, pour la plupart, ne manquaient de rien chez eux ; on les a rassemblés à la hâte, et, au bout de quinze jours, on les a conduits au feu dans une saison effroyable. Quant aux chaussures, qui ont été usées au bout de quinze jours, etc... » (Déposition de M. Testelin devant la Commission d'enquête.)

(3) « Au moment de la distribution, les armes étaient intactes, mais quand il fallait se mettre en route, il manquait presque toujours quelque pièce importante. » (Déposition de M. Testelin devant la Commission d'enquête.)

2,534 hommes; un de ces bataillons était armé de carabines modèle 1859, et les deux autres de fusils modèle 1866.

Lieutenant-colonel de Courval (1) : 2ᵉ régiment de marche, comprenant les 1ᵉʳ, 2ᵉ et 3ᵉ bataillons de la 2ᵉ légion : 2,230 hommes; les 2ᵉ et 3ᵉ bataillons étaient armés de fusils modèle 1863 (2); le 1ᵉʳ bataillon, 907 hommes, était armé de carabines modèle 1859.

2ᵉ Brigade. — Colonel Amos.

Commandant Lacourte-Dumont : 2ᵉ bataillon de voltigeurs (4ᵉ bataillon de la 5ᵉ légion), 683 hommes (fusils modèle 1866).

Lieutenant-colonel Chas : 3ᵉ régiment de marche, comprenant les 1ᵉʳ, 2ᵉ et 5ᵉ bataillons de la 3ᵉ légion (547 hommes, armés de fusils modèle 1866, 1310 hommes, armés de fusils modèle 1863).

Lieutenant-colonel Brabant : 4ᵉ régiment de marche, comprenant les 5ᵉ, 6ᵉ et 7ᵉ bataillons de la 9ᵉ légion (1900 hommes, armés de fusils modèle 1863).

Cavalerie. — Capitaine Leclaire.

Un escadron (38 cavaliers volontaires) (3).

La garde nationale mobilisée des autres départements fut aussi utilisée :

Aisne. — 3,500 gardes mobilisés de l'Aisne formèrent trois légions (Saint-Quentin, Vervins, Laon).

Vers le 15 décembre, le Cateau était leur centre d'organisation désigné ; une compagnie du génie, trois compagnies franches armées de carabines Minié, le personnel d'une batterie, y avaient été concentrés.

---

(1) Remplaça le lieutenant-colonel Dubreuil, le 20 décembre.
(2) Abréviation désignant le fusil modèle 1857, tirant la balle modèle 1863.
(3) Cavaliers volontaires, montés, équipés, armés à leurs frais.

La légion de Saint-Quentin (lieutenant-colonel Dufayel, 3 bataillons), occupait le Nouvion ; la légion de Vervins (lieutenant-colonel Ackein, deux bataillons formés par dix compagnies), était à Douai ; la légion de Laon (commandant Bour, huit compagnies), restait à Solesmes.

Plus tard, la légion de Vervins forma le 1er régiment, la légion de Saint-Quentin le 2e, la légion de Laon le 3e (1), les compagnies franches formèrent un bataillon de voltigeurs.

Toutes ces unités armées, sauf les compagnies franches, de fusils modèle 1822, sans instruction, sans effets d'habillement, d'équipement, étaient, en réalité, sans valeur.

Pas-de-Calais. — Les quatre légions du Pas-de-Calais, commandées par des officiers retraités ou démissionnaires (2), avaient un effectif total de 17,000 hommes. Elles devaient fournir 21 bataillons, et une batterie sans matériel, dont l'habillement et l'équipement auraient dû être assurés, par des marchés passés à Amiens. L'évacuation de cette ville retarda le travail d'organisation, mais quatre bataillons de la 2e légion, à cinq compagnies de 150 hommes, purent se réunir à Béthune, pendant que le 1er bataillon de la 1re légion, commandant Garreau, restait en détachement à Bapaume, et que le 5e bataillon de la même légion, commandant Rameau, armé de fusils Enfield (3), était appelé à faire partie de la 3e division.

---

(1) Organisation du 10 janvier. A cette date, le dépôt était à Maubeuge, avec la légion de Saint-Quentin ; la légion de Vervins à Cambrai ; celle de Laon au Quesnoy. (Journal de marche. Voir la correspondance du 10 janvier, pour les effectifs.)

(2) Sauf le commandant de la 2e légion qui avait servi comme sous-officier.

(3) Ce bataillon fut toujours laissé en réserve à cause de son armement. (Lettre du commandant Rameau, du 5 janvier.)

Un ordre du 20 décembre prescrivit la création d'un 5ᵉ bataillon à Béthune, et le groupement de ces éléments pour former la brigade Pauly (1), qui devait être prête le 12 janvier.

A Arras, se trouvaient aussi douze pièces en acier achetées par l'autorité préfectorale, dont quatre figureront à la bataille de Pont-Noyelles (2).

Somme. — Il existait, en principe, trois légions, ou dix bataillons de mobilisés de la Somme, ayant un effectif total de 9,500 hommes.

En réalité, la 1ʳᵉ légion (Amiens) compta trois bataillons, le bataillon de volontaires, et une compagnie du génie ; la 2ᵉ légion (Abbeville), trois bataillons ; la 3ᵉ légion (Péronne), trois bataillons. Il faut encore mentionner cinq batteries sans matériel, soit un total de 310 officiers, 6,954 hommes, sans compter le bataillon enfermé dans Péronne (37 officiers, 934 hommes).

Après l'évacuation d'Amiens, on décida que ces hommes seraient concentrés au camp d'Helfaut, près Saint-Omer, mais les baraquements n'étant pas achevés, on réunit d'abord les 1ʳᵉ et 2ᵉ légions (4,000 hommes) à Abbeville, la 3ᵉ à Doullens (3).

Vers le 15 décembre, les 1ʳᵉ et 2ᵉ légions étaient à Boulogne, les 1ᵉʳ et 2ᵉ bataillons de la 3ᵉ à Montreuil et à Hesdin, le 3ᵉ à Péronne, l'artillerie à Calais d'où trois batteries partirent pour Abbeville, et deux furent versées dans les dépôts d'artillerie à Douai et Lille ; la compagnie du génie et les volontaires restèrent à Arras, où ils furent licenciés.

---

(1) Capitaine du génie retraité.
Voir les pièces annexes à la date du 10 janvier.
(2) Voir la lettre du préfet, datée du 10 décembre.
(3) Le 1ᵉʳ bataillon de la 1ʳᵉ légion, et le 3ᵉ de la 3ᵉ légion seuls armés ; ce dernier était à Péronne.

Convois, ambulances, service des subsistances. — Les équipages attribués aux officiers, aux fonctionnaires et aux corps de troupe de l'armée du Nord, furent réduits autant que possible (1), et fournis par réquisition. Dans les voitures à bagages d'officiers, se trouvaient deux cantines d'ambulance, par bataillon, et souvent des brancards, à l'aide desquels les hommes désignés, ou des prêtres qui suivirent en grand nombre, relevaient les blessés, et leur donnaient les premiers soins (2). Ce service était complété par une ambulance attachée à chaque division, par les ambulances organisées par des sociétés belges ou anglaises, par les hôpitaux de Cambrai, Douai, Arras, Lille, où 12,000 places avaient été préparées.

Les convois de vivres et d'effets, dont il sera fait mention, ne devaient pas toujours parvenir à assurer les distributions régulières ; aussi l'initiative des chefs de corps, la bonne volonté des municipalités fournirent-elles le plus souvent le pain ou la viande, en échange de bons réguliers, que l'administration soldait, plus tard, en espèces.

Ce fut donc par un prodigieux effort, en utilisant

---

(1) Voir aux pièces annexes l'indication détaillée de ces moyens de transport.

(2) De nombreux dominicains accompagnaient l'armée, l'un d'eux reçut quatre blessures à la bataille de Villers-Bretonneux. (Notes du général Tramond.)

Chaque ambulance avait un omnibus à dix places, pour le transport des blessés ; une voiture à deux colliers, pour le transport des brancards et des médicaments ; deux voitures à un collier, pour l'enlèvement des blessés ; tous ces équipages furent réquisitionnés par les autorités civiles, sous la direction de l'intendant Richard. (Notes du général Tramond.)

L'ambulance du quartier général ne fut organisée qu'après la bataille de Bapaume.

presque uniquement les ressources de la région, que le général Faidherbe et ses collaborateurs purent compléter les éléments si rapidement concentrés avant la bataille de Villers-Bretonneux. Ils en formèrent d'abord les deux divisions du 22ᵉ corps, puis une 3ᵉ division confiée au contre-amiral Moulac, leur adjoignirent une artillerie de réserve, les parcs, les convois nécessaires, enfin la division des mobilisés du Nord, destinée à former le 23ᵉ corps avec la division Moulac.

Au moment du départ du général en chef pour Ham, le 10 décembre, la composition de l'armée était celle-ci, bien que quelques-unes de ces unités ne fussent pas encore mobilisables :

Composition du 22ᵉ corps d'armée.

Commandant en chef : général de division FAIDHERBE.
Chef d'état-major général : général de brigade FARRE.
Détachement de 25 dragons.
Commandant de l'artillerie : lieutenant-colonel CHARON.
Commandant du génie : Colonel MILLIROUX.
Grand prévôt : capitaine TAILHADES.
Intendant en chef : intendant militaire RICHARD.
Médecin en chef : JOURDEUIL, médecin principal.
Payeur principal : M. COURTIADE.

TROUPES ATTACHÉES AU QUARTIER GÉNÉRAL :

Artillerie.

1ʳᵉ batterie mixte de 12, capitaine GIRON.
2ᵉ batterie mixte de 12, capitaine GAIGNEAU.
4ᵉ batterie *bis* du 15ᵉ (pièces de 4), capitaine BOURNAZEL (arrivée le 18 décembre).

Génie.

2ᵉ compagnie *bis* du 2ᵉ régiment du génie, capitaine ALLARD.
2ᵉ compagnie de dépôt du 3ᵒ régiment du génie, capitaine MANGIN.
Parc de génie, capitaine GRIMAUD.

Cavalerie.

Commandant Baussin :
Deux escadrons de gendarmerie, commandant de Courchamp.
Deux escadrons de dragons, commandant Roché.

1ʳᵉ DIVISION.

Commandant la division : général Lecointe,
Faisant fonctions de chef d'état-major : capitaine Farjon.
Sous-intendant militaire : M. Bonaventure.

1ʳᵉ *brigade.*

Commandant la brigade : Colonel Derroja.
2ᵉ bataillon de chasseurs : commandant Boschis.
67ᵉ régiment de marche (1ᵉʳ et 2ᵉ bataillons du 75ᵉ, 1ᵉʳ bataillon du 65ᵉ) : lieutenant-colonel de Gislain.
91ᵉ régiment de mobiles (5ᵉ, 6ᵉ, 7ᵉ bataillons du Pas-de-Calais) : lieutenant-colonel Fovel.

2ᵉ *brigade.*

Commandant la brigade : lieutenant-colonel Pittié.
17ᵉ bataillon de chasseurs : commandant Moynier.
68ᵉ régiment de marche (1ᵉʳ et 2ᵉ bataillons du 24ᵉ, 1ᵉʳ bataillon du 64ᵉ) : lieutenant-colonel Pittié.
46ᵉ régiment de mobiles (1ᵉʳ, 2ᵉ, 3ᵉ bataillons du Nord) : commandant de Lalène-Laprade (remplace le lieutenant-colonel de Fierville le 18 décembre).

Artillerie.

3ᵉ batterie *bis* du 12ᵉ (pièces de 8), capitaine de Montebello.
1ʳᵉ batterie *bis* du 15ᵉ (pièces de 4), capitaine Ravaut.
2ᵉ batterie principale du 15ᵉ (pièces de 4), capitaine Bocquillon.

2ᵉ DIVISION (1).

Commandant la division : général Paulze d'Ivoy.
Chef d'état-major : commandant Zédé.
Sous-intendant militaire : M. Letang.

1ʳᵉ *brigade.*

Commandant la brigade : colonel du Bessol.
20ᵉ bataillon de chasseurs : commandant Hecquet.

---

(1) Les compagnies de reconnaissance du commandant Bayle étaient rattachées à la 2ᵉ division.

69ᵉ régiment de marche (1ᵉʳ et 2ᵉ bataillons du 43ᵉ, 8ᵉ bataillon d'infanterie de marine) : lieutenant-colonel FOERSTER.

Régiment de mobiles du Gard (44ᵉ régiment) : lieutenant-colonel SAIGNEMORTE.

2ᵉ brigade.

Commandant la brigade : lieutenant-colonel THOMAS.

18ᵉ bataillon de chasseurs : commandant VATON.

Régiment de marche (1ᵉʳ bataillon du 91ᵉ, 1ᵉʳ bataillon du 33ᵉ) : lieutenant-colonel AYNÈS.

Régiment de mobiles de Somme-et-Marne (101ᵉ régiment) : lieutenant-colonel DE BROUARD.

Artillerie.

2ᵉ batterie *ter* du 15ᵉ (pièces de 4), capitaine BRUZON.
3ᵉ batterie *bis* du 13ᵉ (pièces de 4), capitaine CORNET.
3ᵉ batterie du 12ᵉ (pièces de 12), capitaine CHATON.

3ᵉ DIVISION.

Commandant la division : contre-amiral MOULAC.
Chef d'état-major : commandant JACOB.
Sous-intendant militaire : M. LAFOSSE.

1ʳᵉ brigade.

Commandant la brigade : capitaine de vaisseau PAYEN.

19ᵉ bataillon de chasseurs : commandant WASMER.

Régiment de fusiliers marins (trois bataillons) : capitaine de vaisseau PAYEN.

48ᵉ régiment de mobiles (7ᵉ, 8ᵉ, 9ᵉ bataillons du Nord) : lieutenant-colonel DEGOUTIN.

2ᵉ brigade.

Commandant la brigade : colonel (capitaine de frégate) DELAGRANGE.

5ᵉ bataillon de mobilisés du Pas-de-Calais : commandant RAMEAU.

47ᵉ régiment de mobiles (4ᵉ, 5ᵉ, 6ᵉ bataillons du Nord) : lieutenant-colonel LEBEL.

48ᵉ régiment *bis* de mobiles (10ᵉ, 11ᵉ, 12ᵉ bataillons du Nord) : lieutenant-colonel LEBOEUF.

Artillerie.

3ᵉ batterie *ter* du 15ᵉ (pièces de 4), capitaine HALPHEN.

Batterie de la garde mobile d'Arras (pièces de 4), capitaine Dupuich (1).

Le 15 décembre, une dépêche fut adressée au Ministre de la guerre, pour lui demander l'autorisation de former le 23ᵉ corps, avec la 3ᵉ division et celle des mobilisés ; la réponse parvint le 18 à Corbie, et l'armée du Nord reçut alors une nouvelle organisation, qui ne varia plus guère pendant la campagne.

Composition de l'armée du Nord à la date du 20 décembre 1870.

Général commandant en chef : général de division Faidherbe.
Aide de camp : commandant Richard.

État-Major général.

Major général : général de division Farre.
Major général adjoint : colonel de Villenoisy.
Commandant Mélard.
Commandant de Peslouan.

Artillerie.

Commandant l'artillerie : lieutenant-colonel Charon.
Chef d'état-major : chef d'escadron Bodin.

Génie.

Commandant le génie : colonel Milliroux.

Prévôté.

Grand prévôt de l'armée : capitaine Tailhades.

Intendance.

Intendant en chef : Richard.

---

(1) Rattachées à la 3ᵉ division par ordre du 15 décembre.

Service de santé.

Médecin inspecteur en chef : LAVERAN.
Pharmacien en chef : COULIER.

Trésor.

Payeur principal : COURTIADE.

TROUPES ATTACHÉES AU QUARTIER GÉNÉRAL.

Escorte du général en chef (un peloton du 11ᵉ dragons) : sous-lieutenant WAHIN.
Deux escadrons du 7ᵉ dragons; deux escadrons de gendarmerie : commandant BAUSSIN.
Compagnies de reconnaissance : commandant BAYLE.

Réserve d'artillerie.

Capitaine GIRON.
1ʳᵉ batterie mixte de marine (pièces de 12), capitaine GIRON.
2ᵉ batterie mixte de marine (pièces de 12), capitaine GAIGNEAU.
4ᵉ batterie *bis* du 15ᵉ, capitaine MONNIER.
Quatre pièces en acier de 9 centimètres (batterie ROLLAND).

22ᵉ CORPS D'ARMÉE

Général commandant : Général de division LECOINTE.

ÉTAT-MAJOR GÉNÉRAL.

Faisant fonctions de chef d'état-major général : capitaine FARJON.

Artillerie.

Commandant de l'artillerie : chef d'escadron PIGOUCHE.

Génie.

Commandant du génie : chef de bataillon THOUZELLIER.

Intendance.

Intendant : PUFFENEY.

Service de santé.

Médecin en chef : JOURDEUIL.

TROUPES ATTACHÉES AU QUARTIER GÉNÉRAL.

2ᵉ compagnie *bis* du 2ᵉ régiment du génie, capitaine SAMBUC (demi-parc).

Un peloton du 7ᵉ dragons.

1ʳᵉ DIVISION.

Commandant la division : général DERROJA.
Chef d'état-major : commandant JARRIEZ.

Prévôté.

12 gendarmes à cheval.

Intendance.

Intendant : BONAVENTURE.

1ʳᵉ brigade.

Commandant la brigade : lieutenant-colonel AYNÈS.
2ᵉ bataillon de chasseurs ; commandant BOSCHIS.
67ᵉ régiment d'infanterie de marche : lieutenant-colonel FRADIN DE LINIÈRES.
    1ᵉʳ bataillon du 65ᵉ, commandant ENDURAN.
    1ᵉʳ bataillon du 75ᵉ, commandant CHAMBELLAND.
    2ᵉ bataillon du 75ᵉ, commandant TRAMOND.
91ᵉ régiment de garde mobile : lieutenant-colonel FOYEL.
    5ᵉ bataillon du Pas-de-Calais, commandant MATIS.
    6ᵉ bataillon du Pas-de-Calais, commandant PESSEZ.
    7ᵉ bataillon du Pas-de-Calais, commandant NÈGRE-LESPINE.

2ᵉ brigade.

Commandant la brigade : colonel PITTIÉ.
17ᵉ bataillon de chasseurs : commandant MOYNIER.
68ᵉ régiment d'infanterie de marche : lieutenant-colonel COTTIN.
    1ᵉʳ bataillon du 24ᵉ, commandant TALANDIER.
    2ᵉ bataillon du 24ᵉ, commandant MARTIN.
    1ᵉʳ bataillon du 64ᵉ, commandant LATREILLE.
46ᵉ régiment de garde mobile : commandant J. DE LALÈNE-LAPRADE.
    1ᵉʳ bataillon du Nord, commandant J. DE LALÈNE-LAPRADE.
    2ᵉ bataillon du Nord, commandant E. DE LALÈNE-LAPRADE.
    3ᵉ bataillon du Nord, commandant POLLET.

Artillerie.

Commandant Cornet.
   2ᵉ batterie principale du 15ᵉ, capitaine Bocquillon.
   1ʳᵉ batterie *bis* du 15ᵉ, capitaine Collignon (1).
   3ᵉ batterie *bis* du 12ᵉ (pièces de 8), capitaine de Montebello.

2ᵉ DIVISION.

Commandant la division : général du Bessol.
Chef d'état-major : commandant Zédé.

Prévôté.

Lieutenant Gontier et 12 gendarmes à cheval.

Intendance.

Intendant : Lafosse.

1ʳᵉ *brigade.*

Commandant la brigade : colonel Foerster.
20ᵉ bataillon de chasseurs : commandant Hecquet.
69ᵉ régiment d'infanterie de marche : lieutenant-colonel Pasquet de la Broue.
   1ᵉʳ bataillon du 43ᵉ, commandant Périer.
   2ᵉ bataillon du 43ᵉ, commandant Astré.
   Infanterie de marine, commandant Brunot.
44ᵉ régiment de garde mobile du Gard : lieutenant-colonel Lemaire.
   2ᵉ bataillon du Gard, commandant Doucet. — 1ᵉʳ bataillon.
   3ᵉ bataillon du Gard, commandant Poilpré. — 3ᵉ bataillon.
   3ᵉ bataillon *bis* du Gard, commandant Dô. — 2ᵉ bataillon.

2ᵉ *brigade.*

Commandant la brigade : colonel de Gislain.
18ᵉ bataillon de chasseurs, commandant Vaton.
Régiment d'infanterie de marche : lieutenant-colonel Delpech.
   1ᵉʳ bataillon du 91ᵉ, commandant Philippot.
   2ᵉ bataillon du 91ᵉ, commandant Frémiot.
   1ᵉʳ bataillon du 33ᵉ, capitaine Audibert.

---

(1) Le capitaine Ravaut conserva le commandement de cette batterie à la bataille de Pont-Noyelles.

101ᵉ régiment de garde mobile (Somme-et-Marne) : lieutenant-colonel DE BROUARD (1).
    1ᵉʳ bataillon, commandant HURÉ.
    2ᵉ bataillon, commandant BOUILLY.
    3ᵉ bataillon, commandant DU HAMEL DE BREUIL.

Artillerie.

Commandant CHATON.
    2ᵉ batterie *ter* du 15ᵉ, capitaine BEUZON.
    3ᵉ batterie *bis* du 15ᵉ, capitaine CHASTANG.
    3ᵉ batterie du 12ᵉ (pièces de 12), capitaine BEAUREGARD.

23ᵉ CORPS D'ARMÉE.

Général commandant : général PAULZE D'IVOY.

ÉTAT-MAJOR GÉNÉRAL.

Chef d'état-major général : lieutenant-colonel MARCHAND.

Artillerie.

Commandant de l'artillerie : chef d'escadron GRANDMOTTET.

Génie.

Commandant du génie : chef de bataillon ALLARD.

Intendance.

Intendant : JOBA.

Service de santé.

Médecin en chef : POPPLETON.

TROUPES ATTACHÉES AU QUARTIER GÉNÉRAL.

2ᵉ compagnie de dépôt du 3ᵉ régiment du génie, capitaine MANGIN, et demi-parc.

Un peloton du 7ᵉ régiment de dragons.

---

(1) Le lieutenant-colonel de Brouard se cassa le bras le 17 décembre, et ne commanda son régiment ni à la bataille de Pont-Noyelles, ni à celle de Bapaume. Il fut remplacé par le commandant Huré.

1re *division.*

Commandant la division : contre-amiral MOULAC.
Chef d'état-major : commandant JACOB.

Intendance.

Intendant : LÉTANG.

1re *brigade.*

Commandant la brigade : capitaine de vaisseau PAYEN.
19e bataillon de chasseurs : commandant WASMER.
Régiment de fusiliers marins :
    1er bataillon, lieutenant de vaisseau GRANGER.
    2e bataillon, lieutenant de vaisseau PARRAYON.
    3e bataillon, capitaine de frégate ROUQUETTE.
48e régiment de garde mobile : lieutenant-colonel DEGOUTIN.
    7e bataillon du Nord, commandant PYOT.
    8e bataillon du Nord, commandant TAUCHON.
    9e bataillon du Nord, commandant VERNHETTE.

2e *brigade.*

Commandant la brigade : colonel (capitaine de frégate) DELAGRANGE.
5e bataillon de mobilisés du Pas-de-Calais : commandant RAMEAU.
47e régiment de mobiles : lieutenant-colonel LEBEL.
    4e bataillon du Nord, commandant PATOUX.
    5e bataillon du Nord, commandant MARCENARY.
    6e bataillon du Nord, commandant COLOMBIER.
48e régiment *bis* de mobiles : lieutenant-colonel LEBOEUF. (Resté à Arras.)
    10e, 11e, 12e bataillons du Nord.

Artillerie.

Capitaine RAVAUT.
    3e batterie *ter* du 15e, capitaine HALPHEN.
    Batterie de la garde mobile d'Arras, capitaine DUPUICH.
    1re batterie de garde mobile de la Seine-Inférieure, capitaine BELLEVILLE (1).

2e DIVISION.

Commandant la division : Général ROBIN.
Chef d'état-major : commandant JEANNE.

---

(1) N'a pas rejoint l'armée pour la bataille de Pont-Noyelles.

Intendance.

Intendant : BOHY.

1re brigade.

Commandant la brigade : colonel BRUSLEY.
1er bataillon de voltigeurs : commandant FOUTREIN.
1er régiment de marche (1er, 2e, 3e bataillons de la 1re légion) : lieutenant-colonel LOY.
2e régiment de marche (1er, 2e, 3e bataillons de la 2e légion) : lieutenant-colonel DE COURVAL.

2e brigade.

Commandant la brigade : colonel AMOS.
2e bataillon de voltigeurs (4e bataillon de la 5e légion) : commandant LACOURTE-DUMONT.
3e régiment de marche (1er, 2e, 5e bataillons de la 3e légion) : lieutenant-colonel CHAS.
4e régiment de marche (5e, 6e, 7e bataillons de la 9e légion) : lieutenant-colonel BRABANT.

Cavalerie.

Un peloton de volontaires, capitaine LECLAIRE.
Un peloton du 7e dragons.

Artillerie.

Commandant de SAINT-WULFRAND.
  Deux batteries de montagne (douze pièces de 4), capitaine MONTÉGUT, servies par la 2e batterie de mobiles de la Seine-Inférieure.

VIII

Surprise de Ham.
Démonstration sur La Fère.
Marche sur Amiens.

Il importe de rappeler, avant d'entreprendre le récit des opérations du 4 au 10 décembre, que, par suite de la dislocation du 30 novembre, les troupes du 22ᵉ corps et celles qui formaient précédemment la garnison d'Amiens, occupaient les emplacements suivants, à la date du 3 décembre :

1° 22ᵉ corps.

Artillerie. — A Douai et à Lille.
Génie. — A Lille.
Cavalerie. — Un escadron de dragons à Lille, l'autre à Béthune. Les gendarmes à Arras.
Infanterie, 1ʳᵉ brigade. — 2ᵉ bataillon du 2ᵉ chasseurs à pied, Douai; 1ᵉʳ bataillon du 65ᵉ, Cambrai; 1ᵉʳ du 75ᵉ, Lille; 1ᵉʳ du 91ᵉ, Cambrai; 46ᵉ mobiles, Valenciennes.
2ᵉ brigade. — 1ᵉʳ chasseurs à pied, Saint-Omer (le 4 décembre); deux bataillons du 24ᵉ, Cambrai; 1ᵉʳ du 33ᵉ, Arras; 47ᵉ mobiles, Lille.
3ᵉ brigade. — 20ᵉ chasseurs à pied, Boulogne-sur-Mer; 1ᵉʳ bataillon du 43ᵉ, Béthune; infanterie de marine, Arras; 48ᵉ mobiles, Saint-Omer.
17ᵉ chasseurs à pied, Cambrai; 2ᵉ bataillon du 75ᵉ, Cambrai; 5ᵉ du Pas-de-Calais, Cambrai.

2° Troupes qui avaient formé la garnison d'Amiens.

1ᵉʳ bataillon du 2ᵉ chasseurs à pied, Douai; 2ᵉ bataillon du 43ᵉ, Béthune; compagnies de reconnaissance, Lens; bataillon de volontaires de la Somme et compagnie du génie de la garde nationale, Arras; bataillons du Gard, Lens; 3ᵉ bataillon de la Marne et 4ᵉ de la Somme, au nord d'Arras.

Avec tous ces éléments, avec d'autres nouvellement créés (1) le général Farre avait préparé l'organisation de trois divisions (2), confiées, la 1ʳᵉ au général Lecointe, la 2ᵉ au général Paulze d'Ivoy, la 3ᵉ au contre-amiral Moulac, et dont la composition était celle-ci :

1ʳᵉ DIVISION.
1ʳᵉ *brigade*, colonel DERROJA.

2ᵉ chasseurs à pied (ancien 1ᵉʳ bataillon du 2ᵉ chasseurs) ;
67ᵉ de marche (1ᵉʳ et 2ᵉ bataillons du 75ᵉ et 1ᵉʳ du 65ᵉ) ;
91ᵉ mobiles (5ᵉ, 6ᵉ, 7ᵉ bataillons du Pas-de-Calais).

2ᵉ *brigade*, lieutenant-colonel PITTIÉ.

17ᵉ chasseurs à pied ;
68ᵉ de marche (1ᵉʳ et 2ᵉ bataillons du 24ᵉ; 1ᵉʳ du 64ᵉ) ;
46ᵉ mobiles (1ᵉʳ, 2ᵉ, 3ᵉ bataillons du Nord).
Les batteries Ravaut (1ʳᵉ *bis* du 15ᵉ, pièces de 4) ; Bocquillon (2ᵉ principale du 15ᵉ, pièces de 4) ; Montebello (3ᵉ *bis* du 12ᵉ, pièces de 8).

2ᵉ DIVISION (3).
1ʳᵉ *brigade*, colonel DU BESSOL.

20ᵉ chasseurs à pied ;
69ᵉ de marche (1ᵉʳ et 2ᵉ bataillons du 43ᵉ, 8ᵉ bataillon d'infanterie de marine) ;
44ᵉ mobiles (mobiles du Gard).

2ᵉ *brigade*, lieutenant-colonel THOMAS.

18ᵉ chasseurs à pied (ancien 1ᵉʳ chasseurs à pied) ;
1ᵉʳ bataillon du 91ᵉ, 1ᵉʳ du 33ᵉ ;
101ᵉ mobiles (régiment de Somme-et-Marne).

---

(1) Voir l'organisation de l'armée du Nord, chapitre VII.
(2) Voir la composition détaillée de ces trois divisions à la fin du chapitre VII.
(3) Les compagnies de reconnaissance étaient rattachées à la 2ᵉ division.

Les batteries Beuzon (2ᵉ *ter* du 15ᵉ, pièces de 4) ; Cornet (3ᵉ *bis* du 15ᵉ, pièces de 4) ; Chaton (3ᵉ du 12ᵉ, pièces de 12)

3ᵉ DIVISION.

1ʳᵉ *brigade*, capitaine de vaisseau PAYEN.

19ᵉ chasseurs à pied (ancien 2ᵉ bataillon du 2ᵉ chasseurs) ;
Trois bataillons de fusiliers marins ;
48ᵉ mobiles (7ᵉ, 8ᵉ, 9ᵉ bataillons du Nord).

2ᵉ *brigade*, capitaine de frégate DELAGRANGE.

3ᵉ bataillon de mobilisés du Pas-de-Calais ;
47ᵉ mobiles (4ᵉ, 5ᵉ, 6ᵉ bataillons du Nord) ;
48ᵉ *bis* de mobiles (10ᵉ, 11ᵉ, 12ᵉ bataillons du Nord).
Les batteries Halphen (3ᵉ *ter* du 15ᵉ, pièces de 4) ; Dupuich (batterie de la garde mobile d'Arras, pièces de 4) (1).

En dehors de ces trois divisions, les deux escadrons de dragons et les deux escadrons de gendarmerie étaient attachés au quartier général, avec deux compagnies du génie (2ᵉ *bis* du 2ᵉ génie, 2ᵉ de dépôt du 3ᵉ génie), et trois batteries (1ʳᵉ batterie mixte de 12, capitaine Giron, 2ᵉ batterie mixte de 12, capitaine Gaigneau, 4ᵉ *bis* du 15ᵉ, pièces de 4, capitaine Bournazel (2).

Du 4 au 10 décembre (3). — Dès son arrivée à Lille, le général Faidherbe avait approuvé les mesures prises par son chef d'état-major ; mais la dépêche suivante du

---

(1) Ces deux batteries furent rattachées à la 3ᵉ divison par ordre du 15 décembre.
Le 48ᵉ *bis* de mobiles resta à Arras et ne prit pas part aux opérations.
(2) Cette dernière batterie ne rejoignit l'armée que le 18 décembre.
(3) Pour l'armée allemande, les chiffres romains désigneront les corps d'armée, les bataillons, les batteries lourdes ; les chiffres arabes en italiques désigneront les divisions, les brigades, les régiments ; les chiffres arabes non en italiques désigneront les compagnies, escadrons, batteries légères et à cheval.

Gouvernement, qui lui rendait sa liberté d'action, le décidait à abandonner la direction de Paris, pour appuyer plutôt vers Amiens :

Tours, 4 décembre, 3 h. 17 soir.

« Si le mouvement de l'ennemi s'accentue vers Rouen, je ne fais aucune objection à ce que les généraux Faidherbe et Briand concertent leurs mouvements. La marche sur Paris que j'ai demandée, est évidemment subordonnée aux éventualités militaires qui peuvent surgir en route » (1).

Le Général en chef répondit, aussitôt, qu'une partie de l'armée du Nord se dirigerait, dès le 6, de Cambrai sur Albert et Amiens, et que les décisions ultérieures seraient déterminées par les circonstances (2).

Le général Lecointe arrivé à Fins, au Sud de Cambrai, le 5 décembre, y trouvait deux régiments d'infanterie, commandés par les lieutenants-colonels de Gislain et Pittié, trois bataillons de marins, les 2e et 17e bataillons de chasseurs, deux escadrons du 7e dragons, deux batteries.

Ces troupes s'étaient rapprochées de Péronne le 6 (3), et l'ordre de mouvement était donné pour atteindre

---

(1) Voir cette dépêche *in extenso* aux pièces annexes.
(2) Dépêche du 4 décembre. — Lille, 7 h. 10 du soir.
(3) Cantonnements du 6 décembre :
Lieutenant-colonel de Gislain : 1er bataillon du 65e, 1er du 91e, 2e bataillon du 75e, Nurlu.
Lieutenant-colonel Pittié : 68e régiment de marche (1er et 2e bataillons du 24e, 1er du 64e), Étricourt, Manancourt.
Le 17e chasseurs à pied, Sorel ; le 2e chasseurs à pied, Fins, avec la 2e batterie principale du 15e, la 1re batterie *bis* du 15e et le trésor. Trois bataillons de marins, commandant Payen, Cambrai ; 1er escadron du 7e dragons, Fins ; 2e escadron du 7e dragons dans la direction de Péronne. Un parc de 109,302 cartouches arrivait à Cambrai le 8.

Albert (1), lorsqu'un avis du général Faidherbe confirma la présence d'une colonne ennemie à Saint-Quentin ; c'était le détachement du major de Bock (deux bataillons du 44e, deux escadrons, deux pièces) qui, parti le 3 décembre d'Amiens, était arrivé le 4 à Ham, où son passage avait été signalé au général Lecointe (2), atteignait Saint-Quentin le 5, coupait la voie ferrée à Essigny, à Harly, passait la nuit à Homblières, et menaçait de bombarder Saint-Quentin, le 6, en exigeant une contribution.

Le général Lecointe modifiait donc ses ordres primitifs, et mandait le 7, à 3 heures du matin : « Je pars pour Vermand ce matin, d'où je reconnaîtrai Saint-Quentin. »

En suivant le chemin de Longavesnes, Roisel, Vendelles, il comptait devancer l'ennemi sur la route de Ham ; mais à Vermand, il apprit que Saint-Quentin était évacué.

« Nous sommes arrivés sans encombre (3) à Vermand », écrivait-il. « Plus de Prussiens à Saint-Quentin. Faut-il y rester un jour, ou repartir de suite pour Amiens ? Les Prussiens ont fait sauter le pont du chemin de fer à Harly, mais imparfaitement, on peut encore y passer. »

Le major de Bock s'était en effet retiré, dans la matinée, par la rive gauche de la Somme ; il avait agi prudemment en s'établissant à Homblières, sans séjourner

---

(1) Voir cet ordre aux pièces annexes.

(2) L'employé des télégraphes à Tergnier avait trompé l'ennemi en simulant la destruction des appareils télégraphiques ; il rentrait la nuit dans son bureau et communiquait les renseignements à Cambrai et à Lille. (Général de Villenoisy.)

(3) Cantonnements du 7 décembre :
Cavalerie, Savy et Caulaincourt ; 1er bataillon du 91e, Brévilliers ; 2e bataillon du 75e, Roupy ; 68e régiment, Marteville et Vermand ; 17e chasseurs à pied, Étreillers ; le reste à Saint-Quentin.

dans Saint-Quentin, mais son but n'était pas atteint, car il rentrait le 9 à Amiens, avec des renseignements incertains, et sans avoir interrompu complètement l'exploitation de la voie ferrée (1).

Pendant la journée, le Ministre de la guerre insistait pour une marche immédiate dans la direction de Paris. Il invitait le général Faidherbe à « diriger son corps d'armée en prévision d'une jonction possible avec l'armée du général Ducrot, qui sortirait par Saint-Denis et marcherait vers le Nord-Est (2). Le Général en chef répondait le lendemain matin qu'il se tiendrait « prêt pour le but indiqué » et que, dans cinq jours, il aurait trois divisions sur la Somme, à Abbeville, à Longueau, et à Péronne, plus une division de mobilisés à Arras (3). Le soir du même jour, il télégraphiait encore qu'une canonnade ayant été entendue vers Villers-Cotterets et Compiègne, il allait diriger le 22ᵉ corps en avant de Pé-

---

(1) Le général Lecointe télégraphiait le 8 que les dégâts seraient réparés le lendemain.

(2) *Le Ministre de la guerre au général Faidherbe* (D. T.).

Tours, 7 décembre.

« Dirigez votre corps d'armée en prévision d'une jonction possible avec l'armée du général Ducrot, qui sortirait par Saint-Denis et marcherait vers le Nord-Est. »

Ce plan de sortie de Paris par le Nord-Est, dont le Gouvernement avait eu connaissance à Tours, est exposé dans la *Défense de Paris*, du général Ducrot, volume III, page 106.

(3) *Le général Faidherbe au Ministre de la guerre.*

Lille, 8 décembre, 10 h. 22 matin.

« Dans cinq jours, il y aura trois divisions sur la Somme, à Abbeville, Longueau, Péronne, plus une division de mobilisés, sans artillerie, à Arras. Nous nous tiendrons prêts pour le but indiqué. »

ronne et de Saint-Quentin, que la division Lecointe y serait le 9, et que la division Paulze d'Ivoy y arriverait dans quatre jours (1).

Mais, tandis que cette dernière se complétait encore à Arras (2), le général Lecointe projetait de marcher sur Ham, où la présence d'un détachement lui avait été signalée. « Arrivé sans coup férir à Saint-Quentin », il faisait connaître, le 8, que les Prussiens étaient partis depuis la veille pour la Fère, qu'il se mettait en communication à Guise avec la colonne de la Sauzaye encore concentrée à Vervins (3), et terminait en sollicitant l'autorisation de « faire une pointe sur Ham », si la marche immédiate sur Albert ne lui était pas ordonnée (4).

Cette communication arrivait au quartier général à l'heure où on y abandonnait l'idée d'une offensive sur Albert et Amiens; la lecture des dépêches ne laisse aucun doute à cet égard.

---

(1) *Le général Faidherbe au Ministre de la Guerre.*

Lille, 8 décembre, 7 h. 45 soir.

« Canonnade entendue vers Villers-Cotterets et Compiègne. En conséquence, je vais diriger le 22ᵉ corps en avant de Péronne et de Saint-Quentin ; une division y sera demain, l'autre dans quatre jours. »

(2) *Le général Faidherbe aux généraux de Chargère et Paulze d'Ivoy.*

Lille, 8 décembre.

« Nous commençons aujourd'hui l'envoi de nouvelles troupes à Arras pour compléter la division que commandera Paulze d'Ivoy..... »

(3) Voir page 137, chapitre VI, la composition de la colonne du lieutenant-colonel de la Sauzaye.

(4) *Le général Lecointe au général Faidherbe* (D. T.).

Saint-Quentin, 8 décembre, 5 h. 25 soir.

« Arrivés sans coup férir à Saint-Quentin. Les Prussiens sont partis hier pour la Fère. Nous nous mettons en communication à Guise avec

Le général Lecointe reçut donc, dans la soirée, l'ordre de marcher sur Ham, d'y attendre les éléments de sa division qui n'avaient pas encore rejoint, tandis que la 3e se grouperait à Saint-Quentin (1), et que le général Paulze d'Ivoy réunirait la sienne à Péronne.

Une sortie probable du général Ducrot vers le Nord-Est de Paris appelait l'intervention de l'armée vers Noyon et Compiègne; peut-être aussi s'était-on rendu compte que se présenter devant Amiens par le Nord, c'était s'y heurter à un détachement numériquement faible, mais couvert par des avant-postes sur l'Hallue et à Villers-Bocage, par une citadelle solidement armée, et par un cours d'eau difficile à franchir. Amiens devait rester, néanmoins, l'objectif indiqué, puisqu'on avait l'espoir d'y trouver une fraction de la Ire armée, et de l'attaquer dans des conditions favorables; mais, pour l'atteindre, c'était par Péronne et Ham, qu'il fallait déboucher sur la rive gauche de la Somme. Le général Faidherbe prendra cette direction dès que l'offensive dans la vallée de l'Oise sera devenue sans objet.

Vers Arras, l'alarme était constante.

De forts détachements allemands ayant occupé, à plusieurs reprises, Albert et Doullens, le général de Chargère multipliait les reconnaissances.

Les 6e et 7e bataillons du Pas-de-Calais rentraient

---

la Sauzaye. Avez-vous des ordres à me donner pour les opérations subséquentes? pouvons-nous faire une pointe sur Ham, ou faut-il marcher immédiatement sur Albert? »

Les troupes étaient restées ce jour-là dans les cantonnements de la veille, sauf le 1er bataillon du 91e, le 2e du 75e et le 2e escadron de dragons, qui furent dirigés sur Saint-Quentin. Le 1er escadron de dragons était à Roupy.

(1) Les ordres de mouvement ne furent envoyés que le 10 décembre pour la 3e division.

le 5, à Arras, sans avoir trouvé, à Albert, les approvisionnements, que l'ennemi avait, disait-on, abandonnés; quatre compagnies de mobilisés(1) du Pas-de-Calais restaient alors sur la ligne de Doullens, Pas, Hébuterne, Miraumont, Bapaume, Bertincourt, Metz-en-Couture. Le 8 décembre, deux compagnies du 33e, et quatre de garde mobile, étaient envoyées à Mailly et à Hébuterne.

De son côté, le général de Grœben ne restait pas inactif. Le 9, un bataillon, un escadron, deux pièces, partaient d'Amiens, rentraient à Albert, et détruisaient encore le pont de Beaucourt, momentanément réparé.

Un escadron du 7e uhlans, après avoir occupé Doullens, poussait jusqu'à Beaumetz, où il était arrêté par le feu des gardes mobiles du Pas-de-Calais, et se retirait en annonçant dans le pays que 5,000 fantassins et 1,000 cavaliers arriveraient le lendemain, pour marcher ensuite sur Arras et Lille.

Des nouvelles analogues, habilement répandues, mais également fausses, faisaient croire qu'Abbeville était menacé. La ville entourée d'une enceinte, sans artillerie, ni munitions, n'avait, pour se défendre, que le 1er bataillon de la 1re légion de gardes nationaux mobilisés de la Somme. Il fut renforcé, le 6 décembre, par un bataillon du 91e (2), le 4e bataillon du Pas-de-Calais, et une section d'artillerie (3), car le général Faidherbe attachait une certaine importance à la possession de cette ville; il télégraphiait au lieutenant-colonel de Villenoisy, le 12 au soir : « Envoyez tout ce qu'il faut pour

---

(1) Du 1er bataillon de la 1re légion.
(2) Le 2e bataillon de marche du 91e, commandant Frémiot, constitué dans les derniers jours de novembre, avec cinq compagnies de 180 hommes, presque tous jeunes soldats.
(3) Une section de la batterie Cornet, pièces de 4, 3e batterie *bis* du 15e.

protéger Abbeville, bataillons solides et artillerie; nous ne pouvons pas employer nos forces plus utilement. »
A la garnison, venaient alors se joindre le 1er bataillon de la 6e légion de mobilisés du Nord, et la 2e batterie de garde mobile de la Seine-Inférieure (1), avec 12 pièces de 4 de montagne.

Surprise de Ham. — Conformément aux instructions du général en chef (2), le général Lecointe se dirigea le 9 sur Ham, où la présence de l'ennemi lui avait été signalée.

Un escadron (3) patrouillait de Saint-Simon vers la Fère; la colonne du lieutenant-colonel Pittié, précédée du 1er escadron, et comprenant le 68e de marche, les fusiliers marins, la 1re batterie *bis* du 15e, prenait le chemin de Matigny; à sa gauche le lieutenant-colonel de Gislain se portait directement sur Ham; son avant-garde, formée par le 91e, quittait Saint-Quentin à 10 heures du matin; elle était suivie par le 17e bataillon de chasseurs, la 2e batterie principale du 15e, le 1er bataillon du 65e, le 2e du 75e, et n'entrait qu'à 4 heures du soir dans Villers-Saint-Christophe, après une marche de 15 kilomètres, rendue très pénible par des bourrasques de neige.

Le général Lecointe y réunit les officiers supérieurs à

---

(1) Effectif de la batterie : 3 officiers, 102 hommes. Ces troupes arrivaient le 13 décembre à Abbeville.

Les deux autres bataillons de la 6e légion de mobilisés du Nord arrivaient le 21 décembre.

(2)   *Le général Lecointe au général Farre.*

      Saint-Quentin, 9 décembre, 11 heures matin.

« Nous quittons Saint-Quentin pour nous conformer à vos instructions; ce soir, le quartier général sera à Villers-Saint-Christophe. »

(3) 2e escadron de dragons.

la mairie, leur fit distribuer un croquis de la ville de Ham (1), leur expliqua que trois portes seulement y donnaient accès, et qu'elle était entourée de canaux et de marais. Il prescrivit ensuite au commandant Cottin, du 91ᵉ, d'entrer par la porte de Saint-Quentin, avec deux pièces, d'occuper rapidement la gare en passant par le boulevard et la porte de Noyon ; au 17ᵉ chasseurs, de gagner la porte de Chauny, en traversant la place de l'Hôtel-de-Ville ; au 75ᵉ, de suivre, avec deux pièces, le boulevard du Nord, en se dirigeant vers la même porte ; au 65ᵉ, de rester en réserve, sur la place de l'Hôtel-de-Ville, avec la dernière section d'artillerie.

On se remit en marche vers 5 heures du soir ; les passants furent arrêtés, des sentinelles, placées à proximité des maisons, interdirent toute communication avec la ville, et, vers 6 heures, la 1ʳᵉ compagnie du 91ᵉ, suivie de la 4ᵉ, traversait rapidement le faubourg Saint-Sulpice, enlevait un poste du *81ᵉ* régiment allemand (2), longeait ensuite le boulevard du Midi, et se portait vers le château, où une centaine de combattants avaient pu s'enfermer en hâte.

Le lieutenant Oudard fut blessé en les sommant inutilement de se rendre, et quelques coups de canon, tirés sur des constructions massives, par les deux pièces qui accompagnaient le 91ᵉ (3), ne produisirent aucun résultat. Pendant ce temps, les 2ᵉ et 5ᵉ compagnies du 91ᵉ avaient occupé la porte de Noyon, puis enlevé une quinzaine d'hommes en faction à la gare. Les assaillants s'étaient déjà emparés de près de 100 prisonniers ; le 17ᵉ chasseurs occupait la porte de Chauny, où il était rejoint

---

(1) Voir le plan de la ville de Ham.

(2) 50 hommes de ce régiment venaient d'être détachés de la Fère à Ham, avec la 3ᵉ compagnie de chemin de fer de campagne, pour surveiller la voie ferrée et en activer la réparation.

(3) Ces deux pièces étaient en action sur l'esplanade.

par le 75°, mais les défenseurs du château, sans se laisser intimider par les projectiles d'artillerie, y répondaient encore par d'intermittentes décharges. Vers minuit, un officier allemand prisonnier entama des pourparlers qui aboutirent à 3 heures du matin ; le capitaine Martin, du 91°, fut alors introduit au château, dont les troupes françaises prirent possession à 6 heures, après la signature de la capitulation (1).

L'opération avait réussi, grâce aux mesures de détail prises par le général Lecointe, et à la négligence des Allemands qui, en se faisant éclairer, auraient pu sinon se défendre avec succès, du moins se retirer sans pertes.

Elle produisit un heureux effet moral, assura la possession d'un point de passage sur la Somme, et interrompit les communications des Allemands sur la ligne de la Fère à Amiens.

Dans la soirée du 9, la colonne du lieutenant-colonel Pittié cantonnait à Matigny et à Douilly ; elle y restait le lendemain, pendant que le 2° chasseurs à pied à Vouël, le 1er bataillon du 91° à Tergnier, le 1er escadron à Jussy, surveillaient la direction de la Fère.

En arrière, d'autres éléments de la 1re division commençaient à suivre. Le 3° bataillon du Nord (2) s'avançait, le 10, jusqu'à Ham, en passant par Lesdin, Douchy, où il revenait stationner. Les 1er et 2° bataillons du Nord, le 1er bataillon du 75°, arrivaient le même jour à

---

(1) Les Allemands perdirent 3 officiers et 202 hommes, dont 6 tués ou blessés ; en outre, 21 ouvriers militaires et 17 chevaux furent pris par les Français.

Les pertes des Français se répartirent ainsi :

1er bataillon du 91°, un officier blessé, 3 hommes tués, 10 blessés ; 2° bataillon du 75°, 2 hommes blessés ; 17° chasseurs à pied, 5 hommes blessés. (Journaux de marche.)

Voir aux pièces annexes le texte de la capitulation.

(2) Il était parti le 9 de Valenciennes pour Bohain.

Saint-Quentin. Le 5ᵉ bataillon du Pas-de-Calais, parti en chemin de fer de Cambrai, débarquait à Saint-Quentin, et se rendait aussitôt à Ham. Enfin, les 6ᵉ et 7ᵉ du Pas-de-Calais cantonnaient dans les faubourgs de Péronne.

Le général Faidherbe s'installait lui-même, dans la soirée du 10, à Saint-Quentin après avoir arrêté définitivement la composition des trois divisions du 22ᵉ corps et de la division des mobilisés du Nord, dont les éléments allaient être mis en mouvement dès que leur mobilisation paraîtrait complète (1).

Pendant sa marche sur Ham, le général Lecointe avait été couvert, à l'Est, par la Somme, qui facilitait son service de sûreté. La colonne de Vervins, formée, comme on l'a vu (2), par décision du 2 décembre, pour opérer sous les ordres du lieutenant-colonel de la Sauzaye, vers Laon et la Fère, faisait donc double emploi; sans but précis, sans artillerie, elle ne devait même pas parvenir à détruire les voies ferrées, et ses éléments solides allaient rester inutilisés.

Sa concentration avait commencé le 5 décembre à Vervins. Les troupes venues de Mézières et de Rocroi, avec deux avant-trains, portant 19,000 cartouches, y étaient rejointes le lendemain par le bataillon du 40ᵉ, par les zouaves éclaireurs (3), partis d'Avesnes avec un approvisionnement de 40,000 cartouches et, le 8, par deux pièces de 4 de montagne. Ces chiffres feraient illusion si d'autres détails n'étaient pas connus.

Les zouaves éclaireurs formaient un groupe indiscipliné, plus gênant qu'utile. Les gardes mobiles du 2ᵉ bataillon des Ardennes, sans sacs et sans ceinturons,

---

(1) Voir à la fin du chapitre VII la composition des trois premières divisions à cette date.
(2) Voir au chapitre VI la formation de cette colonne.
(3) Les cinq compagnies de francs-tireurs des Ardennes, dont la discipline laissait à désirer, restaient à Avesnes.

n'avaient qu'un képi pour les distinguer (1); l'artillerie, attelée avec des chevaux de réquisition, était servie par des gardes mobiles, qu'un brigadier et huit canonniers de l'armée active avaient charge d'instruire. Deux médecins, sans cantines médicales ni ambulance, veillaient au service sanitaire.

Ce fut avec ces éléments disparates que le lieutenant-colonel de la Sauzaye parvint à se mettre en route le 9, précédé, à l'avant-garde, par les zouaves éclaireurs, et par une compagnie du 2e bataillon du Nord.

En tête de la colonne, marchait le bataillon du 40e; venaient ensuite, les 1er et 2e bataillons des Ardennes, l'artillerie, le bataillon du 3e de ligne, puis les voitures, les munitions, et en arrière-garde, une autre compagnie du 2e bataillon du Nord.

On stationna le soir dans la citadelle déclassée de Guise, et le lendemain à Origny.

Quelles que soient les critiques que peut suggérer la formation de ce détachement, il est certain que des troupes étaient nécessaires sur le cours supérieur de l'Oise, pour assurer les communications avec les places fortes des Ardennes. Rocroi, Givet et Mézières contribuaient, en effet, à l'organisation de l'armée du Nord, par des envois constants (2), vers Lille et Douai, de personnel, de chevaux, de matériel et de munitions. Le quartier général allemand aurait donc été bien inspiré en isolant ces places.

On a déjà vu que la 1re division d'infanterie avait commencé l'investissement de Mézières le 13 novembre,

---

(1) On ne leur distribua, comme effets d'habillement et d'équipement, qu'un pantalon, une vareuse ou une capote, le 7 décembre, et des havresacs au commencement de janvier.

(2) Du 6 au 9 décembre, la direction d'artillerie de Mézières, expédiait 3,500 projectiles de 4 (lettre du 5 décembre); 100,000 cartouches et 20,000 rations étaient envoyées, le 5 décembre, de Rocroi à Guise,

mais qu'elle avait été rappelée le 17, pour prendre part aux opérations actives, puis remplacée par la *3ᵉ* division de réserve.

Le général de Senden, qui commandait celle-ci, était arrivé, le 22 novembre, à Boulzicourt, et avait établi ses troupes entre Warnécourt et Flize (1). Ses instructions portaient qu'il devait observer Mézières, Givet et Rocroi, en couvrant les communications de l'armée. Dès le début, les reconnaissances allemandes eurent plusieurs engagements (2) avec les francs-tireurs ou les douaniers, qui escortaient les convois, en passant par Renwez, Rocroi et Maubert-Fontaine. Après la chute de Thionville, le 25 novembre, le général de Zastrow, commandant le VIIᵉ corps, se proposait de renforcer le général de Senden, et d'entreprendre le siège de Mézières, lorsqu'une dépêche de Versailles, prescrivit le départ immédiat, pour Châtillon-sur-Seine, de la *13ᵉ* division d'infanterie, et de l'artillerie de corps du VIIᵉ corps. La *14ᵉ* division fut alors employée au

---

pour réapprovisionner la colonne de Vervins. Plus de 1000 chevaux avaient été achetés dans les environs de Mézières, à la date du 13 décembre, etc.

Les projectiles de 8 n'étaient fabriqués qu'à Mézières (dépêche du 19 décembre).

Voir aux pièces annexes (organisation, administration) les lettres du 11 novembre, du 22 novembre, des 5, 9, 13 décembre, etc.

(1) Voir la carte des environs de Mézières :

État-major de la *3ᵉ* division de réserve à Boulzicourt :

Deux bataillons du *19ᵉ* régiment, *1ᵉʳ* dragons de réserve et une batterie : Les Ayvelles, Villers, Chalandry, Saint-Marceau, Flize.

Le *81ᵉ* régiment, *3ᵉ* hussards de réserve et une batterie : la Francheville, Evigny, Warnécourt, Montigny, Champigneul.

Le reste en réserve à Boulzicourt.

(2) A Rimogne, 24 novembre ; à Harcy, le 27 novembre ; à Remilly, le 29 novembre ; à Harcy et Rimogne, le 1ᵉʳ décembre ; à Novion-Porcien, le 2 décembre.

siège de Montmédy, et la *3ᵉ* division de réserve resta isolée jusqu'au moment de son rappel pour les opérations sur la Somme.

L'offensive du général Lecointe eut comme première conséquence d'arrêter le mouvement des Allemands sur le Havre. Ce seul fait indique que le Ministre de la guerre avait obéi à une heureuse inspiration en autorisant les généraux Faidherbe et Briand à se concerter (1), mais qu'il eût préparé de meilleurs résultats en plaçant leurs troupes sous un commandement unique, destiné à obtenir la concordance de leurs mouvements. On pouvait, en effet, prévoir que, par suite de la position centrale de la Ire armée, le général de Manteuffel chercherait à profiter des avantages des lignes d'opérations intérieures, et à se porter alternativement vers la Somme et vers la basse Seine, mais en laissant derrière lui des détachements à Amiens et à Rouen, dont l'isolement aurait offert aux Français, l'occasion de succès partiels.

De divers côtés, le grand quartier général à Versailles avait été informé, dès le 7, que la plus grande partie du 22ᵉ corps se trouvait au Nord d'Arras (2), vers Saint-Pol et Hesdin, et que le général Faidherbe se préparait à franchir la Somme.

Des instructions furent alors envoyées à la Ire armée, qui était entrée à Rouen le 5, et dont des détachements s'avançaient, d'une part vers Évreux et Vernon, de l'autre vers Pont-Audemer, Bernay et le Havre.

« Sa Majesté le roi a ordonné », écrivait le général de Moltke (3), « que la Ire armée occuperait Rouen, et sur-

---

(1) Dépêche ministérielle du 4 décembre.
(2) Général de Wartensleben.
(3) Instructions du 7 décembre. (*Correspondance du maréchal de Moltke.*)

veillerait la rive gauche de la Seine, en communiquant avec la 5ᵉ division de cavalerie, dont le quartier général est à Dreux. Le gros de ses forces continuera l'offensive contre les troupes ennemies, en poursuivant, d'abord, celles du général Briand, qui se sont retirées sur le Havre. Le commandant en chef de la Iʳᵉ armée décidera si cette ville peut être enlevée par un coup de main ; mais Sa Majesté ne veut pas que la Iʳᵉ armée se laisse entraîner, de ce côté, dans des opérations de longue durée ; le premier but à atteindre est, en effet, de disperser les forces françaises en rase campagne, et il n'est pas impossible qu'il faille se diriger bientôt vers celles qui ont été battues à Amiens (1) ».

Le général de Manteuffel ne reçut ces ordres que le 9 ; il prescrivit alors au général de Gœben, commandant le VIIIᵉ corps, de continuer sur le Havre, sans y entreprendre des opérations prolongées, mais de se préparer à couvrir l'investissement de Paris au Nord, en observant la direction d'Amiens. Pendant ce temps le gros du Iᵉʳ corps resterait réuni autour de Rouen, à proximité de la voie ferrée Amiens-Rouen, qui permettrait une concentration rapide.

A peine ces dispositions avaient-elles été adoptées, que le général de Manteuffel, apprenant l'arrivée des forces françaises sur la Somme, en informa le VIIIᵉ corps, et prescrivit aux troupes d'Amiens, de réoccuper Ham. Le commandant du VIIIᵉ corps, reçut la nouvelle dans la nuit du 10 au 11 décembre ; ses têtes de colonnes n'étaient qu'à 10 kilomètres du Havre, mais sachant que la ville se préparait à la résistance, il donna des ordres pour

---

(1) Les communications en arrière de la Iʳᵉ armée devaient se faire dorénavant par Amiens et Creil, dont le pont du chemin de fer avait été réparé ; les troupes d'étapes de la Iʳᵉ armée gardaient la section Amiens, Saint-Just.

diriger une partie de ses forces vers Abbeville ou Amiens, en reportant la *16ᵉ* division sur la ligne Yvetot-Cany, pendant que les deux brigades de la *15ᵉ* division se dirigeraient de Rouen sur la Feuillie et Forges, d'où elles se rapprocheraient de Beauvais et de Montdidier pour couvrir l'investissement de Paris au Nord.

Du 11 au 15 décembre. — Pendant les journées du 11 et du 12, les divisions françaises se concentrent sur la Somme, et le général Faidherbe, arrivé à Ham le 11, entreprend une marche sur la Fère (1), à laquelle il a donné lui-même le caractère d'une opération destinée à couper les communications de l'ennemi, et à attirer son attention de ce côté (2). Quant à réduire la place, il eût été téméraire d'y songer avec les moyens dont on disposait.

Une colonne, éclairée par le 2ᵉ escadron, et composée du 17ᵉ chasseurs à pied à l'avant-garde, de six pièces, des 1ᵉʳˢ bataillons du 91ᵉ et du 65ᵉ, sortit de Ham vers 1 heure de l'après-midi. Deux compagnies de chasseurs suivirent la route avec l'artillerie ; le reste s'engagea sur la voie ferrée. Après avoir repoussé une reconnaissance ennemie près de Mennessis, le général Lecointe fut prévenu, vers 6 heures, qu'un train arrivait de la Fère ; il fit déployer une compagnie de chasseurs à pied (3) à gauche de la voie ; des coups de fusil furent

---

(1)   *Le général Faidherbe au général Farre.*

        Saint-Simon, 11 décembre, 5 h. soir.

« La division Lecointe va occuper Tergnier et les environs ; nous serons demain autour de la Fère, pour couper les communications de l'ennemi. »

(2) Dépêche du 11 décembre, et *Campagne de l'armée du Nord* par le général Faidherbe, page 33.

(3) La 3ᵉ compagnie du 17ᵉ chasseurs.

échangés; mais l'ennemi parvint à rétrograder. La colonne cantonnait le soir à Tergnier, sa cavalerie à Beautor; elle était suivie par une partie du détachement du lieutenant-colonel Pittié (1) qui, venu de Matigny et de Douilly, s'arrêtait à Liez et à Quessy.

Dans la matinée, le bataillon Tramond (2ᵉ du 75ᵉ), parti de Ham à 9 heures, enlevait, près de Vouël, un convoi (2), dont la marche avait été signalée, et coupait la ligne télégraphique de Noyon. Revenu le soir à Ham, il s'engageait dès le lendemain avec un bataillon, un escadron et une batterie, que le général de Grœben, avait mis en mouvement, le 10, pour reprendre Ham. Ce détachement avait été signalé, le 11 au soir, à Ercheux (3); devant lui, à Ham et à Saint-Simon, se trouvaient trois bataillons de marins, deux du 75ᵉ, deux batteries (4).

Le 12, vers 10 heures du matin, la compagnie Patry, du 75ᵉ, avertie par les habitants, se porte sur Eppeville où la fusillade s'engage; en arrière s'avancent bientôt les fusiliers marins sur la route de Noyon, le reste du 75ᵉ et le 91ᵉ mobiles sur celle de Nesle (5). Devant ce déploiement, l'ennemi se retire, accompagné jusqu'à Esmery par la poursuite, que dirige le colonel Derroja.

Du côté de la Fère, le 65ᵉ, le 17ᵉ chasseurs, l'artillerie,

---

(1) Le détachement du lieutenant-colonel Pittié comprenait le 68ᵉ régiment et la 1ʳᵉ batterie *bis* du 15ᵉ.

(2) On enlevait 127 prisonniers, dont quelques blessés. Voir aux pièces annexes le rapport du commandant Tramond.

(3) Dépêche du commandant Payen au général Faidherbe, signalant l'arrivée de l'ennemi à Ercheux.

(4) A Ham, trois bataillons de marins, le 2ᵉ bataillon du 75ᵉ, la 2ᵉ batterie mixte de 12; à Saint-Simon, le 1ᵉʳ bataillon du 75ᵉ, la batterie de 8, arrivés la veille.

(5) Les 6ᵉ et 7ᵉ bataillons du 91ᵉ mobiles arrivés d'Arras, avaient cantonné la veille à Matigny, où ils avaient rejoint le 5ᵉ bataillon venu de Saint-Quentin.

poussent jusqu'à Fargniers (1); le 91ᵉ et les deux escadrons restent à Tergnier, d'où ils envoient des reconnaissances vers la Fère et Chauny. Plus au Nord, la colonne du lieutenant-colonel Pittié s'arrête à Travecy. Elle y trouve, les 1ᵉʳ et 2ᵉ bataillons du Nord et la 1ʳᵉ batterie mixte de 12, qui, venant de Saint-Quentin, s'étaient avancés jusqu'à 3 kilomètres de la Fère; deux compagnies avaient été déployées contre des groupes de tirailleurs ennemis, pendant qu'une troisième (2) détruisait la voie ferrée à Versigny.

Dans la soirée, le lieutenant-colonel de la Sauzaye arrivait aussi à Travecy, mais rétrogradait ensuite jusqu'à Vendeuil. Le grand quartier général restait à Saint-Simon.

Au Nord de la 1ʳᵉ division, maintenant complétée, la 2ᵉ se concentre. Le 44ᵉ régiment de garde mobile est depuis le 11, à Doingt et à Mons-en-Chaussée. Le 12, le 1ᵉʳ bataillon du 33ᵉ arrive à Saint-Christ; le régiment de mobiles de Somme-et-Marne, les deux bataillons du 43ᵉ, le 20ᵉ chasseurs à pied, débarqués à Achiet-le-Grand, cantonnent, le soir, dans les faubourgs de Péronne, à Doingt, à Ennemain, à Allaines; le 18ᵉ chasseurs à pied (3) est à Brie, sur la Somme, dont tous les ponts sont gardés; l'artillerie est à Athies et à Saint-Christ.

A Saint-Quentin, commencent à débarquer quelques éléments de la 3ᵉ division; le 47ᵉ mobiles, et le 5ᵉ bataillon des mobilisés du Pas-de-Calais, traversent la ville pour se poster à Mesnil-Saint-Laurent, à Neuville-Saint-

---

(1) La 5ᵉ compagnie du 65ᵉ s'établissait aux avant-postes.
(2) Une compagnie du 1ᵉʳ bataillon du Nord.
(3) Le 1ᵉʳ bataillon du 33ᵉ et le 18ᵉ chasseurs à pied avaient cantonné la veille à Albert.
Le 1ᵉʳ bataillon du 91ᵉ rejoignait la 2ᵉ division le 13 décembre.
L'infanterie de marine arrivait le 13 à Bouchavesnes.

Amant, à Grugis, avec leur grand'garde à Itancourt. Le 48ᵉ mobiles arrive aussi aux environs de Saint-Quentin le 13.

L'effort de l'armée du Nord, allait se reporter sur Amiens, car, dans la soirée du 12, le général en chef renonçait à poursuivre l'investissement de la Fère (1). Écartant en même temps l'idée d'une offensive vers le Sud, qui lui paraissait probablement imprudente et sans but, comptant sur sa démonstration pour dégager le général Briand, il se décida à replier ses troupes vers l'Ouest.

Liberté de manœuvres fut d'abord rendue à la colonne du lieutenant-colonel de la Sauzaye qui, de concert avec Mézières, devait combiner un mouvement vers Rethel, pour retenir les forces de Laon. Elle arriva le 14 à Origny, le 15 à Sains, le 16 à Marle, bien que le commandant de Mézières eût déjà fait connaître le 13, qu'il était sans ressources pour s'engager aussi loin.

Le quartier général du général Lecointe fut reporté, le 13, à Golancourt (2), tandis que sa division se groupait au Sud de Ham. Le 14, elle atteignit les environs de Nesle (3), sa cavalerie, Roye et Longuevoisin. Le lendemain, la 1ʳᵉ division devait être à Chaulnes, la 2ᵉ à Nesle, la 3ᵉ autour de Ham (4).

---

(1) Rapport du général en chef, du 9 janvier.
(2) Dépêche du 12 décembre. Voir à la fin du chapitre IX les cantonnements détaillés pour la journée du 13. La 2ᵉ compagnie *bis* du 2ᵉ génie était arrivée ce jour-là à Ham.
(3) Pendant la journée du 14, la 1ʳᵉ brigade de la 1ʳᵉ division suit la route de Ham à Chaulnes; la 2ᵉ brigade forme trois colonnes : le 46ᵉ mobiles suit la route de Ham à Chaulnes; les deux bataillons du 24ᵉ, le chemin Flavy le Meldeux, Ercheux, Cressy; le 1ᵉʳ bataillon du 64ᵉ, qui escorte le trésor, se porte du Plessis-Patte-d'Oie sur Rethonvilliers.
(4) Dépêches du 13 décembre, 3 h. 30 et 4 h. 30 de l'après-midi.

Sur ces entrefaites, le général Farre avait quitté Lille, en confiant au lieutenant-colonel de Villenoisy le soin du commandement territorial (1), et de l'organisation entreprise. Il arriva à Ham le 14, au moment où les renseignements précis, sur les mouvements du général de Gœben, décidaient le général en chef à activer sa marche sur Amiens (2). La division Lecointe fut alors poussée, le 15, jusqu'à Rosières-en-Santerre; la division Paulze d'Ivoy, avec le quartier général, sur Chaulnes (3), la division Moulac sur Nesle. Quant à la division de mobilisés, elle devait se mettre en route successivement, dès qu'elle serait prête, et s'établir en avant d'Arras, vers le 18 ou le 19, date à laquelle on supposait que l'armée allemande arriverait à Amiens (4).

Pendant la journée du 15, le 1er escadron de dragons atteint le Quesnel, où il enlève une voiture d'armes, 31 hommes et 27 chevaux; le 2e escadron arrive à Harbonnières. La 1re division, formant une seule colonne,

---

(1) Le bureau du lieutenant-colonel de Villenoisy comprenait le chef d'escadron Queillé, le capitaine Witz, qui avait été grièvement blessé à Metz, l'ingénieur des mines Matrot et deux inspecteurs des forêts. Voir aux pièces annexes les rapports journaliers adressés par le lieutenant-colonel de Villenoisy au général Faidherbe, à partir du 14 décembre. Ceux du 19 au 25 décembre manquent, le lieutenant-colonel de Villenoisy ayant été appelé à Corbie, le 19 et le 20.

(2) Rapport du général Faidherbe, du 9 janvier.

Le Commandant supérieur au Général commandant la 3e division militaire à Lille.

Le Havre, 13 décembre, 10 heures soir.

« 20,000 Prussiens qui marchaient sur le Havre, ont subitement rétrogradé le 12, marchant sur Amiens, sous les ordres du général de Gœben. »

(3) Dépêche du 14 décembre.
(4) *Memento* du colonel Queillé.

cantonne à Chilly, Maucourt, Méharicourt, Rosières-en-Santerre, Vauvillers (1).

La 2ᵉ division franchit la Somme à Saint-Christ, à Falvy, et cantonne le soir à Chaulnes, Vermandonvillers, Ablaincourt, Hyencourt.

Le contre-amiral Moulac arrive à Nesle (2), mais sa division n'est pas encore concentrée ; les fusiliers marins sont à Morchain, le reste de l'infanterie et la batterie Halphen, partis de Saint-Quentin, se réunissent à Fluquières (3), sous les ordres du capitaine de frégate Delagrange, passent par Villers-Saint-Christophe, Douilly et Croix, où le 48ᵉ mobiles cantonne avec l'artillerie ; la 2ᵉ brigade est à Matigny (4).

---

(1) Voir à la fin du chapitre IX le tableau des cantonnements du 13 au 19 décembre.
Certains corps avaient été informés le 10, d'autres le 15 seulement, de la brigade et de la division auxquelles ils appartenaient. (Journaux de marche.)

(2) Dépêche du 15 décembre.

(3) *Le colonel Delagrange au général Faidherbe.*

Saint-Quentin, 15 décembre.

« J'ai l'honneur de vous adresser, ci-joint, l'ordre de marche de la 3ᵉ division. La dépêche télégraphique de Lille, prescrivant le départ, nous est arrivée sur les 2 heures du matin, et en ce moment, 4 h. 1/2, les ordres de route sont expédiés à tous les cantonnements.

La 2ᵉ brigade, qui se trouve aux points les plus éloignés, fera la grand'halte à Fluquières, et en arrivant à Ham, elle aura parcouru plus de 24 kilomètres. Vous trouverez sans doute l'étape suffisante pour des hommes qui n'ont pas encore grande habitude de la marche, surtout dans cette saison. Aussi, mon Général, je désirerais recevoir vos ordres pour leur faire continuer la marche, ce soir, jusqu'à Nesle. »

En bas de la page, de la main du général Faidherbe : « Qu'elle reste à Ham, et nous rejoigne le plus tôt possible par Nesle et Chaulnes. La 3ᵉ division aurait dû être à Harbonnières le 16 ; qu'elle y arrive au moins le 17. »

(4) Sauf le 48ᵉ *bis* de mobiles, qui devait rester à Arras, la batterie

Les divers mouvements autour de Ham et de la Fère avaient fait perdre l'avantage qu'on aurait obtenu d'une concentration silencieuse, suivie d'une marche rapide vers les forces principales du général de Grœben. Ils n'avaient pas échappé à la vigilance de l'ennemi. De Reims on avait renforcé la garnison de la Fère, où se trouvaient maintenant un bataillon de landwehr, un bataillon du *81e* régiment, et une batterie de réserve. Le grand quartier général allemand, dont les communications étaient interrompues avec Amiens, mandait au commandant en chef de l'armée de la Meuse, à Margency :

Versailles, 12 décembre, 5 h. 30 soir.

« Un détachement ennemi s'est avancé du Nord contre la Fère. Ce point a une garnison suffisante ; mais il est nécessaire que vous assuriez la sécurité de Soissons, et du tunnel qui se trouve à proximité. »

Aussi, dès le 13, le régiment des fusiliers de la garde, un escadron de hussards de la garde, une batterie, partaient du corps d'investissement de Paris pour Soissons, où ils trouvaient un bataillon du *19e* régiment, et une batterie, envoyés de Boulzicourt (1). Ces forces, réunies sous les ordres du général de Kessel, atteignirent Coucy-le-Château le 16 décembre.

Mais ni le général de Grœben, ni le général de Manteuffel, ni le grand quartier général (2) ne prévoyaient encore, le 14, que l'armée du Nord se porterait sur

---

Dupuich et le 19e chasseurs à pied, qui n'arrivaient respectivement que le 17 et le 18 décembre à Albert et à la Neuville.

(1) Le général de Senden avait reçu l'ordre de déférer aux demandes de renfort du gouvernement de Reims. Les troupes de la Garde furent rappelées vers Paris le 18 décembre.

(2) Général de Wartensleben.

Amiens; ils croyaient au contraire à des menaces du côté de la voie ferrée de Soissons, ou à une offensive dans la direction de Noyon.

Une reconnaissance envoyée, le 13, d'Albert sur Bapaume, confirmait l'occupation de cette ville, et la marche des troupes françaises vers Péronne. Une autre reconnaissance apprenait, à Liercourt, que la garnison d'Abbeville venait d'être renforcée. Le même jour un détachement allemand rencontrait, à Foucaucourt, une compagnie de garde nationale mobilisée de la garnison de Péronne (1).

Sur ces entrefaites, l'ordre de reprendre Ham ayant été réitéré par le général de Manteuffel, le général de Grœben répondit que le mouvement ne pourrait se faire que le 17, avec quatre escadrons, deux bataillons, et une batterie rassemblés à Roye. Le commandant en chef approuvait ce projet, en rappelant que la sécurité d'Amiens ne devait pas être compromise, et que des relations devaient s'établir avec la *15e* division, dès qu'elle arriverait à Montdidier, le 17 ou le 18.

Le général de Kummer avait, en effet, reçu le 14, un ordre lui prescrivant de concentrer, aussi rapidement que possible, sa division à Montdidier, de prendre le commandement du détachement Grœben, et d'opérer, avec toutes ces forces, sur le flanc ou les derrières de l'ennemi. Il rendit compte, aussitôt, qu'il serait le 15, avec la *30e* brigade, à Crèvecœur, le 16 à Breteuil, et le 17 à Montdidier. La *29e* brigade devait être le 15 à Gournay, le 16 à Marseille, le 17 à Breteuil, et rallier la *30e* brigade le 18. On comptait pouvoir disposer, à cette date, entre Roye et Breteuil, de 15 bataillons, de 2 régi-

---

(1) Cette compagnie de garde nationale mobilisée de la Somme se retirait en perdant trois blessés. La reconnaissance allemande comprenait deux compagnies, deux pelotons et deux pièces.

ments de cavalerie, et de 5 batteries. Quant à la *16*ᵉ division et à l'artillerie de corps, elles marchaient de Dieppe sur Abbeville, avec la *3*ᵉ division de cavalerie (1), et seraient à Amiens vers le 19. Enfin le général de Lippe (2) envoyait, le 13, de Gisors à Compiègne, deux bataillons, huit escadrons et une batterie.

Bien que les dispositions fussent prises pour faire face de tous côtés, la dispersion des forces s'aggravait par la difficulté des communications (3). Le général de Manteuffel ne reçut, en effet, que le 14 décembre les instructions suivantes que le général de Moltke lui avait expédiées le 12 et le 13 :

Versailles, 12 décembre, 9 heures soir.

« Les communications télégraphiques étant interrompues, on a l'honneur de faire connaître par cette dépêche que les troupes ennemies qui viennent de surprendre Ham, paraissent s'être dirigées sur la Fère. Si l'on n'a pas d'inquiétude immédiate au sujet de cette place, il n'en est pas moins vrai que l'apparition d'un détachement ennemi de ce côté gêne les communications de la Iʳᵉ armée, et de l'armée de la Meuse. Celle-ci a reçu l'ordre télégraphique d'envoyer un détachement, par voie ferrée à Soissons. Le général de Kameke doit en outre détacher toutes les troupes qui ne lui sont pas nécessaires à Montmédy, pour renforcer la *3*ᵉ division de réserve devant Mézières. Le général de Senden, qui la commande, contribuera à la sécurité de Reims, de

---

(1) Réduite à deux régiments. Les 7ᵉ et *14*ᵉ uhlans, la batterie $\frac{1}{VII}$ étaient à Amiens.

(2) Commandant la division de cavalerie saxonne.

(3) Le grand quartier général ne communiquait télégraphiquement avec Amiens et Rouen que par Noyon et Ham, et cette ligne avait été coupée le 9 et le 11 décembre.

Laon et de Soissons en obtempérant aux réquisitions éventuelles du gouverneur de Reims.

Le commandant en chef est donc invité à prescrire au général de Grœben de prendre les dispositions nécessaires, et de couper les communications du détachement ennemi qui paraît être sorti de Péronne, ou tout au moins de le refouler. »

Versailles, 13 décembre.

« On n'a pas l'intention, pour le moment, d'occuper d'une façon permanente tout le Nord-Ouest de la France ; on veut se borner, provisoirement, à disperser les rassemblements ennemis qui tiennent la campagne, et s'opposer aux tentatives faites pour débloquer Paris, ou pour interrompre nos communications. Sa Majesté ordonne donc de mettre en marche le gros de la Ire armée dans la direction de Beauvais. Rouen restera d'ailleurs occupé par des forces suffisantes qui continueront à surveiller la rive gauche de la Seine.

Le gros de la Ire armée étant rassemblé dans les environs de Beauvais, on aura, dès lors, la possibilité soit de se porter à temps au secours de Rouen et d'Amiens, soit de prendre une offensive efficace contre les corps ennemis qui franchiraient la ligne des forteresses du Nord.

Les événements de ces derniers jours montrent la gêne qu'une entreprise de ce genre apporterait à nos communications. Si, d'autre part, les troupes ennemies, qui opèrent actuellement dans les environs de la Fère, venaient à prendre rapidement l'offensive sur Soissons, les armées d'investissement pourraient être obligées d'envoyer des détachements de ce côté.

La mission principale qui incombe pour le moment à la Ire armée, est donc de couvrir les derrières de l'armée de la Meuse, chargée de l'investissement Nord de

Paris; mais elle pourra s'avancer de Beauvais sur Amiens, dès que la situation actuelle aura été éclaircie.

Vous voudrez bien inviter le général de Grœben à rendre compte des mouvements qu'il projette, ou qu'il aura exécutés, en partant d'Amiens contre Péronne, la Fère, etc. »

Après avoir pris connaissance de ces instructions, le général de Manteuffel arrêta, à la date du 14 décembre, les dispositions suivantes :

« 1° Le général de Grœben laissera à Amiens, trois bataillons de la *3e* brigade, les deux batteries qui lui appartiennent, et un régiment de cavalerie; avec les autres bataillons, les régiments de la *3e* division de cavalerie, qui vont le rejoindre, et les batteries à cheval, il se portera, le 16 décembre, d'Amiens vers Roye, où il recevra de nouveaux ordres du général de Gœben;

2° La *15e* division poursuivra sa marche sur Montdidier;

3° La *16e* division ne se portera pas sur Amiens; elle se dirigera directement sur Beauvais, en faisant connaître à quelle date elle y arrivera;

4° Le général de Mirus continuera à remplir les fonctions de commandant de place à Amiens. »

Les ordres donnés précédemment à la *16e* division, et à l'artillerie de corps, qui l'accompagnait, étaient donc seuls modifiés. Le général de Gœben en fut informé, dans la nuit du 14 au 15 décembre à Dieppe, où se trouvaient la *32e* brigade, et la *3e* division de cavalerie, venue d'Auffray; en arrière la *31e* brigade stationnait à Saint-Laurent-en-Caux. Il se mit en marche le jour même avec ces troupes sur Neufchâtel, pendant que le général de Kummer se hâtait vers Montdidier et Roye avec la *15e* division. Une fraction de la division du général de Lippe (1) fut rappelée de Gisors à Clermont, d'où elle devait communiquer avec Compiègne et Amiens. Un autre groupe restait à Beauvais, et se reliait, à Gisors, avec l'aile gauche du 1er corps.

Le général de Manteuffel continuait cependant à rester dans l'incertitude sur l'emplacement exact du gros des forces françaises. Il apprenait, le 14, qu'elles s'étaient retirées de la Fère, vers Moy et Chauny; d'autres renseignements lui disaient, le 15, que 36,000 hommes, soutenus par 20,000 autres, rassemblés au Nord d'Arras, se préparaient à marcher en trois colonnes sur Amiens et Abbeville. Deux reconnaissances dirigées, le 14, d'Albert vers Péronne, confirmaient le mouvement d'Achiet vers le cours supérieur de la Somme; une autre patrouille partie de Domart sur la Luce constatait la présence des Français à Roye (2).

On se rallia, en définitive, à l'idée que le général Faidherbe concentrait son armée vers Péronne, Ham et au delà.

---

(1) La plus grande partie de la division, c'est-à-dire deux bataillons du *100e* régiment, les *17e* et *18e* uhlans, une batterie étaient à Compiègne. Le 18 décembre les deux bataillons du *100e* régiment furent rappelés à Paris.

(2) Général de Wartensleben.

IX

Opérations autour d'Amiens. Concentration de l'armée du Nord sur la rive gauche de l'Hallue.

Du 16 au 19 décembre. — Les ordres, donnés le 15 décembre, par le général Faidherbe, portaient que le grand quartier général et la cavalerie seraient le lendemain à Corbie, la 1re division à Corbie et aux environs, d'Hamel à la Neuville, la 2e division à Warfusée, Bayonvillers, Wiencourt, la 3e division en réserve à Harbonnières (1). Ce mouvement se fit en deux colonnes pour la 1re division; la 1re brigade, avec le convoi, l'ambulance, le trésor, partant de Rosières et de Vauvillers, traversa Harbonnières, Bayonvillers, Warfusée, et cantonna à Corbie, couverte par le 2e chasseurs à pied à la Neuville; en arrière, la 2e brigade, partant de Rosières, de Maucourt et de Chilly, se dirigea sur Hamel, Hamelet, Vaire-sous-Corbie, le 17e chasseurs à pied et la batterie Bocquillon, étant aux avant-postes à Fouilloy.

Après avoir quitté ses cantonnements à Chaulnes et aux environs, et s'être concentrée à Lihons, la division Paulze d'Ivoy se dirigea sur Harbonnières; le quartier général, le 20e chasseurs à pied, la batterie Chaton,

---

(1) Ordre de mouvement pour le 16 décembre.

s'arrêtèrent à Lamotte-en-Santerre ; le reste de la 1re brigade à Bayonvillers et à Méricourt-sur-Somme ; la 2e brigade à Marcelcave, Wiencourt et Guillaucourt.

Quant au contre-amiral Moulac, il ne recevait son ordre de mouvement qu'à midi et demi, le 16, à Matigny, et répondait aussitôt qu'en raison de l'heure tardive et de la fatigue des troupes il lui était impossible d'atteindre Harbonnières, qu'il porterait les trois bataillons de fusiliers marins de Morchain à Lihons, le reste de sa 1re brigade à Omiécourt, sa 2e brigade et le quartier général de sa division à Pertain (1).

Grâce aux mesures prises, ces divers mouvements purent s'exécuter sans être entravés par les difficultés du ravitaillement, bien que le pays fût épuisé par les opérations antérieures. L'intendant en chef faisait, en effet, transporter à Corbie un approvisionnement de quatre jours de vivres (2), pendant qu'un autre convoi partait de Péronne pour Lamotte-en-Santerre.

En arrivant à Corbie, le général en chef se décida à menacer Amiens par le Sud. Le 17, le quartier général, et la cavalerie, devaient être à Longueau ; la division Lecointe, dont la tête de colonne romprait à 7 h. 1/4,

---

(1) *Le contre-amiral Moulac au Général en chef.*

Matigny, 16 décembre.

« Je reçois à l'instant (midi et demi) l'ordre de mouvement pour porter ma division à Harbonnières et aux environs ; il m'est impossible, en raison de l'heure et de la fatigue des hommes, d'aller aujourd'hui à Harbonnières, et je règle, comme il suit, les cantonnements de ce soir, sauf à faire demain une plus longue étape. Je porte les trois bataillons du commandant Payen de Morchain à Lihons ; le reste de ma 1re brigade couchera à Omiécourt, et ma 2e brigade, ainsi que mon quartier général, seront à Pertain, où j'espère arriver avant la nuit. Je fais porter ce soir à Harbonnières la compagnie de francs-tireurs de l'Aisne. »

(2) Dépêche du 16 décembre.

serait à Pont-de-Metz, Saleux, Dury, Saint-Fuscien ; la division Paulze d'Ivoy à Camon, Longueau, Cagny, Boves ; la division Moulac en réserve, à Gentelles, Cachy, Fouilloy, Corbie. Mais, dans la soirée et la nuit, plusieurs renseignements parvinrent à Corbie (1), d'après lesquels le général de Gœben, en marche sur Amiens, était arrivé, le 16, entre Dieppe, Eu, Blangy et Neufchâtel, avec 15,000 hommes et 24 pièces ; à sa droite, 12,000 hommes étaient postés, disait-on, à Formerie ; 10,000 hommes étaient en marche de Compiègne sur Chauny. D'autre part on signalait le départ, pour Ailly-sur-Noye, du général de Grœben, qui avait laissé 700 hommes dans la citadelle (2). Le maire d'Amiens, enfin, soucieux de préserver la ville des effets du bombardement, dont les Allemands l'avaient menacée, écrivait au général Faidherbe : « Nous sommes prévenus qu'en cas d'attaque, la ville sera détruite par les défenseurs de la citadelle. Des prisonniers français, des fonctionnaires civils, des habitants y sont enfermés. Je recommande ma ville et les prisonniers au général en chef, mais je suis prêt aux sacrifices, si le salut de la France l'exige. »

Ces nouvelles concordantes, bien que n'étant pas toutes d'une précision, ni d'une exactitude absolue, représentaient les colonnes ennemies comme éloignées les unes des autres, et distantes de leur point de concentration. Si donc, le général Faidherbe avait eu un tempérament audacieux, il aurait préféré l'offensive. Mais, soit qu'il craignît d'exposer Amiens aux représailles de l'ennemi, soit que son armée improvisée lui parût, à juste

---

(1) Dépêche du lieutenant-colonel de Villenoisy, Lille, 16 décembre, 7 heures matin ; plusieurs dépêches du commandant supérieur d'Abbeville ; dépêche du maire de Cayeux, etc..... (Voir les pièces annexes.)

(2) Dépêche de Lille ; dépêche de M. Lardière, préfet de la Somme ; dépêche de Villers-Bretonneux.

titre, menacée sur la rive gauche de la Somme (1), il résolut de l'abriter contre l'orage qui se préparait, de continuer des simulacres d'attaque au Nord de la ville, de se rapprocher des réserves, et donna contre-ordre dans la matinée du 17.

Les troupes étaient déjà en marche, par un temps sombre et pluvieux ; devant elles, le général Faidherbe, le général Farre, escortés par la cavalerie, traversaient Longueau, atteignaient les abords d'Amiens ; le 2ᵉ escadron s'avançait même jusqu'à Pont-de-Metz, où il était salué par l'artillerie de la citadelle.

En tête de la brigade Pittié, le 17ᵉ chasseurs à pied, le 68ᵉ régiment de marche traversaient Blangy-Tronville, s'arrêtaient à Longueau, et y recevaient l'ordre de ne franchir la Somme qu'à la tombée de la nuit, sur le pont de Lamotte-Brebière, pour gagner, avec le 46ᵉ mobiles, les cantonnements d'Allonville, Cardonnette et Rainneville. La brigade Derroja atteignait Villers-Bretonneux et se retirait, vers 4 heures, à Fouilloy et à Aubigny (2).

Derrière la 1ʳᵉ division, celle du général Paulze

---

(1) Le lieutenant-colonel de Villenoisy lui avait représenté le danger de sa situation sur la rive gauche de la Somme, et le général Faidherbe devait lui répondre plus tard « qu'il avait prêché un converti ». (*Souvenirs du général de Villenoisy.*)

(2) *Le Capitaine faisant fonctions de sous-chef d'état-major général, au Général commandant la 1ʳᵉ division, à Villers-Bretonneux.*

Corbie, 17 décembre.

« La 1ʳᵉ brigade de la 1ʳᵉ division descendra ce soir de Villers-Bretonneux, et s'établira pour la nuit à Fouilloy et à Aubigny. Demain matin elle se rendra, de très bonne heure, dans ses cantonnements définitifs. »

La 1ʳᵉ brigade resta en réalité à Fouilloy et à Aubigny pendant la journée du 18.

d'Ivoy reçut l'avis, en arrivant à Warfusée, qu'elle devait se diriger directement sur Corbie, se hâter le plus possible, et ne rien laisser en arrière. « Quand les têtes de colonnes, ajoutait le général en chef, arriveront à Corbie, elles y trouveront de nouvelles instructions. Je fais occuper Villers-Bretonneux par la 1re division. Surveillez bien votre gauche (1). »

La brigade du Bessol atteignit donc Fouilloy, traversa la Somme à Vecquemont, où s'arrêtait le 20e chasseurs à pied, avec un bataillon du 44e mobiles ; le reste était le soir à Bussy et à Daours. La brigade Thomas se dirigea de Lamotte sur Villers-Bretonneux, traversa la Somme à Corbie, et cantonna à Querrieux, Fréchencourt, Pont-Noyelles ; l'artillerie à Bussy-les-Daours, Pont-Noyelles.

La 3e division traversait Harbonnières, Bayonvillers, où elle rejoignait les fusiliers marins, et cantonnait à Fouilloy, Corbie, Vaire, Hamelet (2).

Bien que les renseignements, arrivés dans la journée,

---

(1) Ordre du général en chef envoyé de Corbie, 17 décembre, 2 heures du matin.

(2)   *Ordre pour les cantonnements.*

Corbie, 17 décembre.

« Aujourd'hui 17 décembre, le 22e corps d'armée prendra ses cantonnements entre Villers-Bocage et Corbie. La 3e division occupera Corbie, Fouilloy, la Neuville et Vaux-sous-Corbie. La 2e division occupera Daours, Bussy, Querrieux, Pont-Noyelles. Elle se dirigera sur le pont de Daours, en traversant Aubigny. La 1re division occupera Allonville, et s'étendra au besoin jusqu'à Bertrangles et Poulainville. Le quartier général restera provisoirement à Corbie, ainsi que la cavalerie qui se tiendra prête à monter à cheval au premier signal.

Le génie prendra ses cantonnements à Corbie. »

On réparait dans la journée la voie ferrée de Corbie à Albert, où était arrivé un parc comprenan quatre pièces de 12 de siège, quatre pièces

fussent contradictoires par certains détails, ils n'en faisaient pas moins ressortir la présence, le 17, vers Poix, de rassemblements qui se dirigeaient sur Montdidier, l'arrivée des Prussiens à Roye, où l'on annonçait prochainement 35,000 hommes venant de Montdidier et d'Amiens, et celle de 10,000 hommes, disait-on, entre Compiègne, Chauny, Noyon. Mais, peu confiant dans les qualités offensives de ses troupes, le général Faidherbe résolut d'attendre.

Depuis la reprise des opérations, de sérieuses fatigues avaient été subies ; certains corps avaient parcouru 30 ou 40 kilomètres la veille ; aussi le 18 décembre étant un dimanche, cette journée fût-elle consacrée au repos (1).

Un escadron de gendarmerie éclaira néanmoins du côté d'Amiens, quelques dragons surveillèrsnt le cours de la Somme vers Bray, où le 1er régiment de mobilisés

---

de 12 de campagne avec approvisionnements, mais sans attelages. Le 18, arrivaient encore quatre pièces de 12 de siège. Le 17, les deux escadrons de gendarmerie (15 officiers, 221 hommes, 216 chevaux) se rendaient d'Arras à Corbie ; la batterie Dupuich entrait à Albert ; des ordres étaient donnés pour expédier le parc d'artillerie à Albert. (Voir les pièces annexes.)

(1) Le général Faidherbe recevait une dépêche annonçant que le Ministre de la guerre approuvait les propositions relatives à la constitution des 22e et 23e corps, et quelques nominations furent faites. Le lieutenant-colonel de Gislain prenait le commandement de la 2e brigade de la 2e division, le lieutenant-colonel Fœrster celui de la 1re brigade ; il était remplacé par le lieutenant-colonel de la Broue.

Ordre était envoyé de hâter l'envoi du parc de munitions d'infanterie à Albert, où il arriva le 19 (dépêche du 19 décembre). Le parc d'artillerie y arrivait le même jour.

Le 19e chasseurs à pied rejoignait la 3e division à la Neuville. Le 2e bataillon du 91e partait d'Abbeville pour Bernaville, avec une section de la batterie Cornet et douze pièces de montagne, qui furent dirigées sur la division Robin, tandis que le 2e bataillon du 91e et la section Cornet devaient rejoindre l'armée par Acheux.

arrivait dans la journée ; il détachait deux compagnies à Sailly-Lorette, trois autres à Chipilly (1).

On apprenait, le soir, que 300 uhlans étaient entrés, la veille, à Ham, que des forces considérables se concentraient sur la route de Roye à Montdidier, à Montdidier même, et à Guiscard (2), que l'ennemi était en marche de Poix vers la Somme. Enfin, le général Paulze d'Ivoy, le colonel du Bessol, annonçaient l'entrée des Allemands à Amiens (3).

Le général en chef prépara alors l'établissement de

---

(1) *Le colonel Brusley au général Faidherbe.*

Albert, 18 décembre.

« En l'absence du général Robin, qui est allé accélérer le départ du 2ᵉ régiment d'Arras, j'ai l'honneur de vous rendre compte que j'ai donné les ordres pour l'exécution des dispositions prescrites. Le 1ᵉʳ régiment part aujourd'hui, à 1 h. 1/2, pour Bray, avec les vivres assurés et, à peu près, 70 cartouches par homme. Deux compagnies vont à Sailly-Lorette par Morlancourt, trois autres à Chipilly. »

(2) Dépêche du maire de Roye.

(3) *Dépêche du colonel du Bessol.*

Daours, 4 h. 15 soir.

« J'ai l'honneur de vous faire savoir que, d'après des renseignements que l'on peut considérer comme certains, 6,000 Prussiens environ, avec 7 pièces, paraissant venir de Montdidier, sont entrés à Amiens. »

Dépêche du maire de Lamotte-Brebière.

« Le maire de Lamotte-Brebière informe l'armée française que les Prussiens arrivent en nombre à Longueau. »

Dépêche du général Paulze d'Ivoy.

« Un envoyé d'un habitant de Camon, que je connais pour un homme sérieux, vient me dire que, du clocher de Camon, on distingue une forte colonne ennemie en marche sur Longueau. »

l'armée sur la rive gauche de l'Hallue (1), où il comptait attendre quelques renforts, les parcs de munitions, qui arrivèrent le lendemain, et compléter l'organisation de son armée.

Le 19, le quartier général était à Corbie, la 1re brigade de la division Lecointe à Vadencourt, Contay, Bavelincourt; la 2e brigade à Béhencourt, Montigny, Bavelincourt; la division Paulze d'Ivoy avait sa 1re brigade à Vecquemont, Bussy, Daours; la 2e à Querrieux, La Houssoye, Fréchencourt, St-Gratien, Pont-Noyelles; la division Moulac restait à Fouilloy, Corbie, la Neuville (2); la 4e division prolongeait l'armée sur la droite, avec le bataillon de voltigeurs à Albert, le 2e régiment à Acheux, le 4e bataillon de la 5e légion à Gaudiempré, le 3e régiment à Louvencourt, le 4e à Pas (3).

On s'attendait incessamment à une attaque; les patrouilles de uhlans, précédant le détachement Mirus, devenaient plus nombreuses; vers Montdidier et Roye, se trouvaient de nombreux rassemblements; ils allaient être rejoints par 20,000 hommes partis, disait-on, de Poix (4). Aussi, les dispositions étaient-elles prises, pour compléter le service de sûreté (5); chaque cantonnement se couvrait par des avant-postes; le régiment de

---

(1)   *Ordre du général Farre.*

                                Corbie, 18 décembre.

« La 1re division ira, demain matin, prendre des cantonnements dans la vallée de l'Hallue, de Béhencourt à Vadencourt. La 2e brigade exécutera ce mouvement dès le matin. »

(2) Voir le détail des cantonnements à la fin du chapitre.

(3) Le bataillon des voltigeurs et le 1er régiment étaient arrivés le 16 à Albert. Les mouvements de la 4e division avaient été ordonnés le 17 décembre. (Dépêche du général Robin, du 18 décembre.)

(4) On disait aussi que 30,000 ou 40,000 hommes se massaient entre Gisors et Beauvais. (*Memento* du lieutenant-colonel Queillé.)

(5) Voir la note du 19 décembre.

Somme-et-Marne envoyait deux compagnies en reconnaissance vers Amiens ; un détachement de sapeurs faisait sauter le pont de Bray ; le général en chef recommandait d'étudier le terrain au point de vue de l'emplacement des batteries ; il n'avait même pas renoncé à une offensive ultérieure, puisqu'il prescrivait au général Lecointe de préparer des points de passage sur l'Hallue (1).

Il faut revenir maintenant à ce qui s'était passé à Amiens.

Dans la matinée du 16, le général de Grœben n'avait pas encore reçu les ordres du 14, mais apprenant que des forces considérables s'avançaient par la rive gauche de la Somme, il s'était décidé à évacuer la ville. Laissant dans la citadelle deux compagnies du *44e*, une d'artillerie de forteresse, et une de pionners ; il se retirait à Ailly-sur-Noye avec le reste de la *3e* brigade, trois batteries, les *7e* et *14e* uhlans, après en avoir rendu compte au commandant en chef.

Pénétré de l'importance d'Amiens, et de l'effet moral que produirait l'évacuation de cette place, le général de Manteuffel dépêcha ses instructions au général de Kummer, le soir même, par l'intermédiaire de deux officiers. Ils suivirent des routes différentes, arrivèrent à Breteuil le 17, et y informèrent le commandant de la *15e* division qu'Amiens devait être réoccupé par trois bataillons, ou même, en cas de nécessité, par une brigade au complet.

Après avoir mandé au général de Moltke, que ses dispositions étaient changées, qu'il allait s'établir, non pas à Beauvais, mais sur la ligne Breteuil-Montdidier, le général en chef, escorté par un escadron, quitta Rouen

---

(1) Ordre du 19 décembre.

le 17. En cours de route, il envoya ses ordres. « L'ennemi, disaient-ils, paraissant se concentrer à Ham, la *15e* division devra s'établir à Montdidier et au Nord, et se mettre en relations avec Compiègne ; la *16e* division devra prendre la direction Conty-Breteuil (1). Le général de Grœben sera replacé à la tête de la *3e* division de cavalerie. »

Le 18, le général de Manteuffel arrivait à Marseille, après avoir parcouru 52 kilomètres dans la journée ; le 19, il eut un entretien à Crèvecœur avec le général de Gœben, dont la *32e* brigade était à Conty, la *31e* et l'artillerie de corps à Breteuil, puis, portant son quartier général dans cette localité, il y prenait connaissance des dernières nouvelles : Le général de Grœben avait atteint Ailly-sur-Noye, le 16, puis rejoint le gros de la *15e* division, le 17 (2), à Montdidier, pendant que les fractions avancées de la *30e* brigade occupaient Roye, et que des détachements envoyés de Compiègne vers Roye, Ham et Chaulnes, y entraient en contact avec la division du contre-amiral Moulac.

Dans la matinée du 18, le général de Mirus, désigné pour remplacer le général de Grœben (3) à Amiens, s'était dirigé de Montdidier sur Amiens avec 5 bataillons, 4 escadrons, 2 batteries ; il y était parvenu sans encombre, grâce à l'attitude passive du 22e corps, avait dispersé un rassemblement hostile, formé par quelques habitants réunis à proximité de la citadelle, et avait jeté des reconnaissances sur la rive droite de la Somme.

---

(1) La *16e* division était arrivée le 17 à Gournay.
(2) Le 17, une compagnie du 2e bataillon du 91e, envoyée en reconnaissance d'Abbeville, enlevait six prisonniers à Poix ; le général de Malotki et l'inspection générale des étapes de la 1re armée, se retiraient le lendemain de Conty sur Breteuil.
(3) Le général de Mirus avait été désigné le 14 décembre pour remplacer le général de Grœben à Amiens.

Le général de Kummer avait fait avancer la *30ᵉ* brigade sur Davenescourt, et la *29ᵉ* à Montdidier.

Enfin, le 19, un bataillon de la *30ᵉ* brigade et deux pelotons occupaient Roye, la *3ᵉ* division de cavalerie (1), reconstituée, s'arrêtait à Arvilliers, Bouchoir, Quesnel, après avoir traversé Montdidier.

Avant d'avoir été informé, à Breteuil, des mouvements qui faisaient présager la concentration de l'armée du Nord vers Amiens, le général de Manteuffel avait sollicité le renfort de la *14ᵉ* division (2); mais une brigade de la garde (3), sous les ordres du prince Albert, reçut seule l'ordre de se trouver à Amiens le 24. La *3ᵉ* divison de réserve, devait, il est vrai, être relevée le 19 à Boulzicourt par la *14ᵉ* division, et marcher ensuite sur Péronne, par Saint-Quentin, considéré encore à Versailles comme le centre de rassemblement des forces ennemies (4). La cavalerie saxonne, enfin, était invitée à agir dans la direction de Ham.

De ce côté, le lieutenant-colonel de la Sauzaye, comptant se porter sur Laon, était arrivé le 16 à Marle, le 17

---

(1) Sauf le 7ᵉ uhlans qui était à Amiens.

(2) La *14ᵉ* division qui faisait partie du VIIᵉ corps, et par conséquent de la 1ʳᵉ armée, avait été employée en partie au siège de Montmédy, et devenait disponible après la chute de cette place, le 14 décembre.

(3) Le régiment de uhlans de la garde n° *2*, le régiment de hussards de la garde, et une batterie.

(4) Le 16 on télégraphiait, du grand quartier général de Versailles, au général de Grœben :

« L'ennemi, qui était près de la Fère, s'est retiré dans la direction de Ham. Effectif, d'après les renseignements, 4,000 à 5,000 hommes, et 6 à 8 pièces. Pas de cavalerie. L'offensive de tout votre détachement dans la direction de Saint-Quentin aura, en ce moment, plus d'effet que dans celle de Montdidier. »

Le grand quartier général informait ensuite le général de Manteuffel que l'armée du Nord, forte de 62,000 hommes, se trouvait à Saint-Quentin. (Général de Wartensleben.)

à Crécy-sur-Serre, mais apprenant, le 18, qu'il avait devant lui des forces évaluées à 2,000 hommes, avec 15 pièces (1), il revint à Ribémont et en rendit compte à Avesnes. Le lieutenant-colonel Martin télégraphiait aussitôt à Lille que la Sauzaye se repliait sur Guise, en demandant des nouvelles de deux corps ennemis, qui venaient, disait-on, des Ardennes (2).

« Pour moi, ajoutait le lieutenant-colonel Martin, je n'ai aucune nouvelle des deux corps, dont parle la Sauzaye. »

Du 20 au 22 décembre. — Ce dernier renseignement était, en effet, prématuré. En arrivant à Ribémont, le lieutenant-colonel de la Sauzaye reçut, d'ailleurs, l'avis que sa colonne était disloquée, qu'il devait diriger le détachement du 40e de ligne sur Avesnes, avec les troupes qui en étaient venues, et envoyer le reste à Hirson, où se trouvait le bataillon de douaniers (3) ; mais, par suite des circonstances suivantes, ces fractions se trouvèrent de nouveau réunies à Vervins, le 20 décembre : A Guise, le

---

(1) Le lieutenant-colonel de la Sauzaye avait en effet, devant lui, le détachement du général de Kessel, arrivé le 16 à Coucy-le-Château ; les reconnaissances allemandes poussaient ensuite, le 19, jusqu'à Marle, et rétrogradaient sur Laon.

(2) *Le lieutenant colonel Martin au Général en chef, à Lille.*

Avesnes, 18 décembre, 6 h. 50 soir.

« Le lieutenant-colonel de la Sauzaye me télégraphie ce qui suit de Ribémont : « Le coup sur Laon n'a pu être fait ; des renforts considérables sont arrivés hier de Reims ; la citadelle de Laon est organisée défensivement, toutes les issues sont fortement gardées. Je me replie sur Guise. Avez-vous reçu des nouvelles des deux corps ennemis venant des Ardennes ? »

(3) « Après quelques hésitations, pensant que le colonel de la Sauzaye ne serait d'aucune utilité en restant à Guise, je me suis décidé à séparer

lieutenant-colonel de la Sauzaye apprit, en effet, que l'ennemi s'était présenté la veille devant Marle. Il se dirigea de ce côté avec sa colonne de gauche, changea d'idée en route (1), puis, à la suite d'une marche de nuit, rejoignit sa colonne de droite à Vervins, qu'il croyait menacé.

Plus au Nord, le lieutenant-colonel Martin s'était mis en marche avec 1245 gardes mobiles, deux bataillons de gardes nationaux mobilisés, et deux pièces de 4 de montagne (2), pour arriver à la Capelle le 22.

Dès que le lieutenant-colonel de la Sauzaye fut entré à Vervins, on lui signala la présence de la 3e division de réserve à Dizy, et à Montcornet; mais avec la réunion d'hommes mal armés, sans organisation, qu'il était chargé de conduire, il se sentait malheureusement plus capable d'esquisser des démonstrations que de les faire aboutir. Il la dirigea donc sur Hary (3), y apprit que l'ennemi continuait sa marche sur Saint-Quentin, et

---

sa colonne, laissant les 1600 hommes fournis par Avesnes et le bataillon du 40e de ligne sous les ordres du commandant Padovani, pour opérer dans l'Aisne, de concert avec le préfet, homme énergique. Le reste, 1300 hommes, sera dirigé par Sains et Vervins pour être mis à la disposition de Giovanelli. » (Rapport du lieutenant-colonel de Villenoisy, 18 décembre.)

(1) *Le lieutenant-colonel de la Sauzaye au général Faidherbe.*

Sains, 19 décembre, 10 heures soir.

« Je suis arrivé ici à 3 heures, après l'entrée de l'ennemi à Marle. Il se porte demain sur Vervins, et je vais l'y attendre. »

(2) Une compagnie du 5e bataillon du Nord, deux du 8e, des compagnies du 4e bataillon de l'Aisne, les 1er et 2e bataillons de mobilisés de l'Aisne (légion de Saint-Quentin). Ces deux derniers étaient armés de carabines et de fusils à piston. Ordre avait été donné, le 20, d'envoyer quatre autres pièces de montagne au lieutenant-colonel Martin.

(3) Dépêche du lieutenant-colonel de la Sauzaye, 21 décembre.

rétrograda, avec toutes les troupes de la région, vers Avesnes, où elles arrivèrent le 23 et le 24 décembre.

N'ayant plus aucun doute, d'après les renseignements qu'il reçut, en arrivant à Montdidier, sur la présence de ses adversaires dans les environs d'Amiens, le général de Manteuffel avait prescrit au général de Gœben d'envoyer une brigade (1) en renfort au général de Mirus, une autre à Sains et à Boves; au général de Kummer de porter une brigade à Démuin, l'autre à Rosières; à l'artillerie de corps d'occuper Ailly, Moreuil; à la *3ᵉ* division de cavalerie, de se poster à Chaulnes et à Lihons, en faisant des reconnaissances vers le Nord et vers l'Est.

Combat de Querrieux — Ces mouvements furent exécutés dans la journée du 20. Tandis que le VIIIᵉ corps se rapprochait de la Somme, le général de Manteuffel, le général de Gœben entraient à Amiens avec un escadron de dragons de la garde. Ils y apprirent que le major de Bock s'était dirigé dans la matinée sur Querrieux, sans pouvoir déterminer les positions principales des Français. Son détachement composé du bataillon de fusiliers du *4ᵉ* régiment, du 3ᵉ escadron du *7ᵉ* uhlans, de la batterie $\frac{6}{7}$, avait été signalé à la sortie d'Amiens par les éclaireurs du commandant Bayle qui, après avoir quitté Saint-Gratien pour reconnaître en avant d'Allonville, s'étaient retirés ensuite sur le bois de Mai. Leur fusillade attira l'attention de deux compagnies du 33ᵉ, en grand'garde à

---

(1) Depuis que le VIIIᵉ corps s'était dirigé de la Normandie vers le Nord, chacune des brigades était accompagnée de la moitié de l'artillerie divisionnaire.

l'Ouest de Querrieux, et fit prendre les armes au 18ᵉ chasseurs à pied, cantonné dans le même village. Aussi, les Prussiens furent-ils arrêtés par une violente mousqueterie sur la lisière orientale du bois qui s'étend au Sud-Est d'Allonville. Trois de leurs compagnies (1) étaient déployées entre le saillant Nord-Est de ce bois et la route d'Amiens à Querrieux, la quatrième était en réserve ; au Sud de la chaussée, la batterie $\frac{6}{1}$ ouvrait le feu sur les tirailleurs français. Il était 11 h. 1/4, la 2ᵉ compagnie du 18ᵉ chasseurs à pied se tenait, à ce moment, déployée entre la route de Querrieux à Amiens et le moulin situé au Sud ; elle avait une section de la 3ᵉ à sa gauche, et trois autres compagnies du même bataillon sur sa droite. Sur chaque aile s'avançaient deux compagnies du 33ᵉ ; le reste de ces deux bataillons se tenait en réserve à l'entrée du village (2).

Vers midi, les assaillants faisaient encore de vains efforts pour déboucher du bois, lorsque la 2ᵉ compagnie du 3ᵉ bataillon du Gard, en grand'garde à l'Ouest de Bussy, fut rejointe par une compagnie du 43ᵉ partie du même village, et par le colonel du Bessol, qui faisait avancer deux autres compagnies du Gard en réserve. Dès que celles-ci se furent rapprochées, il jeta toutes ces troupes sur l'aile droite des trois compagnies allemandes engagées en première ligne, et qu'attaquèrent de front le 33ᵉ, les chasseurs du 18ᵉ, les éclaireurs Bayle. La batterie $\frac{6}{1}$, prise en flanc, était aussi

---

(1) Les compagnies $\frac{10, 11, 12}{4}$.

(2) Trois sections de la 3ᵉ compagnie, la 4ᵉ compagnie du 18ᵉ chasseurs à pied, la 5ᵉ compagnie du 1ᵉʳ bataillon du 33ᵉ.

Le 18ᵉ chasseurs à pied comptait six compagnies numérotées de 2 à 7. (Journal de marche.)

menacée, lorsque, par suite d'une fatale erreur, le 33ᵉ dirigea quelques feux de salve sur les mobiles du Gard, et suspendit leur action.

La retraite de l'ennemi se précipitait néanmoins ; en moins d'une demi-heure le bois était enlevé, traversé, et la poursuite ne s'arrêtait qu'à la ferme des Alençons (1).

Sur la rive gauche de l'Hallue, le général Paulze d'Ivoy avait fait prendre les armes à la 2ᵉ division, qu'il commandait pour la dernière fois. L'ordre du 20 décembre le plaçait en effet à la tête du 23ᵉ corps, formé des divisions Moulac et Robin ; le 22ᵉ corps, confié au général Lecointe, comprenait les 1ʳᵉ et 2ᵉ divisions, respectivement sous les ordres des généraux Derroja et du Bessol.

Plusieurs nominations et mutations étaient la conséquence de ces formations (2), qui avaient l'inconvénient

---

(1) Pertes au combat de Querrieux :
Allemands : 3 officiers, 69 sous-officiers et fantassins, 3 artilleurs. (Major Kunz.)
Français tués : 1 chasseur, 3 hommes du 33ᵉ, 3 des compagnies de reconnaissance ; blessés : 17 chasseurs, 3 hommes des compagnies de reconnaissance. (Rapport du général Paulze d'Ivoy et Historiques.)
Les Français faisaient 16 prisonniers aux Allemands.
La batterie $\frac{6}{1}$ tira 309 coups. (Major Kunz)

(2) Voir, à la fin du chapitre VII, la composition de l'armée du Nord à la date du 20 décembre.

Ordre du 20 décembre.

« En exécution des ordres du Ministre de la guerre, l'armée du Nord comprendra deux corps d'armée, savoir :
Le 22ᵉ corps, qui sera composé de la 1ʳᵉ et de la 2ᵉ division ; le 23ᵉ corps, qui comprendra la 3ᵉ division et la 4ᵉ, composée de gardes nationales mobilisées.
En vertu des mêmes ordres, le général de division Faidherbe com-

d'affaiblir momentanément les liens du commandement, bien que la remise des services fût facilitée par l'absence complète d'archives (1).

A la suite du combat de Querrieux, les avant-postes furent reportés au delà du bois au Sud d'Allonville, dont le 33ᵉ (2) occupait la lisière, pendant que les compagnies de reconnaissance se reportaient à Saint-Gratien.

La bataille étant imminente (3), les troupes furent

---

mande en chef l'armée du Nord. Le capitaine Richard est nommé chef de bataillon et aide de camp du général en chef. Le général Farre, promu général de division, est nommé major général de l'armée. Le général Lecointe, promu général de division, est nommé commandant du 22ᵉ corps. Le général Paulze d'Ivoy, promu général de division, est nommé commandant du 23ᵉ corps. Les colonels Derroja et du Bessol sont nommés généraux de brigade et chargés respectivement du commandement de la 1ʳᵉ et de la 2ᵉ division du 22ᵉ corps. L'amiral Moulac conserve le commandement de sa division, qui devient la 1ʳᵉ division du 23ᵉ corps ; la division des mobilisés du Nord, sous les ordres du général Robin, formera la 2ᵉ division du même corps. Les promotions suivantes sont, en outre, autorisées par le Ministre : le lieutenant-colonel de Villenoisy est nommé colonel et adjoint au major général de l'armée. Le capitaine de Peslouan et le capitaine Mélard sont nommés chefs de bataillon et attachés au grand quartier général de l'armée, etc. » (Voir la suite des nominations aux pièces annexes.)

(1) Le général Derroja se rappelle n'avoir rien reçu du général Lecointe, comme archives, qu'un crayon roulé dans une main de papier blanc. (*Souvenirs du général Derroja.*)

(2) Trois compagnies du 33ᵉ. (Journal de marche.)

(3) *Ordre du général Farre.*

Corbie, 21 décembre.

« Manteuffel est arrivé dans Amiens ; toute l'armée ennemie est réunie devant nous ; nous devons nous attendre à une bataille aujourd'hui même. A l'approche de l'ennemi, il faudra prendre des dispositions définitives de combat sur la rive gauche du ruisseau et ne pas s'avancer sur la rive droite. »

rassemblées (1) sur les hauteurs de la rive gauche de l'Hallue, à hauteur de leurs cantonnements. Quant au général en chef, seul et déguisé, il parcourait en voiture le plateau qui sépare Amiens de l'Hallue, et regagnait son quartier général, après quelques moments d'entretien avec le général Derroja, à Contay (2). Il apprenait, dans la soirée, que les forces ennemies se concentraient toujours à Amiens, et qu'un rassemblement important menaçait sa gauche, à Rosières. De ce côté, une ligne télégraphique reliait déjà Albert, Bray, Péronne; tous les passages sur la Somme, sauf les passerelles des moulins ou des écluses, avaient été coupés; mais, pour plus de sûreté, la division Moulac fut dirigée, en partie, dans la matinée du 22, vers Sailly.

En même temps, le général Lecointe faisait savoir à son corps d'armée que « la plus grande partie de la 1re division du 23e corps étant envoyée à Sailly, la division du Bessol devait garder, avec le plus grand soin, la ligne du bataille, depuis la gorge qui se trouve entre Franvillers et Fréchencourt, jusqu'à Daours, en s'éclairant sur son flanc gauche; que la 1re division devait occuper la ligne de bataille entre la droite et la gorge de Franvillers ». Il ajoutait dans la soirée : « Les troupes

---

(1)   *Extraits du Journal de marche du 22e corps.*

20 décembre.

« Demain matin, les chefs de bataillon et les commandants des régiments passeront une revue des troupes placés sous leurs ordres. »

21 décembre.

« A 9 heures, les troupes quittent leurs cantonnements et vont occuper leurs positions de combat sur les pentes de la rive gauche de l'Hallue. A 2 heures, les troupes entrent dans leurs cantonnements. »

(2) Ce fait, rapporté par quelques historiens, est confirmé par les souvenirs du général Derroja.

devront manger la soupe demain matin, au point du jour, de façon à être en mesure de prendre les armes au premier signal. Les commandants des divisions devront se faire éclairer aussi loin que possible dans la direction de Villers-Bocage, Allonville, Amiens. Le convoi et les bagages devront être placés sur la route de Bapaume pour la 1re division, et sur celle d'Albert pour la 2e. Le général Derroja est prévenu que des troupes, faisant partie de la garde nationale mobilisée, sont cantonnées dans les villages en arrière de lui, et sur sa droite. »

La brigade Amos était arrivée, en effet, à la Houssoye, Franvillers, Warloy; dans la brigade Brusley, les voltigeurs, et un bataillon du 2e régiment, restaient à la Houssoye; les deux autres bataillons partaient, le 22, pour Chipilly où ils renforçaient le colonel Loy.

C'est alors que le général en chef, qui s'était rendu lui-même à Sailly (1), jugeant sa gauche suffisamment couverte par les mobilisés, par le 2e bataillon de marins, détaché à Bray, avec la batterie Monnier, fit rentrer la division Moulac dans ses cantonnements (2), prit des dispositions définitives pour accepter la bataille sur l'Hallue, et envoya l'ordre suivant à ses commandants de corps :

« Plusieurs villages occupent la ligne de bataille de l'Hallue; il importe donc de ne pas négliger les moyens de défense qu'ils présentent, et de prendre, à l'avance,

---

(1) *Note du commandant de Peslouan, adjoint au Major général.*

22 décembre.

« Le général Faidherbe se porte vers Sailly et Chipilly, il prie le général commandant le 22e corps de diriger les opérations et de prendre les armes quand il le jugera nécessaire. »

(2) Le 2e bataillon de marins restait à Bray avec la batterie Monnier (4e batterie *bis* du 15e).

les dispositions nécessaires pour les rendre capables d'une grande résistance, en y embusquant un certain nombre de tirailleurs. En conséquence, le général de division commandant le 22ᵉ corps fera exécuter les travaux défensifs nécessaires, tranchées, créneaux, etc., suivant les circonstances de la localité, et barricader les routes en ne laissant que d'étroits passages, à couper quand ils ne seront plus nécessaires. Les troupes du génie et de l'infanterie seront employées, dès demain matin, à ces travaux, au point du jour. Le colonel Milliroux prêtera son concours, pour cet objet, au général du 22ᵉ corps, et la compagnie du génie du 23ᵉ corps sera détachée provisoirement pour exécuter les travaux à faire de Querrieux à Vecquemont.

Il est bien entendu d'ailleurs que les villages ne seront défendus que par les tirailleurs qui devront tenir jusqu'à la dernière extrémité; ils seront soutenus, à droite et à gauche, par les tirailleurs postés le long des arbres et des haies bordant la rivière.

Les bataillons en ligne, et les batteries, prendront leurs places de combat sur les hauteurs de la rive gauche. »

« *P.-S.* — La compagnie du génie du 23ᵉ corps partira pour Querrieux demain, à 6 heures du matin, avec son parc. »

Ces travaux, entrepris tardivement, par une température rigoureuse, ne furent, en réalité, qu'à peine ébauchés.

Dans la soirée du 22 décembre, les positions (1) occupées par l'armée du Nord étaient celles-ci :

---

(1) Voir la carte au 1/80,000ᵉ.

Emplacements occupés le 22 décembre dans la soirée :

Grand quartier général, Corbie.
Artillerie (batteries Giron, Gaigneau), la Neuville ; 4 pièces anglaises

Grand quartier général, cavalerie, artillerie de réserve, la Neuville et Corbie.

Quartier général du 22ᵉ corps, Franvillers.

Division DERROJA : brigade AYNÈS, Vadencourt, Contay, Bavelincourt, Beaucourt ; brigade PITTIÉ, Behencourt, Montigny ; artillerie, Béhencourt, Bavelincourt, Contay.

(batterie Rolland), Pont-Noyelles ; batterie Monnier (4ᵉ batterie *bis* du 15ᵉ), Bray.

Parc d'artillerie, Albert.

Parc du génie, Corbie.

Cavalerie, Corbie (2ᵉ escadron de dragons réparti dans les états-majors).

Compagnies de reconnaissance, Saint-Gratien.

22ᵉ CORPS D'ARMÉE (général LECOINTE).

Quartier général, Franvillers.

2ᵉ compagnie *bis* du 2ᵉ génie, Corbie.

1ʳᵉ *division* (général DERROJA).

Quartier général, intendance et convois, Bavelincourt (le général Derroja à Contay).

1ʳᵉ *brigade* (lieutenant-colonel AYNÈS).

2ᵉ chasseurs à pied, Vadencourt, Contay.

67ᵉ régiment, Vadencourt, Contay (une compagnie du 65ᵉ en grand'garde en avant de Contay).

91ᵉ mobiles : 5ᵉ bataillon, Beaucourt ; 5ᵉ et 7ᵉ bataillons, Bavelincourt (une compagnie en grand'garde en avant de Beaucourt).

2ᵉ *brigade* (colonel PITTIÉ).

17ᵉ chasseurs à pied, Béhencourt.

68ᵉ régiment, Béhencourt (une compagnie en grand'garde en avant de Béhencourt).

46ᵉ mobiles, Montigny.

Batterie Montebello, Bavelincourt ; batterie Collignon, Béhencourt ; batterie Bocquillon, Contay.

2ᵉ *division* (général DU BESSOL).

Quartier général, Querrieux ; intendance et convois, la Houssoye.

Division DU BESSOL : brigade FŒRSTER, Vecquemont, Daours, Bussy; brigade DE GISLAIN, Querrieux, Pont-Noyelles, Fréchencourt, la Houssoye ; artillerie, la Houssoye, Pont-Noyelles.

Quartier général du 23ᵉ corps, Corbie.

Division MOULAC : brigade PAYEN, la Neuville, Corbie, Fouilloy ; brigade DELAGRANGE, Corbie, Fouilloy ; artillerie, Corbie, Fouilloy.

1ʳᵉ *brigade* (colonel FŒRSTER).

20ᵉ chasseurs à pied, Vecquemont (la 5ᵉ compagnie en grand'garde).

69ᵉ régiment : infanterie de marine, Daours ; 43ᵉ, Bussy (2ᵉ compagnie du 2ᵉ bataillon en grand'garde aux abords de Bussy).

44ᵉ mobiles : 2ᵉ bataillon, Daours ; 3ᵉ bataillon, Bussy ; 3ᵉ *bis*, Vecquemont (1ʳᵉ compagnie du 3ᵉ bataillon en grand'garde au bois de Querrieux, 2ᵉ compagnie en grand'garde en avant de Bussy).

2ᵉ *brigade* (colonel DE GISLAIN).

18ᵉ chasseurs à pied, Querrieux.

Deux bataillons du 91ᵉ, Pont-Noyelles ; bataillon du 33ᵉ, Querrieux (2ᵉ compagnie du 33ᵉ en grand'garde à l'Ouest du bois de Querrieux).

101ᵉ mobiles : 1ᵉʳ et 2ᵉ bataillon, Fréchencourt ; 3ᵉ bataillon, la Houssoye.

Batterie Beuzon, la Houssoye ; batterie Chastang, la Houssoye ; batterie Beauregard, Pont-Noyelles.

23ᵉ CORPS D'ARMÉE (général PAULZE D'IVOY).

Quartier général, Corbie.

1ʳᵉ *division* (contre-amiral MOULAC).

Quartier général, Corbie.

1ʳᵉ *brigade* (commandant PAYEN).

19ᵉ chasseurs à pied, la Neuville (4ᵉ compagnie en grand'garde au pont d'Aubigny).

Fusiliers marins : 1ᵉʳ bataillon de Brest, à Corbie ; le 2ᵉ bataillon à Bray ; le 3ᵉ bataillon à la Neuville.

48ᵉ mobiles, Corbie, Fouilloy.

2ᵉ *brigade* (colonel DELAGRANGE).

Mobilisés du Pas-de-Calais, Fouilloy.

47ᵉ mobiles, Fouilloy.

Batterie des mobiles d'Arras, Corbie ; Batterie Halphen, Fouilloy.

Division Robin : brigade Brusley, Chipilly, Bray, la Houssoye ; brigade Amos, la Houssoye, Franvillers, Warloy ; artillerie, Warloy.

Il reste à faire connaître l'effectif de cette armée.

Le général en chef rendait compte au Ministre de la guerre, la veille de la bataille (1), que l'effectif de l'armée s'élevait à 44,000 hommes, et 82 bouches à feu. Ces chiffres ne diffèrent guère, en effet, de ceux que donnent les dépêches, et les situations officielles.

L'artillerie comprenait trois batteries de réserve, trois batteries à chaque division, sauf à la division Moulac, qui en avait deux, et à la division Robin, qui en avait deux de montagne ; enfin quatre pièces en acier de 9 centimètres étaient venues d'Arras.

Les effectifs se répartissaient ainsi (2) :

2e *division* (général Robin).

1re *brigade* (colonel Brusley).

1er bataillon de voltigeurs, la Houssoye.

1er régiment de mobilisés, Bray.

2e régiment de mobilisés, deux bataillons, Chipilly ; un bataillon, la Houssoye.

2e *brigade* (colonel Amos).

2e bataillon de voltigeurs, la Houssoye.

3e régiment de mobilisés, Franvillers.

4e régiment de mobilisés, Warloy.

Batterie Montégut (8 pièces de montagne), Warloy ; 4 pièces de montagne, Bray.

(1) Voir aux pièces annexes la lettre du 22 décembre.
(2) Les deux escadrons de gendarmes avaient 15 officiers, les batteries, en moyenne, 3 officiers, les compagnies 3 officiers. Les deux bataillons du 43e avaient 1100 hommes ; le 33e, 9 officiers, 658 hommes ; le 67e régiment, 2,400 hommes ; le 18e bataillon de chasseurs, six compagnies, 900 hommes ; les marins étaient 1800 ; le 44e mobiles avait 2,130 hommes ; le 46e mobiles, 42 officiers, 2,200 hommes ; le 48e mobiles, 2,025 hommes ; les autres corps, 750 hommes par bataillon.

Troupes attachées au grand quartier général :

	Hommes.	Chevaux.
2 escadrons de dragons	250	250
2 escadrons de gendarmes	221	216
Artillerie	369	273

22ᵉ CORPS.

		Hommes.	Chevaux.
Compagnie du génie		200	»
1ʳᵉ division.	1ʳᵉ brigade	5,300	»
	2ᵉ brigade	5,200	»
	Artillerie	369	273
2ᵉ division.	1ʳᵉ brigade	4,730	»
	2ᵉ brigade	5,308	»
	Artillerie	369	273

23ᵉ CORPS.

		Hommes.	Chevaux.
Compagnie du génie		150	»
3ᵉ division.	1ʳᵉ brigade	4,575	»
	2ᵉ brigade	2,250	»
	Artillerie	246	182
4ᵉ division.	Infanterie	9,684	»
	Cavalerie	38	38
	Artillerie	180	24
TOTAL (1)		39,439	1,529

Sans compter les états-majors, les compagnies de reconnaissance, les compagnies de francs-tireurs, les parcs, la batterie Rolland.

En apprenant que l'armée du Nord se trouvait sur l'Hallue, le général de Manteuffel se décida à se rapprocher d'Amiens.

Les mouvements furent exécutés le 22 décembre, et, dans la soirée, le général de Mirus occupait les faubourgs Saint-Pierre et Saint-Maurice, couverts par des

---

(1) Ces chiffres sont donnés par les rapports officiels.

avant-postes sur la rive droite ; la *16*ᵉ division était à Amiens, et dans les localités au Sud-Ouest, surveillant le cours de la Somme, en aval de la ville ; la *15*ᵉ division à Camon et au Sud, gardant les passages du fleuve en amont ; derrière elle se trouvait l'artillerie du corps. La *3*ᵉ division de cavalerie, dont le général Dohna avait pris le commandement, se postait, avec le *8*ᵉ bataillon de chasseurs, à Villers-Bretonneux et aux environs, observant Corbie et les villages voisins (1).

Pendant un conseil de guerre, tenu dans la matinée, le général en chef avait exposé qu'il recevrait le jour même, ou le lendemain, de Rouen, un renfort de six bataillons (2), que la brigade combinée de la garde avait reçu l'ordre d'arriver le 23, en se reliant aux généraux de Lippe et Senden (3). Mais le général de Manteuffel ne pensait pas qu'il fût nécessaire d'attendre l'arrivée de ces forces ; il avait le sentiment de sa supériorité, il croyait que tout retard profiterait plus à l'ennemi qu'à lui-même, et considérait son inaction comme humiliante (4).

---

(1) Le 7ᵉ uhlans était en exploration vers Picquigny et deux escadrons du *14*ᵉ uhlans éclairaient vers Chaulnes. Le général Dohna prit le commandement du reste de la *3*ᵉ division de cavalerie à la date du 26 décembre.

(2) En réalité, par suite des retards causés dans l'exploitation des voies ferrées, deux bataillons seulement du *3*ᵉ régiment arrivèrent le 22 ; le bataillon de fusiliers du même régiment et celui du *43*ᵉ arrivèrent dans la soirée du 23 ; ils furent suivis le lendemain par les bataillons $\frac{11}{43}$, $\frac{1}{5}$, la compagnie $\frac{12}{43}$ et la brigade combinée de la garde.

(3) Le général de Lippe se trouvait depuis le 21 à Beauvais avec une brigade de cavalerie, 1/2 bataillon et une batterie. Le général de Senden devait arriver le 25 décembre à Saint-Quentin et y rallier le détachement qu'il avait envoyé à Laon. (Général de Wartensleben.)

(4) Général de Wartensleben.

Restait donc à s'entendre sur la forme que prendrait l'attaque; on examina successivement la possibilité d'atteindre l'armée française sur son flanc gauche, les avantages qu'on trouverait au contraire en donnant la main au détachement Senden, enfin ceux d'une attaque de front, en franchissant la Somme à Amiens.

Ce dernier parti fut adopté; on décida, verbalement, que le général de Gœben s'avancerait par les routes qui conduisent à l'Hallue, que son artillerie de corps serait répartie entre les deux divisions, que sa division de droite attaquerait de front vers Querrieux, tandis que celle de gauche suivant la route d'Acheux, avec les régiments de cavalerie de la 3e division, chercherait à déborder la droite du général Faidherbe, que l'on supposait dans cette direction (1).

Un ordre écrit confirma ces résolutions; il stipula que le VIIIe corps ferait jeter des ponts en amont et en aval de la ville, et commencerait son mouvement à 8 heures du matin. Une réserve devait être constituée, avec le régiment n° 3, cinq bataillons de la 3e brigade (4e et 44e régiments), deux batteries, et un régiment de cavalerie. Un détachement de cette réserve, composé du régiment n° 3, d'un escadron, d'une batterie, devait se trouver à 10 heures du matin à Lamotte-Brebière, se garder contre les attaques venant des deux rives, et choisir une position d'artillerie, destinée à prendre les Français en flanc, sans s'engager dans les péripéties du combat. Tout le reste de la réserve, placée sous les ordres

---

(1) En réalité, le quartier général allemand ignorait les emplacements de la droite française, et la 16e division se dirigea non pas sur Acheux, mais beaucoup plus à l'Ouest, sur Rubempré et Villers-Bocage.

La 3e division de cavalerie était réduite à six escadrons et à une batterie; le 5e uhlans restait en réserve; six escadrons étaient à Picquigny et à Chaulnes.

du général de Mirus, devait quitter Amiens à 11 heures, et s'arrêter à la ferme des Alençons, au Sud d'Allonville. C'est à la tête de cette colonne que le général de Manteuffel se proposait de marcher. Il terminait ses instructions en disant que la garnison de la citadelle (1), les troupes d'étapes (2), les éclopés du VIII° corps formés en bataillon, les renforts attendus du 1er corps, resteraient à Amiens à la disposition du commandant de place. Il prescrivait enfin de ne pas faire franchir la Somme aux bagages, jusqu'à nouvel ordre, et d'éviter le croisement des colonnes dans la ville.

Pour l'exécution de ce programme, le général de Manteuffel disposait du détachement Mirus (I°r corps d'armée), fort de 7 bataillons 3/4 (5,860 hommes) et de 12 pièces; du VIII° corps, comprenant 23 bataillons 3/4 (17,330 hommes), 8 escadrons (1070 chevaux), et 90 pièces; de la 3° division de cavalerie, comprenant 10 escadrons (1360 chevaux), et 6 pièces; d'un escadron de dragons de la garde qui avait servi d'escorte au général de Manteuffel (130 chevaux); soit un total de 23,490 fantassins, 2,560 cavaliers et 108 pièces (3).

Les armées sont en présence; il est donc temps, sem-

---

(1) Le bataillon $\frac{11}{44}$, une compagnie de pionniers, une compagnie d'artillerie de forteresse.
(2) Deux compagnies de landwehr.
(3) (Major Kunz).

1er CORPS D'ARMÉE.

4° régiment, 2,230 hommes; *11°* régiment sans le II° bataillon, 1460 hommes; *3°* régiment, sans le bataillon de fusiliers, 1600 hommes; bataillon de fusiliers du *43°* régiment, sans la 12° compagnie, 570 hommes; total: 7 bataillons 3/4, 5,860 hommes et 12 pièces.

VIII° CORPS D'ARMÉE.

28° régiment, 2,270 hommes; *65°* régiment, 2,320 hommes;

ble-t-il, de revoir les événements, dont la lutte qui va s'engager est la conséquence.

Le plan initial du général Faidherbe ne prévoyait pas de résultats décisifs. Menacer les communications de l'ennemi, attirer vers le Nord la Ire armée, une partie du corps d'investissement de Paris, tel était le but. Démonstration sur Albert le 6, contre marche sur Saint-Quentin le 7 et le 8, coup de main sur Ham le 9, nouveau crochet vers La Fère, le 11 et le 12, tels furent les moyens. Ils réussirent, puisque les soupçons de l'ennemi furent un moment égarés par la tentative sur La Fère, et que l'offensive allemande, sur le Havre, fut suspendue dès le 11.

Mais une mobilisation complète, suivie d'une concentration simultanée des trois divisions, puis d'une marche rapide vers un objectif déterminé, aurait produit de meilleurs effets.

On ne pouvait espérer réduire La Fère qui n'avait succombé, le 27 novembre, qu'après avoir été bombardée par sept batteries de siège ; le détachement du général de Grœben appelait, au contraire, les premiers coups.

68e régiment, sans les 1re, 2e et 3e compagnies, 1800 hommes ; *33e* régiment, 2,210 hommes ; *29e* régiment, 1970 hommes ; *69e* régiment, 2,210 hommes ; *40e* régiment, 1890 hommes ; *70e* régiment, sans les 3e et 4e compagnies, 1950 hommes ; *8e* bataillon de chasseurs, 710 hommes ; *7e* hussards, 570 hommes ; *9e* hussards, 500 hommes ; total : 23 3/4 bataillons, 17,330 hommes ; 8 escadrons, 1070 chevaux ; 90 pièces.

3e division de cavalerie.

8e cuirassiers, 550 chevaux ; *5e* uhlans, 525 chevaux ; deux escadrons du *14e* uhlans, 285 chevaux ; total : 10 escadrons, 1360 chevaux, 6 pièces.

1er dragons de la Garde : un escadron, 130 chevaux.

Total général : 31 1/2 bataillons, 23,190 hommes ; 19 escadrons, 2,560 chevaux ; 108 pièces.

Bien que l'attention de l'ennemi eût été mise en éveil, la concentration sur la rive droite de la Somme, dans la boucle qu'elle forme entre Saint-Quentin, Ham et Péronne, des troupes venues d'Arras et de Cambrai, se fit du 12 au 14, dans de telles conditions stratégiques et topographiques, que le quartier général allemand n'en soupçonna ni l'importance, ni l'objectif. Les trois divisions de l'armée du Nord réunies, en effet, à Saint-Quentin, à Ham et à Péronne, pouvaient facilement franchir le fleuve, et déboucher concentrées vers l'Est, le Sud ou l'Ouest. Dès que cette dernière direction eût été adoptée par le général Faidherbe, deux jours de marche suivirent, pendant lesquelles deux divisions, occupant un front de 8 kilomètres, soutenues par une troisième en réserve, franchirent 35 kilomètres en suivant l'axe formé par la route de Ham à Corbie.

Il n'est malheureusement pas douteux que le général en chef se contentait encore d'une démonstration. Si tel n'avait pas été son but, il aurait atteint, le 16, la vallée de la Noye, et poussé de l'infanterie avec ses deux escadrons (1) jusqu'à Essertaux et Conty. C'était une marche de 25 kilomètres, qu'il pouvait demander à ses troupes, qui lui permettait d'arrêter ou de ralentir l'ennemi parti d'Amiens le 16, puis de l'attaquer le 17 ; en se dirigeant, au contraire, vers Corbie, il se rangeait pour le laisser passer.

Admettons que le détachement de Grœben ait réussi à se dérober. Était-il alors possible de faire mieux que de se retirer sur l'Hallue ?

Tous les renseignements du 16 au soir, du 17, signalaient, à n'en pas douter, la présence de l'ennemi sur une étendue d'au moins 50 kilomètres, de Poix à Bre-

---

(1) D'après le général Tramond, la cavalerie de l'armée du Nord était bonne et pouvait rendre des services.

teuil, Montdidier et Roye (1). Il était tentant pour l'armée du Nord, réunie au centre, à 25 kilomètres de ces groupements, d'atteindre l'un d'entre eux, de devancer leur concentration. Bien que leur effectif fût douteux, le colonel de Villenoisy indiquait (2) le chiffre de 28,000 combattants pour les trois colonnes de gauche, et signalait 10,000 hommes entre Compiègne et Chauny.

Nous savons maintenant, qu'à la date du 18 décembre, le gros de la *15e* division allemande était entre Roye et Montdidier, que le 19 seulement, la *32e* brigade arrivait à Conty, la *31e*, avec l'artillerie de corps, à Breteuil.

L'armée du Nord pouvait-elle profiter de cette situation favorable? Sans aucun doute, en principe; toutefois ni son organisation, ni ses ressources en munitions ne lui en donnaient les moyens. En outre, si tous les rapports, tous les souvenirs de l'époque s'accordent sur le dévouement, l'entrain, la confiance, qui animaient officiers et soldats (3), le commandement, par contre, restait encore sous le coup des revers du début de la campagne; la crainte de l'enveloppement se présentait à lui comme une obsession, et paralysait l'initiative stratégique. Le général Faidherbe ne s'exagérait d'ailleurs pas l'importance de son rôle, et préféra se retirer sur l'Hallue, où il attendit, comme il le disait lui-même,

---

(1) Pièces annexes et général Faidherbe, *Campagne du Nord*, page 34.
(2) Rapport du 16 décembre.
(3) « C'était la première fois que nous voyions tant d'ordre, que nous nous trouvions aussi nombreux; on sentait qu'on avait un général en chef; on était content, on le disait tout haut. » (*Sans armée*, commandant Kanappe.)

« L'armée marche en avant depuis quelques jours, nos officiers tout pleins de confiance; c'est un plaisir de se sentir dans une armée solide, bien organisée, bien commandée. Nous sommes persuadés qu'à la première rencontre le général Faidherbe remportera une grande victoire. Rien ne manque, etc..... » (Lettre écrite par un garde mobile du Gard le 18 décembre 1870. *Souvenirs de l'armée du Nord*. Gensoul.)

« que l'ennemi eût réuni les forces nécessaires pour l'y attaquer (1) ».

Pendant ces journées d'inaction, l'armée du Nord ne fit malheureusement aucun préparatif pour abriter l'artillerie et les tirailleurs, fortifier les villages, et donner plus de valeur aux points faibles de la ligne défensive.

Le général de Manteuffel lui accorda cependant tous les délais nécessaires.

Arrivé le 20 décembre à Amiens, il aurait pu prendre pied sur la rive droite, en poussant ses têtes de colonnes au delà de la citadelle ; sa nombreuse cavalerie, précédant les avant-postes, aurait déterminé l'emplacement des cantonnements français, sinon les positions de combat, que la bataille seule pouvait faire connaître ; la *16*ᵉ division se serait alors dirigée, le 23 décembre, non pas sur Rubembré et Villers-Bocage, mais vers le cours supérieur de l'Hallue, où son intervention moins tardive aurait produit plus d'effet.

---

(1) *Ordre du général Faidherbe.*

19 décembre.

« Nous sommes revenus sous Amiens, où, il y a vingt jours, l'armée du Nord a infligé des pertes si considérables à l'ennemi. Je pense qu'il viendra nous y attaquer dès qu'il aura réuni des forces suffisantes. Aujourd'hui que vous êtes plus nombreux et que nous ne manquerons pas de munitions, vous lui ferez subir, je n'en doute plus, une défaite complète. Nos têtes de colonnes sont excellentes et les mobiles montreront qu'ils sont dignes de marcher à côté des meilleures troupes. Tâchons d'inaugurer l'ère des victoires. »

Emplacements occupés par le 22ᵉ corps, du 13 au 19 décembre (Journaux de marche).

DÉSIGNATION DES CORPS.	13	14	15	16	17	18	19
QUARTIER GÉNÉRAL	Ham.	Ham.	Chaulnes.	Corbie.	Corbie.	Corbie.	Corbie.
Troupes attachées au quartier général :							
Artillerie. 1ʳᵉ batterie mixte de 12...	Saint-Simon.	Hombleux.	Id.	Id.	Id.	Id.	La Neuville.
2ᵉ batterie mixte de 12...	Ham.	Ham.	Id.	Id.	Id.	Id.	Id.
4ᵉ batterie bis du 15ᵉ (à partir du 18 décembre).	»	»	»	»	»	Id.	Id.
Génie... 2ᵉ compagnie bis du 2ᵉ génie	Ham.	Ham.	Id.	Id.	Id.	Id.	Corbie.
2ᵉ compagnie de dépôt du 3ᵉ génie.	Id.	Id.	Id.	Id.	Id.	Id.	Id.
Parc d'artillerie et de munitions d'infanterie.	»	»	»	»	»	»	Albert.
Parc du génie	»	»	»	»	»	»	Corbie.
Cavalerie. 2 escadrons de gendarmerie	Esmery et Neuville-en-Boine.	Royeet Longuevoisin.	Caix, Harbonnières.	Corbie.	Corbie.	Corbie.	Id.
2 escadrons de dragons						Id.	Id.
1ʳᵉ DIVISION.							
Quartier général	Golancourt.	Ham.	Rosières-en-Santerre.	Id.	Id.	Id.	Bavelincourt.
1ʳᵉ brigade. 2ᵉ bataillon de chasseurs	»	»	Vauvillers.	La Neuville.	Aubigny.	Aubigny.	Vadencourt et Contay.
67ᵉ régiment de marche	Golancourt.	»	Vauvillers et Rosières.	Corbie.	Fouilloy.	Fouilloy.	Id.
91ᵉ régiment de mobiles	Verlaines.	Longuevoisin.	Meharicourt.	Id.	Aubigny.	Aubigny.	Bavelincourt, Beaucourt.
2ᵉ brigade. 17ᵉ bataillon de chasseurs	Flavy-le-Meldeux, Plessis-Patte-d'Oie.	Moyencourt.	Maucourt.	Fouilloy.	Allonville.	Allonville.	Béhencourt.
68ᵉ régiment de marche		Rethonvillers, Cressy.	Rosières-en-Santerre.	Vaux-s.-Corbie et Vaire.	Allonville, Cardonnette, Rainneville.	Allonville, Cardonnette, Rainneville.	Id.
46ᵉ régiment de mobiles	Saint-Simon. (3ᵉ bat. à Ham.)	Hombleux.	Maucourt et Chilly.	Hamelet, Hamel.			Montigny.
Artillerie. 3ᵉ batterie bis du 12ᵉ	Ham.	»	Rosières.	Corbie.	»	»	Bavelincourt, Montigny.
1ʳᵉ batterie bis du 15ᵉ	Id.	»	Id.	Vaux-s.-Corbie. Vaire-s.-Corbie.	»	»	Béhencourt.
2ᵉ batterie principale du 15ᵉ	Id.	»	Maucourt.	Fouilloy.	»	»	Vadencourt.
2ᵉ DIVISION.							
Quartier général	Péronne.	Péronne.	Chaulnes.	Lamotte-en-Santerre.	Querrieux.	Querrieux.	Querrieux.
Compagnies de reconnaissance	»	»	»	»	Allonville.	Allonville.	Saint-Gratien.
1ʳᵉ brigade. 20ᵉ bataillon de chasseurs	Brie.	»	Punchy.	Lamotte-en-Santerre.	Vecquemont.	Vecquemont.	Vecquemont.
69ᵉ régiment de marche	Saint-Christ, Athies, Ennemain.	Estrées.	Chilly, Lihons, Hallu.	Bayonvillers.	Vecquemont, Bussy, Daours.	Vecquemont, Bussy, Daours.	Daours, Bussy (43ᵉ), Vecquemont.
44ᵉ régiment de mobiles	Mons, Devise.	»	Vermandovillers, Pressoir.	Méricourt.	Daours, Bussy.	Daours, Bussy.	Daours, Vecquemont, Bussy.
2ᵉ brigade. 18ᵉ bataillon de chasseurs	Villecourt, Croix.	»	Fouches, Fonchettes.	Marcelcave.	Querrieux.	Querrieux.	Querrieux.
1ᵉʳ bataillon du 33ᵉ	Falvy, Pargny.	»	Chaulnes.	Id.	Id.	Id.	Id.
1ᵉʳ bataillon du 94ᵉ (1)	Beaumont-en-Beine.	Marché, Alouard.	Lihons.	Wiencourt.	La Houssoye.	La Houssoye.	La Houssoye.
Régiment de mobiles de Somme et Marne.	Quivières.	»	Hyancourt, Omiécourt.	Guillaucourt.	Fréchencourt.	Fréchencourt.	Fréchencourt, Saint-Gratien.
Artillerie. 2ᵉ batterie ter du 15ᵉ	Saint-Christ.	Saint-Christ.	Chaulnes.	Bayonvillers.	Bussy-les-Daours.	Bussy-les-Daours.	Bussy-les-Daours.
3ᵉ batterie bis du 15ᵉ	Id.	Id.	Lihons.	Marcelcave.	Pont-Noyelles.	Pont-Noyelles.	Querrieux.
3ᵉ batterie du 12ᵉ	Athies.	Athies.	Chaulnes.	Lamotte-en-Santerre.	Id.	Id.	Id.
3ᵉ DIVISION.							
Quartier général	Saint-Quentin.	Saint-Quentin.	Nesle.	Pertain.	Corbie.	Corbie.	Corbie.
1ʳᵉ brigade. 10ᵉ bataillon de chasseurs	»	Id.	Saint-Quentin.	Croix.	Omiécourt.	La Neuville.	La Neuville.
Régiment de fusiliers marins.	Ham.	Ham.	Morchain.	Lihons.	Corbie.	La Neuville.	La Neuville.
48ᵉ régiment de mobiles	Vermand, Etreillers, Roupy.	Mêmes cantonnements que la veille.	Croix.	Omiécourt.	Corbie, Hamelet.	Corbie, Hamelet.	Corbie, Fouilloy.
2ᵉ brigade. 5ᵉ bataillon de mobilisés du Pas-de-Calais.	Fontaine-les-Clercs.	Id.	Matigny.	Pertain.	Fouilloy.	Corbie.	Fouilloy.
47ᵉ régiment de mobiles	Saint-Quentin.	Id.	Id.	Id.	Hamelet, Vaire.	Hamelet, Vaire.	Id.
48ᵉ régiment bis de mobiles.	Arras.	Arras.	Arras.	Arras.	Arras.	Arras.	Arras.
Artillerie. Batterie de mobiles d'Arras	»	»	»	»	Albert.	Corbie.	Corbie.
3ᵉ batterie ter du 15ᵉ	»	Saint-Quentin.	Croix.	Pertain.	Vaire.	Vaire.	Bussy.
(Rattachées à la 3ᵉ division par ordre du 15 décembre.)							

(1) Le 3ᵉ bataillon du 91ᵉ, détaché à Abbeville, ne rejoindra l'armée que le 20 décembre.

X

Bataille de Pont-Noyelles [1]

La bataille jusqu'à 2 heures de l'après-midi. — En franchissant la Somme à Amiens, on aperçoit au Nord un plateau étendu, faiblement ondulé, qu'estompent à l'horizon quelques villages et, vers l'Est, les bois de Mai et de Querrieux.

Plus loin apparaissent les hauteurs de la rive gauche de l'Hallue, qui forment deux contreforts dominants, l'un au Nord, l'autre au Sud de la chaussée d'Albert; ce dernier est appelé mont de la Bahotte. Tous deux se prolongent par des plateaux dénudés, dont quelques bouquets de bois rompent seuls la monotonie.

Des pentes douces, uniformes, les réunissent à un épais rideau de peupliers, qu'arrosent les sinuosités de l'Hallue, profonde d'un mètre, large de 5 ou 6, marécageuse, entourée de prairies ou d'étangs, et formant un sérieux obstacle; de Contay à Daours, cet affluent de la Somme trace ainsi un arc de cercle de 12 kilomètres, en cotoyant des villages rapprochés, composés de maisons basses, mais bien bâties, ou des châteaux entourés de murs solides et étendus.

---

[1] Tous les détails de ce récit ont été puisés : pour l'armée française, dans les rapports et journaux de marche, dont des extraits figurent aux pièces annexes; pour l'armée allemande, dans les ouvrages du Grand État-Major prussien, du général de Wartensleben, et du major Kunz. (Voir le plan de la bataille au 1/50,000°.)

Telles sont les positions de l'Hallue.

Dans la matinée du 23 décembre 1870, un pâle soleil d'hiver éclairait la fine couche de neige dont elles étaient recouvertes.

Par suite des dispositions prises par le général de Manteuffel, la *15*ᵉ division devait y être arrêtée de front, pendant que l'intervention de la *16*ᵉ division à gauche, dictée par des considérations stratégiques, allait se produire trop tard, et que des détachements de flanc s'engageaient seuls à Daours, où les hauteurs enveloppantes de la rive droite auraient permis d'obtenir des résultats immédiats.

Vers 9 heures du matin, une compagnie du 33ᵉ (1), en grand'garde à l'Ouest du bois de Querrieux, et les éclaireurs Bayle, en reconnaissance au delà de Saint-Gratien, se retirèrent lentement devant l'ennemi. Les tirailleurs du 33ᵉ (2), profitant des bouquets de bois et des accidents du terrain, se déployèrent à 500 mètres à l'Ouest de Querrieux, pendant que les compagnies de reconnaissance garnissaient la croupe qui descend de Saint-Gratien vers Pont-Noyelles.

Derrière ce rideau, le général du Bessol rassemblait ses troupes et les dirigeait vers leurs positions de combat, après avoir laissé le capitaine Audibert (3) dans Querrieux avec deux compagnies du 18ᵉ chasseurs à pied et une du 33ᵉ (4). Les sapeurs du génie (5) y élevaient hâtivement trois barricades ; l'une d'elles, la plus importante, à l'entrée du village du côté d'Amiens, fut occupée

---

(1) 2ᵉ compagnie du 33ᵉ.
(2) Les tirailleurs de la 2ᵉ compagnie du 33ᵉ.
(3) Commandant le bataillon du 33ᵉ.
(4) Les 2ᵉ et 7ᵉ compagnies du 18ᵉ chasseurs à pied, la 3ᵉ compagnie du 33ᵉ.
(5) 2ᵉ compagnie de dépôt du 3ᵉ génie.

par la 2ᵉ compagnie du 18ᵉ chasseurs à pied ; une autre, plus au Nord, sur le chemin d'Allonville, servait de point d'appui à la 7ᵉ compagnie (1), dont trois escouades se déployaient en avant ; en réserve se tenait le capitaine Audibert, avec la 3ᵉ compagnie du 33ᵉ.

A 11 heures, les sapeurs se retirèrent sur La Houssoye, et la 2ᵉ compagnie du 33ᵉ ouvrit le feu sur le IIIᵉ bataillon du *33ᵉ*, suivi du IIᵉ bataillon du *65ᵉ*.

C'était la *29ᵉ* brigade qui débouchait du bois de Querrieux.

La *15ᵉ* division et la brigade de cavalerie de Dohna avaient en effet franchi la Somme à Camon et à La Neuville, vers 8 heures, mais l'affaissement de ce dernier pont ayant retardé leur marche, les deux brigades d'infanterie (2), accompagnées chacune de deux batteries divisionnaires, précédées de quatre escadrons et suivies des trois batteries à cheval de l'artillerie de corps $\left(\frac{1, 2, 3}{8}\right)$, n'atteignirent qu'à 10 heures la route d'Albert, vers les Alençons ; leur mouvement était couvert à droite par le *8ᵉ* chasseurs, en position devant Corbie jusqu'à 9 heures, et qui rejoignit ensuite par Lamotte-Brebière.

Protégées par les tirailleurs, les batteries $\frac{1, I}{8}$ furent établies à 11 h. 1/4 sur la hauteur, au Sud de la chaussée, et renforcées ensuite par les batteries $\frac{2, II}{8}$; cette entrée

---

(1) Les six compagnies du 18ᵉ chasseurs étaient numérotées de 2 à 7.

(2) $\frac{1 \text{ et } 4}{7^e \text{ hussards}}$ et les batteries $\frac{1, I}{8}$ marchaient avec la *29ᵉ* brigade ; les deux autres escadrons $\left(\frac{2 \text{ et } 3}{7^e \text{ hussards}}\right)$ et les deux autres batteries $\left(\frac{2, II}{8}\right)$ avec la *30ᵉ* brigade.

en ligne successive aurait eu de fâcheuses conséquences pour les Allemands si la batterie Chastang (3ᵉ *bis* du 15ᵉ) n'avait pas été momentanément isolée sur la croupe, au Sud-Est de Pont-Noyelles ; elle ne fut secondée que plus tard par quatre pièces de la batterie Beuzon (2ᵉ *ter* du 15ᵉ), dont une section, à 900 mètres au Sud du bois situé entre Fréchencourt et La Houssoye, soutenait les défenseurs de Querrieux, de concert avec la batterie Beauregard (3ᵉ du 12ᵉ), placée au mont de la Bahotte.

Au moment (1) où une section de cette dernière batterie (2) venait se joindre à celle du capitaine Chastang, le colonel de Bock, commandant la *29ᵉ* brigade, lançait le IIIᵉ bataillon du *33ᵉ* sur Querrieux, que les compagnies des ailes enveloppent bientôt au Nord et au Sud ; elles s'emparent du château, du parc, de la lisière Sud du village, insuffisamment garnis, et entourent sur plusieurs points les Français en retraite (3). C'est en vain que le capitaine Audibert essaye d'occuper le pont sur l'Hallue avec sa réserve ; le IIᵉ bataillon du *65ᵉ*, traversant le village, s'y porte rapidement, coupe la retraite des défenseurs et les force à franchir le cours d'eau, en amont et en aval. Quelques francs-tireurs sont venus les rejoindre, mais la plus grande partie du bataillon Bayle s'est retirée sur les pentes de Fréchencourt, pendant que les Allemands, continuant leur offensive, occupent Pont-Noyelles, fai-

---

(1) Vers midi et demi.

(2) Les batteries étaient placées de la façon suivante : au Sud du mont de la Bahotte : la batterie Chastang, puis à sa droite, deux pièces de la batterie Beauregard ; plus loin, sur le mont de la Bahotte, quatre pièces de la batterie Beauregard, puis quatre pièces de la batterie Beuzon.

(3) Le capitaine de la 2ᵉ compagnie du 18ᵉ chasseurs à pied avait été blessé, et sa compagnie restait sans direction ; une section de la 7ᵉ compagnie fut obligée de se rendre.

blement défendu par quelques fractions isolées; le II⁰ bataillon du *65*ᵉ s'établit dans les parties Est et Sud-Est du village, le IIIᵉ bataillon du *33*ᵉ au Nord-Est, les fusiliers du *65*ᵉ se déploient bientôt dans les plantations, au Sud; le IIᵉ du *33*ᵉ reste à Querrieux même.

Mieux aurait valu, pour les défenseurs, ne pas prévoir la retraite avant d'engager la lutte, mais occuper les villages avec d'autant plus de soin que nos jeunes soldats manquaient de gradés subalternes capables de remédier à la division des efforts.

Pendant ce temps, l'artillerie de la *15*ᵉ division s'était rapprochée ; deux batteries s'établissaient sur la croupe, au Nord-Ouest de Bussy, deux autres entre le cimetière et le moulin à vent, à l'Ouest de Querrieux et trois batteries à cheval de l'artillerie de corps, appelées des Alençons, venaient les renforcer vers 1 h. 1/2 (1).

L'artillerie française se retire alors en arrière de la crête; une lutte violente s'engage (2); la batterie Giron (1ʳᵉ mixte) remplace la batterie Chastang fortement éprouvée; les batteries Gaigneau (2ᵉ mixte) et Monnier (4ᵉ *bis* du 15ᵉ) (3) sont établies sur le mamelon,

---

(1) Sont en action à 1 h. 30, au moment de l'arrivée des trois batteries à cheval : au Nord-Ouest de Bussy, $\frac{1, 1, 1 \text{ à cheval, II}}{8}$; à l'Ouest de Querrieux, des deux côtés de la route, $\frac{2}{8}$, 2 et 3 à cheval.

(2) Les sept batteries allemandes, engagées entre Bussy et Querrieux, et la batterie $\frac{6}{1}$, tirèrent 3,181 coups; tout le reste de l'artillerie allemande ne consomma que 357 coups. (Major Kunz.)

(3) Les batteries Giron, Monnier et Gaigneau arrivèrent vers midi et demi.

Au moment où le capitaine Chastang faisait amener les avant-trains, et ramasser les débris de sa batterie, le canonnier servant Goudard, qui allait être abandonné grièvement blessé, se souleva en tendant sa hausse : « N'oubliez pas ma hausse, cria-t-il, vous ne pourriez pas la remplacer. » (Rapport du capitaine Chastang.)

au Nord de Daours ; la batterie Rolland (1) a été amenée à l'Est de Pont-Noyelles, mais les marins qui la servent ignorent le mécanisme de ces quatre pièces en acier de 9 centimètres, dont une culasse est projetée en arrière ; elles sont alors ramenées à La Houssoye, où elles resteront inutilisées.

Plus au Nord, trois pièces de la batterie Ravaut (1re *bis* du 15e) ont été envoyées par le colonel Pittié au Sud-Est du bois situé entre Fréchencourt et La Houssoye ; elles sont prêtes à tirer sur les assaillants qui sortiraient de Pont-Noyelles ; devant elles se trouve le régiment de Somme-et-Marne, dont le 3e bataillon vient d'arriver de La Houssoye ; le 91e (2), en arrière de la crête devant La Houssoye, est couvert par une ligne de tirailleurs déployés à quelques centaines de mètres du village ; à la gauche du 1er bataillon du 91e se place le 33e, précédé par sa 4e compagnie ; plus à gauche encore, le 18e chasseurs à pied a sa 6e compagnie en réserve, les 3e et 4e en avant, à mi-côte, et précédées de quatre sections déployées (3).

L'artillerie allemande subissait également de grandes pertes, et son action devenant insuffisante malgré le renfort des trois batteries à cheval, le général de Kummer ordonna vers 1 h. 1/2, à la *30e* brigade, qui arrivait en arrière de Querrieux, de prononcer son offensive par Fréchencourt.

---

(1) La batterie Rolland était commandée par l'enseigne Jacquemin.

(2) 1er bataillon, commandant Philippot ; 2e bataillon, commandant Frémiot.

(3) A midi et demi, la 1re section de la 3e compagnie du 18e chasseurs à pied était en avant et à droite de la batterie Chastang, la 2e section en avant et à gauche, la 2e section de la 4e compagnie la reliait à la route d'Albert, et la 1re section de la 4e compagnie était en arrière, et presque parallèle à la route. Les deux sections des 2e et 7e compagnies, échappées de Pont-Noyelles, se ralliaient en arrière. La 5e compagnie avait été envoyée sur les hauteurs, en soutien de l'artillerie. (Journal de marche.)

Entrepris parallèlement à l'Hallue et sous le feu des défenseurs, ce mouvement allait être entravé dès le début.

Le *28e* déboucha d'abord aux abords de Querrieux, avec son Ier bataillon en réserve ; assailli par les batteries françaises et les tirailleurs embusqués, il s'arrête et tourbillonne ; deux compagnies (1) se rejettent en désordre dans le parc du château, et les autres s'éparpillent le long de l'Hallue, à l'abri des arbres qui en bordent les rives (2). A l'Est et au Sud de Pont-Noyelles, le IIe bataillon du *65e* est remplacé en partie par le IIIe ; au Nord-Est et en réserve se tiennent les IIe et IIIe bataillons du *33e* (3).

Tandis que le *68e* régiment allemand, et la 2e compagnie de pionniers, continuaient vers Fréchencourt, la division Derroja avait achevé ses préparatifs de combat (4).

« Les positions de la 1re brigade », rapporte le lieutenant-colonel Aynès « étaient très fortes :

« A l'Ouest de Contay, un bataillon (5), fortement

---

(1) Les compagnies $\frac{6, 12}{28}$.

(2) De la droite à la gauche s'étendaient les 5e, 8e, 7e, 11e, 9e, 10e compagnies du *28e*.

(3) Les compagnies $\frac{11, 12}{65}$ à l'Est du village ; $\frac{9}{65}$ dans la vallée ; $\frac{10}{65}$ au Sud du village ; au Nord-Est $\frac{9, 12}{33}$; en réserve $\frac{10, 11}{33}$, $\frac{5, 8}{33}$; et plus en arrière, dans les rues, $\frac{6, 7}{33}$.

(4) Le rapport du colonel Pittié dit que les positions furent occupées entre midi et 1 heure.
La batterie Montebello (3e *bis* du 12e) ne s'établissait sur les hauteurs qu'à 2 heures.

(5) 1er bataillon du 75e. La 5e compagnie, couverte par de petits postes, était en grand'garde à 1500 mètres. (Rapport du chef de bataillon.)

appuyé à un moulin à vent et à une briqueterie, se dissimulait en grande partie dans un chemin creux, perpendiculaire à la route départementale d'Amiens à Arras.

« Sur cette route, à l'entrée du village de Contay; vers Bavelincourt, deux compagnies (1); sur la rive gauche de l'Hallue, qui, dans cet endroit, est très voisine de sa source, mais cependant très difficile à franchir à cause de l'escarpement des berges, un bataillon détachait de nombreux tirailleurs, parallèlement à la route départementale et au ruisseau, la droite à hauteur de Contay, la gauche tendant vers Bavelincourt (2).

« Sur un mamelon très escarpé, dominant au Sud-Est Vadencourt et Contay, position très forte et qui se prêtait parfaitement au placement de deux lignes de tirailleurs donnant des feux étagés, trois compagnies (3) et la batterie Bocquillon (2e du 15e).

« A la lisière Sud-Est de Vadencourt, trois compagnies de chasseurs, le reste du bataillon couvrant la route de Vadencourt à Harponville (4).

« A la gauche de ma position se trouvaient cantonnés à Bavelincourt deux bataillons de garde nationale mobile du 91e régiment; à Beaucourt, un bataillon du même régiment (5). Les positions de combat de ces trois

---

(1) Deux compagnies du 65e.
(2) 2e bataillon du 75e; la gauche s'appuyait au bois de Bavelincourt. (Rapport du commandant Tramond.)
(3) Trois compagnies du 65e.
(4) Le 2e chasseurs à pied avait six compagnies; trois compagnies occupaient la lisière Sud-Est du bois de Vadencourt, deux autres restaient sur la route de Warloy, la 6e était dans le village de Vadencourt. (Rapport du commandant Boschis.)
(5) Le 5e bataillon du Pas-de-Calais resta à Beaucourt; sa 1re compagnie était en grand'garde au petit bois situé au Nord (rapport du commandant Matis); les deux autres bataillons se placèrent sur le plateau en arrière du bois.

bataillons étaient sur les plateaux, dominant en arrière les villages de Bavelincourt et de Béhencourt, qui, en cas d'attaque sérieuse, devaient être abandonnés après une résistance honorable. »

« Sur le front de la 2ᵉ brigade », écrit le colonel Pittié, « Montigny ne pouvait être efficacement défendu ; l'occupation du village de Béhencourt n'était possible que par la possession des deux plateaux qui le dominent, en arrière de l'Hallue. J'ai donc, dès l'abord, arrêté les dispositions suivantes : le 1ᵉʳ bataillon des mobiles du Nord, soutenu par une compagnie du 68ᵉ de marche (capitaine Lebel) (1), devait prendre position sur la rive gauche, mettant à profit les accidents du terrain, ou autres obstacles formés par les haies, les arbres, etc... Le pont du moulin de Béhencourt, donnant accès dans le village, avait été détruit ; une coupure profonde avait été pratiquée en avant du pont de Montigny ; des abatis barraient en arrière le passage de ce même pont (2).

« La défense du plateau qui domine directement Béhencourt devait être confiée au 68ᵉ de marche (3) ; le deuxième plateau situé au-dessus de Fréchencourt, était placé sous la protection du 17ᵉ chasseurs et des 2ᵉ et 3ᵉ bataillons du Nord (4).

---

(1) 3ᵉ compagnie du 1ᵉʳ bataillon.

(2) La 2ᵉ section de la 2ᵉ compagnie de dépôt du 3ᵉ génie avait exécuté, dans la matinée, quelques travaux à Fréchencourt, qui furent inutilisés. Elle se retira ensuite sur la Houssoye, où elle rejoignit la portion principale de la compagnie. (Rapport du commandant Thouzellier.)

(3) Le 1ᵉʳ bataillon du 68ᵉ de marche (1ᵉʳ bataillon du 24ᵉ) au Sud du bois de Bavelincourt ; le 2ᵉ (2ᵉ bataillon du 24ᵉ) à l'Est de Béhencourt ; le 3ᵉ (64ᵉ) en réserve.

(4) Le 17ᵉ chasseurs à pied était au Nord-Est du bois situé entre Fréchencourt et La Houssoye ; une compagnie était en soutien de la batterie Montebello, en arrière et à gauche du 68ᵉ de marche. (Rapport Pittié.) Les compagnies de reconnaissance étaient en avant du 17ᵉ chas-

« La batterie Ravaut, divisée en deux, était naturellement adjointe, par parties égales, à chacune de mes deux demi-brigades (1).

« Les mouvements de l'ennemi ont été observés avec le plus grand soin. Une forte reconnaissance de cavalerie m'a signalé, le 23 au matin, l'arrivée d'une colonne prussienne assez considérable à Molliens-aux-Bois. C'était le signe évident d'une attaque prochaine, et j'ai disposé aussitôt mes troupes suivant l'ordre indiqué plus haut. »

Le renseignement était exact. La *16*e division, formant deux colonnes, avait franchi la Somme à Amiens, vers 8 heures. Pendant que la *31*e brigade marchait à gauche sur Villers-Bocage, avec la 3e compagnie de pionniers, et deux batteries (2), la *32*e, suivie de deux batteries divisionnaires $\left(\frac{5, V}{8}\right)$ et des quatre batteries $\left(\frac{3, III, 4, IV}{8}\right)$ de l'artillerie de corps, se dirigeait à droite, sur Rubempré.

Les six escadrons et la batterie du général Dohna couvraient le mouvement à l'Est, en passant par Cardonnette.

Après une marche assez lente, les deux brigades atteignirent Villers-Bocage et Rubempré, vers 1 heure, et y reçurent l'ordre du général de Gœben de se diriger, l'une, la *31*e, sur Saint-Gratien, l'autre sur Beaucourt.

---

seurs à pied, devant le pont de Fréchencourt. Les 2e et 3e bataillons du Nord étaient dans le bois; le 2e bataillon avait quatre compagnies déployées en arrière de la lisière, la 5e en réserve à l'intérieur. Ces deux derniers bataillons ne furent pas engagés, seule la 2e compagnie du 2e bataillon fut envoyée face à Querrieux vers midi, et y perdit quelques hommes. (Rapport Pittié et Journal de marche.)

(1) Trois pièces étaient au Sud-Est du bois situé entre Fréchencourt et La Houssoye; trois autres à l'Est de Béhencourt.

(2) Les batteries $\frac{6, VI}{8}$.

Deux compagnies du 70e (1) restèrent à Rubempré, avec un peloton de cavalerie, le 9e hussards couvrit le flanc gauche, et le détachement Dohna se dirigea sur Contay.

Tous ces mouvements n'avaient pas échappé à la vigilance des avant-postes français.

« Avant de rentrer au château de Beaucourt, où j'étais logé », écrit le commandant Matis (2), « je voulus encore une fois consulter l'horizon. Bien m'en a pris ; à deux kilomètres environ, sur ma gauche, perpendiculairement à la route d'Amiens à Arras, dans la direction du Nord-Ouest, j'aperçus un corps considérable au repos, et que je pris tout d'abord pour nos soldats en reconnaissance ; mais la longue-vue me détrompa. C'était bien l'ennemi, il était placé dans un chemin creux, adossé à un bouquet de bois, à l'Est du village de Mirvaux. Au même moment, un dragon en vedette vint me prévenir. A la hâte je fis prendre les armes ; derrière mes grand'gardes, dans un chemin d'exploitation, je fis avancer la 2e compagnie afin de leur servir de soutien (3) ; sur ma gauche, les 4e et 5e compagnies furent placées en potence, aux abords du village, une section déployée en tirailleurs, les autres en réserve. La 3e compagnie au centre du village, auprès de l'église, pour se porter où le besoin s'en ferait sentir.

« Au même moment, je vis la colonne ennemie faire par le flanc gauche, comme pour se diriger sur le village de Contay, mais changer de direction, et marcher sur Beaucourt, en deux colonnes serrées, la cavalerie en tête ; mes tirailleurs les saluèrent, tout en se repliant en bon ordre sur le village. »

---

(1) Les compagnies $\frac{1, 2^e}{70}$.

(2) Commandant le 5e bataillon des mobiles du Pas-de-Calais.

(3) La 1re compagnie était en grand'garde au petit bois.

Pendant que le combat s'étendait ainsi vers la division Derroja, le général de Manteuffel arrivé, avec sa réserve, sur la hauteur au Sud de la ferme des Alençons, y était rejoint, vers 1 heure, par le chef d'état-major du VIII° corps, et mis au courant de la situation générale : Pont-Noyelles était occupé, mais, sur la droite, l'insuffisance des forces engagées imposait la nécessité de les renforcer.

De ce côté, le 20° chasseurs à pied était cantonné dans la matinée à Vecquemont, avec le 3° bataillon *bis* du Gard ; l'infanterie de marine, le 2° du Gard, occupaient Daours, le 3° du Gard et le 43°, Bussy.

Le service de sûreté comprenait une compagnie de chasseurs (1), en grand'garde entre la voie ferrée et le chemin de Lamotte-Brebière à Vecquemont, une compagnie (2) du Gard, stationnée dans les bouquets d'arbres au Sud du bois de Querrieux, une autre à l'Ouest du village de Bussy, dont la 2° compagnie du 2° bataillon du 43° tenait la lisière. Pour compléter ce réseau, la compagnie I d'infanterie de marine s'avançait sur la route d'Amiens, qui passe par la croix de Landy.

Ces dispositions permirent de faire face à l'ennemi, dès qu'il fut signalé.

Vers 10 h. 1/2, l'infanterie de marine (3) se mettait en marche à Daours, suivie par le 44° mobiles. Elle prit le chemin de Pont-Noyelles, tourna à l'Est, en remontant le ravin qui débouche au Nord de Bussy, et reçut à ce moment quelques projectiles, lancés par les batteries allemandes qui venaient de prendre position au Sud-Est du bois de Querrieux. Un certain désordre se pro-

---

(1) 5° compagnie.
(2) 1re compagnie du 3° bataillon du Gard ; la 2° compagnie était à l'Ouest de Bussy.
(3) Relation du chef de bataillon Brunot, commandant l'infanterie de marine.

duisit parmi les mobiles ; on s'arrêta, puis on déboucha à 12 h. 1/2 sur le plateau (1).

Le lieutenant-colonel de la Broue, commandant le 69ᵉ de marche, déploya son régiment parallèlement au chemin de Daours à La Houssoye, au Sud-Ouest du bois, le 2ᵉ bataillon du 43ᵉ à droite, l'infanterie de marine au centre ; à la gauche du 69ᵉ de marche, et en ligne, s'établissaient les trois bataillons du Gard.

En avant, et sur la droite de l'infanterie de marine, les dix pièces des batteries Beuzon et Beauregard étaient alors en action ; en avant et à gauche, la 1ʳᵉ batterie mixte (capitaine Giron) venait de remplacer la batterie Chastang, retirée momentanément de la lutte (2). Cette artillerie se prolongeait par la 2ᵉ batterie mixte (capitaine Gaigneau) et par celle du capitaine Monnier, établies sur le mamelon au Nord de Daours (3).

Sur le front des bataillons déployés, à quelques centaines de mètres, et à mi-côte, s'étendaient en tirailleurs une section du 2ᵉ bataillon du 43ᵉ, les compagnies H et I, une compagnie du 1ᵉʳ bataillon du 43, trois compagnies du Gard.

Pendant que ces mouvements s'opéraient, les compagnies de grand'garde, et le 20ᵉ chasseurs à pied s'engageaient fortement. Les 1ʳᵉ et 2ᵉ compagnies du 3ᵉ bataillon du Gard avaient rétrogradé devant le Iᵉʳ bataillon du *33ᵉ* qui, servant de flanc-garde à la *29ᵉ* brigade, arrivait à 10 heures à la croix de Landy, où il était dépassé par trois escadrons du 7ᵉ hussards, poussés en reconnaissance sur Vecquemont.

---

(1) A 2 kilomètres au Sud-Est de Pont-Noyelles.
(2) Rapports des capitaines Chastang et Giron. « Comme ma batterie « avait beaucoup souffert, et qu'une batterie de 12, servie par les « marins, arrivait droit derrière moi, je me décidai à me retirer. » (Capitaine Chastang.)
(3) A midi. (Rapport du commandant de la batterie.)

Plus au Sud, à Lamotte-Brebière, se trouvaient les deux premiers bataillons du *3*ᵉ régiment, le 1ᵉʳ escadron du *5*ᵉ uhlans et une batterie (1).

Deux compagnies du *33*ᵉ (2), déployées des deux côtés du chemin, progressèrent lentement, l'une vers Vecquemont, l'autre vers Bussy ; elles furent secondées par deux pelotons du 7ᵉ hussards, qui chargèrent les tirailleurs des mobiles, mais tourbillonnèrent en désordre sous le feu des soutiens (3).

Sur le chemin de Daours, la 5ᵉ compagnie du 20ᵉ chasseurs à pied reculait aussi pas à pas.

A midi, le Iᵉʳ bataillon du *33*ᵉ, renforcé par le *8*ᵉ bataillon de chasseurs, qui arrivait de Lamotte-Brebière, reçut l'ordre d'attaquer Vecquemont, pendant que le Iᵉʳ bataillon du *65*ᵉ se dirigerait sur Bussy ; sur ce dernier point, la résistance devait être d'autant plus faible, que les mobiles en retraite traversèrent rapidement l'Hallue, et que la compagnie du 43ᵉ (2ᵉ compagnie du 2ᵉ bataillon), restée seule, fut enveloppée, vers 1 heure, par les compagnies du *65*ᵉ, qui marchaient en première ligne (4).

Sur la rive gauche, le 20ᵉ chasseurs à pied avait pris position au Nord de Daours (5), et limitait les progrès

---

(1) La batterie $\frac{6}{1}$.

(2) Les compagnies $\frac{1,\ 3}{33}$.

(3) Les hussards perdirent un officier, un homme et sept chevaux.
Le rapport du colonel Fœrster mentionne que les armes des mobiles fonctionnaient mal, que les étuis vides étaient difficilement extraits.

(4) Les compagnies $\frac{1,\ 4}{65}$. Une section de la compagnie du 43ᵉ parvint à se dégager.

(5) La 1ʳᵉ compagnie à droite près du bouquet de bois, en avant de la batterie Gaigneau ; la 3ᵉ au centre, la 4ᵉ à gauche, jusqu'au village. Ces trois compagnies furent bientôt renforcées par la 2ᵉ.

des assaillants en les arrêtant par ses feux. Il avait reçu l'ordre de se maintenir jusqu'à l'arrivée du 23ᵉ corps, mais le commandant Hecquet jugeant, avec raison, qu'il pouvait être débordé d'un moment à l'autre, se rendit en personne au-devant du général Paulze d'Ivoy, dont il attendait impatiemment l'arrivée.

Dans Vecquemont, la lutte se poursuivait entre la 5ᵉ compagnie du 20ᵉ chasseurs à pied, renforcée d'une section du génie (1), et les 1ʳᵉ et 3ᵉ compagnies du *33*ᵉ.

C'est alors que le général de Manteuffel, informé de la situation (2), fit prescrire au colonel de Dörnberg du *65*ᵉ, de se porter sur Vecquemont, au major Lewinski, de l'état-major général, de se mettre à la tête du détachement de Lamotte-Brebière (3), et de marcher ensuite sur Daours, où l'existence d'un pont et les hauteurs dominantes de la rive droite de l'Hallue, favorisaient l'offensive.

Le colonel de Dörnberg laissa deux compagnies $\left(\dfrac{1, 4}{65}\right)$ dans Bussy, et se dirigea, par la rive droite de l'Hallue, avec quatre autres $\left(\dfrac{2, 3}{65}, \dfrac{2, 4}{33}\right)$ sur le village de Vecquemont, où il arriva à 2 heures ; cinq compagnies du *8*ᵉ chasseurs et du Iᵉʳ bataillon du *33*ᵉ l'occupaient déjà $\left(\dfrac{1, 3}{33}, \dfrac{1, 2, 3}{8^e \text{ chasseurs}}\right)$.

Les chasseurs de la 5ᵉ compagnie du 20ᵉ chasseurs

---

(1) Une section de la 2ᵉ compagnie *bis* du 2ᵉ génie avait élevé des barricades dans la matinée, à la sortie de Vecquemont, sur le chemin de Bussy, et au Sud-Est du village. Cette section, fractionnée en trois détachements, prit part à la première partie du combat, et se retira, dans la journée, sur La Houssoye. (Rapport du commandant Thouzellier.)

(2) Voir page 98.

(3) Général de Wartensleben. Le commandant du *3*ᵉ régiment n'était pas encore arrivé de Rouen, avec son IIIᵉ bataillon.

venaient, en effet, de suivre leur bataillon, qui rejoignit la gauche de la brigade Fœrster, à 1 h. 1/2, dès que la tête du 23ᵉ corps déboucha au Nord de Daours.

Prévenu vers midi à Corbie, le général Paulze d'Ivoy avait fait prendre les armes à la division Moulac; il laissait une compagnie de chasseurs (1) au pont d'Aubigny, le 47ᵉ mobiles (2) et deux pièces de la batterie Halphen (3ᵉ *ter* du 15ᵉ), au Sud de Fouilloy barricadé, avec mission de couvrir Corbie, qu'occupait le 6ᵉ bataillon du Nord; le bataillon Rameau (3) était entre La Neuville et Daours; quatre pièces de la batterie Halphen s'établissaient sur les hauteurs de La Neuville.

La gauche de l'armée étant ainsi couverte, le général Paulze d'Ivoy marcha sur Daours, par la rive droite de la Somme, avec la brigade Payen réunie.

Le 19ᵉ chasseurs à pied (4), en tête, prend position au petit bois au Nord de Daours, que le 20ᵉ vient de quitter; sa 1ʳᵉ compagnie borde la lisière, les trois autres sont en réserve; à la gauche, en première ligne, viennent le 1ᵉʳ bataillon de fusiliers marins, puis le 3ᵉ (5); en arrière, à 800 mètres, le 48ᵉ mobiles a ses trois bataillons déployés en colonnes de divisions (6).

Vers 2 heures, la lutte était donc engagée partout; seule, la *31ᵉ* brigade allemande marchait encore pour entrer en ligne.

La bataille depuis 2 *heures de l'après-midi jusqu'à la nuit.* — Daours et Vecquemont forment une agglomé-

---

(1) 4ᵉ compagnie du 19ᵉ bataillon de chasseurs à pied.
(2) Le lieutenant-colonel Lebel ne prit le commandement de ce régiment que le 29 décembre.
(3) 5ᵉ bataillon de mobilisés du Pas-de-Calais.
(4) Moins la 4ᵉ compagnie laissée au pont d'Aubigny.
(5) Le 2ᵉ bataillon de fusiliers marins était resté à Bray.
(6) Le rapport du général Faidherbe dit que la brigade Payen prit

ration limitée à l'Est par la Somme, et fractionnée par les deux bras de l'Hallue; celui du Sud court entre les deux églises, en laissant Vecquemont à droite; il était bordé vers 1 h. 1/2 par trois compagnies allemandes (1) appuyées le long de la Somme, par deux compagnies du 8ᵉ chasseurs. Contre elles, les marins du 3ᵉ bataillon, soutenus par la batterie Dupuich (garde mobile d'Arras) s'engageaient dans Daours et vers les maisons isolées sur la rive gauche du fleuve.

La batterie Dupuich qui faisait feu au Sud-Ouest de la cote 60, au-dessus des falaises de Daours, prêtait un concours d'autant plus insuffisant, que le capitaine Gaigneau (2ᵉ batterie mixte) venait de retirer ses pièces, très éprouvées par la lutte. Le général Paulze d'Ivoy fit donc appeler la batterie Halphen; elle entrait en ligne vers 2 h. 1/2 (2), avec la 2ᵉ batterie mixte reconstituée, au moment où les renforts allemands, appelés de Bussy, pénétraient dans Vecquemont. Le 9ᵉ bataillon du Nord se déployait alors, à la gauche du 1ᵉʳ de fusiliers marins, et répondait aux tirailleurs postés en avant de Bussy; le 7ᵉ bataillon du Nord restait en réserve, et le 8ᵉ, lancé dans Daours, atteignait bientôt l'église (3); à l'extrémité opposée de la place, débouchaient deux

---

position à midi et demi. Le général Paulze d'Ivoy dit, au contraire, qu'il fut prévenu à midi à Corbie. La tête de colonne ne put donc arriver au Nord de Daours qu'à 1 heure, ce qui concorde avec d'autres documents et avec les récits allemands.

(1) Les compagnies $\frac{1, 3}{33}$, $\frac{1}{8^e \text{ chasseurs}}$, le long de l'Hallue; les compagnies $\frac{2, 3}{8^e \text{ chasseurs}}$ le long de la Somme.

(2) La batterie Halphen se mit en position sur l'emplacement occupé précédemment par la batterie Gaigneau; deux pièces avaient été laissées à Fouilloy.

(3) L'église de Daours est celle qui est située entre les deux bras de l'Hallue.

compagnies du 65ᵉ (1); de part et d'autre on se jette dans les maisons, la fusillade éclate, mais la batterie $\frac{6}{7}$, qui arrive de Lamotte-Brebière, vient de prendre position au Nord du chemin d'Amiens à Vecquemont, celle du capitaine Monnier se retire, au contraire, dans la dépression de terrain au Nord de la cote 60 (2), et les assaillants, entraînés par leurs renforts, repoussent, peu à peu, les mobiles vers le Nord-Est.

Le commandant Rouquette, blessé, entouré dans l'église, est obligé de se rendre; une section de chasseurs allemands traverse la Somme à l'écluse, prend pour objectif des fusiliers marins, qui occupent une fabrique placée à proximité, et les rejette sur la rive droite, qu'ils peuvent atteindre grâce à une passerelle restée intacte.

Vers 3 heures, la 5ᵉ compagnie du 19ᵉ chasseurs à pied s'avance pour soutenir les mobiles; arrêtée d'abord, elle s'éparpille derrière les meules et les haies à l'entrée de Daours et au Nord; ralliée par les soutiens, que dirige le lieutenant Cohendet, elle se reporte en avant, et atteint, vers 4 heures, la place de l'église, où elle est rejointe par la 3ᵉ compagnie.

Le commandant Payen, au premier rang, donne à tous l'exemple du dévouement; sur la lisière du village, l'amiral Moulac dirige le combat; il a fait avancer (3)

---

(1) Les compagnies $\frac{2,3}{65}$. Les compagnies $\frac{2,4}{33}$ restaient en réserve à l'église de Vecquemont, où elles furent remplacées plus tard par les compagnies $\frac{2, 3, 4}{8^e \text{ chasseurs}}$, retirées du combat. (Major Kunz.)

(2) Le rapport de la batterie Monnier dit qu'elle ne rentra plus en action; celui du lieutenant-colonel Charon dit, au contraire, qu'elle tira encore quelques coups sur le plateau au-dessus de Pont-Noyelles.

(3) Journal de marche du 48ᵉ mobiles.

le 7ᵉ bataillon du Nord, qui a rallié les débris du 8ᵉ, et poussé jusqu'à la place.

Le général Faidherbe vient d'arriver (1); il a pu suivre, des hauteurs de Pont-Noyelles, le déploiement de la *15ᵉ* division, et à déjà donné l'ordre (2) au 6ᵉ bataillon du Nord, à une partie du 1ᵉʳ bataillon de fusiliers marins, d'aller renforcer son centre ; les batteries Gaigneau et Giron ne vont pas tarder à les suivre.

« C'est à ce moment », écrit le commandant du 23ᵉ corps au général en chef, « que je vous accompagnai jusqu'à l'entrée du village, avec le lieutenant-colonel Marchand, mon chef d'état-major, qui conduisit lui-même à l'amiral Moulac, une nouvelle compagnie de renfort, et pénétra résolument dans l'enceinte. »

De part et d'autre le feu d'artillerie se ralentissait et le combat paraissant en bonne voie, ordre fut donné, vers 3 h. 1/2 « de courir sus aux Allemands, sur toute la ligne de l'Hallue (3) ».

Cette offensive aurait été nécessaire, comme moyen, pour laisser l'ennemi dans l'incertitude, et faciliter l'intervention décisive d'une réserve générale concen-

---

(1) En quittant Corbie, le général en chef s'était d'abord dirigé sur Querrieux, ainsi que l'indique la dépêche suivante :

Corbie, 23 décembre 1870.

« Mon Colonel,

« Le général en chef part en ce moment pour Querrieux, point vers lequel l'ennemi semble s'avancer en force. J'ai prévenu le commandant Giron d'avoir à tenir ses batteries prêtes dans le plus bref délai.

« Par ordre :
« *L'aide-major général*,
« DE PESLOUAN. »

(2) Cet ordre fut envoyé à 2 h. 1/2 au 6ᵉ bataillon du Nord, à Corbie.

(3) Rapport du général Faidherbe.

trée ; telle qu'elle se produisit, répartie sur une étendue de 12 kilomètres, elle ne pouvait donner d'autre résultat que l'occupation des villages dont l'abandon avait été décidé la veille.

Pendant que le général en chef se reportait vers Pont-Noyelles, les deux premiers bataillons du *33ᵉ* allemand, arrivés de Lamotte-Brebière, faisaient sentir leur action. Devant ce nouvel effort, la brigade Payen devait succomber ; les deux compagnies de chasseurs avaient perdu la moitié de leur effectif ; le lieutenant Cohendet était mortellement frappé, le commandant Tauchon (8ᵉ bataillon du Nord), blessé et pris ; on se retire pas à pas, mais à 400 mètres du village, le commandant Payen rallie encore quelques combattants, arrête les assaillants' et les refoule jusqu'à la lisière de Daours, où un dernier engagement met alors fin au combat.

« La nuit s'était faite », rapporte le général Paulze d'Ivoy ; « persuadé que nous étions maîtres de la position, j'y envoyai l'intendant Lafosse, pour recueillir les blessés ; des coups de fusil l'arrêtèrent. Cet événement me paraissant impossible, je crus devoir m'en assurer par moi-même ; je me dirigeai sur Daours, avec mon chef d'état-major, et un faible détachement du 48ᵉ mobiles, lorsqu'à cinquante pas nous fûmes accueillis par une fusillade assez vive, quoique courte, après laquelle (1) le feu cessa sur toute la ligne. »

Quelques mesures de sûreté furent prises aussitôt ; le 9ᵉ bataillon du Nord resta en présence des avant-postes ennemis qui tenaient Daours et Bussy ; la batterie Dupuich retourna seule à Corbie.

Pendant cette lutte de trois heures, nos jeunes troupes s'étaient laissées entourer, sur plusieurs points, dans les

---

(1) Les derniers coups de fusil furent tirés à 6 heures.

maisons, et 500 hommes environ tombaient ainsi au pouvoir de l'ennemi ; mais le combat n'eut pas en réalité l'intensité qu'on lui attribue, car la brigade Payen ne perdit que 4 officiers et 101 hommes tués ou blessés, les Allemands 4 officiers et 59 hommes (1).

Devant Pont-Noyelles, la lutte avait été d'abord stationnaire. Vers 3 heures seulement, le 28ᵉ régiment allemand se prépare à l'offensive ; des arbres sont abattus, placés en travers de l'Hallue ; déjà les éclaireurs la franchissent ; sur les hauteurs de la rive gauche, les deux premiers bataillons (2) du régiment de Somme-et-Marne s'ébranlent à leur tour, et le lieutenant-colonel Charon

---

(1) Les pertes avouées par les Allemands se répartissent ainsi :

$\frac{2,\ 3}{65}$	3 officiers,	8 hommes.
$\frac{I}{33}$	1 —	10 —
8ᵉ chasseurs..............	» —	27 —
$\frac{I,\ II}{3}$	» —	14 —
Total.........	4 officiers,	59 hommes.

La brigade Payen perdit :

	Tués ou blessés.		Disparus.	
	Officiers.	Hommes.	Officiers.	Hommes.
19ᵉ chasseurs.........	1	22	»	122
3ᵉ bataillon de fusiliers marins	1	48	3	115
48ᵉ mobiles	1	28	3	231
Génie..............	1	3	»	»
Total......	4	101	6	468

Ces chiffres, donnés par l'état officiel établi après la bataille, diffèrent peu de ceux des journaux de marche. Les Allemands disent avoir fait 500 prisonniers à Daours, et ce chiffre concorde, à peu près, avec celui des disparus de la brigade Payen.

(2) Le 3ᵉ bataillon était resté en soutien en avant des trois pièces de la batterie Ravaut.

prend aussi ses dispositions : la batterie Ravaut redouble ses feux, elle est secondée par la batterie Beuzon, puis par la batterie Beauregard, placées à l'Ouest de la cote 122 ; la batterie Chastang rentre en action, au Sud de la chaussée, à droite du 91ᵉ.

Encouragés par le concours de ces pièces, les mobiles de Somme-et-Marne se dirigent en ligne vers Pont-Noyelles et les marais ; le 1ᵉʳ bataillon à gauche, appuie bientôt sa gauche formée par la 5ᵉ compagnie, à la route, et deux compagnies du 2ᵉ bataillon se déploient contre des fractions des compagnies du *28ᵉ*, qui traversent le cours d'eau.

A Pont-Noyelles même, la fusillade redouble.

Le colonel de Bock avait, en effet, prescrit au lieutenant-colonel de Hemming, commandant le *33ᵉ*, d'attaquer les hauteurs, dès que la *30ᵉ* brigade déboucherait sur la rive opposée ; les mouvements de l'artillerie française ayant fait croire que l'offensive allemande s'accentuait vers la gauche (1), le IIᵉ bataillon du *33ᵉ*, précédé de ses tirailleurs (2), appuyé par quelques sections du IIIᵉ bataillon, débouche de Pont-Noyelles au son des fifres, des tambours, et se dirige vers la hauteur que couronne actuellement le monument commémoratif.

---

(1) Le major Kunz dit que les signaleurs, établis dans le clocher de Pont-Noyelles, firent savoir que les batteries françaises redoublaient leur feu sur Fréchencourt.

(2) Les récits allemands ne donnent pas la formation détaillée du bataillon ; mais il résulte des dépositions des témoins oculaires et des rapports de l'époque, que l'attaque se produisit au Sud de la chaussée d'Albert et se dirigea vers le mont de la Bahotte ; elle était formée de deux groupes. En première ligne, les tirailleurs s'avançaient à l'abri des arbres, sur la chaussée, et par le chemin profondément encaissé qui court parallèlement à la chaussée, au Sud ; ils se réunirent, en suivant le premier chemin transversal, également encaissé, et tombèrent ainsi, à l'improviste, sur la batterie Chastang. En arrière s'avançait le reste du bataillon en ligne déployée. L'inspection du terrain confirme ces appréciations.

Toute la ligne française recule; le désordre s'étend au Nord de la route d'Albert, où les mobiles de Somme-et-Marne ne peuvent se maintenir, malgré les efforts du commandant Bouilly; le capitaine Chastang retire aussi sa batterie, lorsque le général Lecointe survient et la ramène en avant; les tirailleurs ennemis, abrités dans un chemin creux, débouchent alors et entourent deux pièces.

La situation paraissait critique, mais, sans soutien, l'attaque allemande était condamnée; elle se fixait au terrain conquis, pendant que la 4ᵉ compagnie du 18ᵉ chasseurs se ralliait sur le chemin, à 800 mètres au Sud-Est de Pont-Noyelles, que les deux autres compagnies se reformaient en arrière, et que les deux sections des 2ᵉ et 7ᵉ compagnies se groupaient à la gauche.

Des feux de salve sont alors dirigés sur le 33ᵉ allemand; la 5ᵉ compagnie du 2ᵉ bataillon de Somme-et-Marne, déployée sur la grande route, détache une section avec le sergent-major Szmigielski (1), vers les deux pièces abandonnées; plus au Nord, deux compagnies du 3ᵉ bataillon du 101ᵉ mobiles (Somme-et-Marne), resté en réserve sur les sommets, le précèdent, en dévalant sur les pentes; les bataillons se rassemblent; le général Lecointe, le général du Bessol, donnent l'ordre de se reporter en avant, les clairons sonnent, les tambours battent la charge, toute la ligne s'ébranle vers Pont-Noyelles, où les assaillants sont refoulés, poursuivis, dans le désordre d'une retraite précipitée.

Il était environ 4 heures lorsque les troupes du lieutenant-colonel Hemming, rejetées sur Pont-Noyelles, s'embusquèrent dans le chemin creux qui court parallèlement à la lisière orientale; à leur rencontre, s'avançait, au Sud de la route, le 91ᵉ, ayant à sa gauche le

---

(1) Le *3ᵉ bataillon des mobiles de Somme et Marne*, par un mobile du 101ᵉ régiment, et *Historique du régiment*.

33ᵉ, puis le 18ᵉ chasseurs à pied ; derrière le 91ᶜ, suivait le 2ᵉ bataillon de voltigeurs (1).

Accueillie à courte distance par le feu rapide des Allemands, la brigade Gislain est immobilisée ; mais, à sa gauche, surgit bientôt, au pas de charge et la baïonnette au canon, le 2ᵉ bataillon du 43ᵉ (2) qui, par ordre du général du Bessol (3), descend des hauteurs au Sud-Est de Pont-Noyelles ; il est suivi par les compagnies H et I de l'infanterie de marine, et se dirige vers la partie méridionale du village ; les assaillants se reportent alors en avant et pénètrent dans Pont-Noyelles, où s'engage un violent combat (4) ; les Allemands, embusqués derrière les murs, dirigent un feu meurtrier ; les maisons sont prises et reprises ; on se bat à coups de crosses et de baïonnettes ; la lutte est particulièrement acharnée vers le pont, et le général de Manteuffel, jugeant la situation menaçante (5), fait appeler le IIᵉ bataillon et les fusiliers du 4ᵉ régiment, dont l'approche commu-

---

(1) Le 2ᵉ voltigeurs se tenait au Sud de La Houssoye, en avant du bois, depuis le commencement du combat ; il s'avança jusqu'au premier chemin creux et ne pénétra pas dans Pont-Noyelles. (Rapport du commandant Lacourte-Dumont.)

(2) Réduit à quatre compagnies. La 2ᵉ compagnie, en grand'garde à Bussy, avait fortement souffert ; une section, seule, était revenue au complet sur la rive gauche. (Rapport du lieutenant-colonel de la Broue.)

(3) Rapports du colonel Foerster et du lieutenant-colonel de la Broue.

(4) Avec les deux bataillons du 33ᵉ allemand, et surtout avec les compagnies $\frac{10, 11, 12}{33}$, $\frac{6, 7, 11, 12}{65}$; au 28ᵉ régiment, les compagnies $\frac{6, 12}{28}$ agissaient de front vers l'Hallue, $\frac{5}{28}$ et une section de $\frac{8}{28}$, de flanc, vers le village.

(5) Le général de Manteuffel rejoignit le général de Gœben au-dessus de Querrieux, au moment de l'attaque du lieutenant-colonel de Hemming. Les réserves le suivaient sur la route d'Amiens.

nique un nouvel élan à la 29ᵉ brigade. Les Français se retirent alors en abandonnant peu à peu le terrain conquis.

A ce moment, l'offensive générale, ordonnée vers 3 h 1/2, faisait sentir ses effets. Les batteries Gaigneau et Giron avaient été amenées au Sud-Est de Pont-Noyelles ; le 1ᵉʳ bataillon du 43ᵉ se dirigeait sur Bussy, suivi par les mobiles du Gard en deuxième ligne ; à sa droite, le colonel Fœrster, avec le 20ᵉ chasseurs à pied, précédé de la 1ʳᵉ compagnie en tirailleurs, se portait vers l'Hallue, où il rejetait quelques fractions ennemies, et rencontrait le Iᵉʳ bataillon du 4ᵉ régiment, envoyé en renfort par le général de Manteuffel.

Les fusiliers marins du 1ᵉʳ bataillon descendaient, au pas de charge, le chemin de La Neuville à Querrieux, en dominant par leurs clameurs répétées (1) les décharges d'artillerie et le crépitement de la fusillade ; à quelques centaines de mètres sur leur droite, le général en chef se présentait devant trois compagnies restantes d'infanterie de marine : « Brunot, que faites-vous là ? » cria-t-il à leur commandant, « en avant ! sur Pont-Noyelles ! »

Pendant que les compagnies J, K, L déployées, couvertes par des groupes de tirailleurs, dévalent sur les pentes (2), le général du Bessol se précipite au galop vers le commandant Bouilly, dont le bataillon est rassemblé à l'Ouest de La Houssoye : « Allons, mes Champenois ! à la baïonnette, enlevez-moi ce village ; les marins y entrent d'un autre côté ; en avant mes amis ! vive la France ! (3) »

---

(1) Dépositions des témoins oculaires. Les fusiliers marins du 1ᵉʳ bataillon se trouvaient d'abord au-dessus de Daours.

(2) *Relation du commandant Brunot* : « On voyait distinctement les réserves allemandes marcher à ce moment sur Querrieux et Pont-Noyelles. »

(3) *Le 3ᵉ bataillon de la Marne*, par un garde mobile du 101ᵉ.

Les mobiles marchent alors vers Pont-Noyelles ; des fractions du 91e, du 33e, du 18e chasseurs à pied, les accompagnent ou les suivent ; arrivés à quelques centaines de pas du chemin creux, à l'Est du village, ils sont fusillés à l'improviste, s'arrêtent et se couchent ; en avant et à gauche, les marins, emportés par leur élan, ont traversé les premières clôtures, une compagnie a même poussé vers le pont ; mais la nuit est venue ; c'est alors que le colonel Fœrster, attiré par le bruit du combat, se dirige, suivi du 20e chasseurs à pied, vers Pont-Noyelles, en longeant la rive gauche de l'Hallue ; la lutte s'engage de ce côté et permet aux assaillants de battre en retraite en se dégageant.

Il était environ 5 heures, l'obscurité devenait complète ; le colonel Fœrster, jugeant nécessaire de rompre le combat, qu'il ne pouvait plus diriger, se replia à droite, traversa le chemin de La Neuville, et se réunit aux deux bataillons primitivement détachés de sa brigade.

Dans Pont-Noyelles, les Allemands attirent encore quelques isolés en imitant les sonneries françaises ; c'est ainsi que le capitaine Audibert est entouré et pris (1) ; les villages sont en flammes, la fusillade diminue, s'éteint, la lutte est terminée.

Pont-Noyelles resta occupé par les troupes allemandes qui y avaient combattu ; elles étaient couvertes sur la lisière Est par les fusiliers du 4e régiment, dont les sentinelles échangèrent quelques coups de fusil, pendant la nuit, avec les compagnies françaises en grand'garde sur les hauteurs de la rive gauche.

La division du Bessol bivouaqua sans feu, dans l'ordre où elle avait été déployée.

Pendant cette lutte acharnée, les pertes furent à peu

---

(1) Le capitaine Audibert rejoignait l'armée le 30 décembre.

près égales de part et d'autre; les Allemands comptaient 22 officiers et 501 hommes hors de combat, les Français 21 officiers et 503 hommes tués ou blessés, auxquels il faut ajouter 500 prisonniers environ (1).

---

(1) *Pertes des Allemands.*

	Officiers.	Sous-officiers et hommes.
$\frac{\text{II}}{65}$	6	133
$\frac{\text{F}}{65}$	2	53
$\frac{\text{II}}{33}$	6	119
$\frac{\text{III}}{33}$	4	125
Régiment n° 4	1	8
Régiment n° 28	3	63
TOTAL	22	501

Pertes des Français.

	Officiers.	Sous-officiers et hommes.	Disparus.
1er bataillon de marins	3	24	231
18e chasseurs à pied	3	104	261
6e bataillon du Nord	»	21	»
33e et 91e	7	220	207
Deux bataillons du 43e	3	19	81
Infanterie de marine	2	16	51
101e régiment de mobiles	3	87	68
2e bataillon de voltigeurs	»	12	»
TOTAL	21	503	899

Les chiffres donnés pour les Français sont ceux de l'état officiel établi après la bataille; ils concordent avec ceux des journaux de marche, mais doivent être modifiés en ce qui concerne les disparus; beaucoup d'égarés ou d'hommes débandés rejoignirent, en effet, leurs corps après quelques jours, et le rapport du général du Bessol n'accuse que 488 disparus.

Tandis que le général de Manteuffel, réduit à la défensive, employait ses bataillons de réserve, la 16ᵉ division, arrêtée sur l'Hallue, s'était engagée tout entière pour faire face au général Derroja.

On sait que le *68ᵉ* régiment et la 2ᵉ compagnie de pionniers, partis de Querrieux, avaient suivi le mouvement du *28ᵉ* régiment et pris la direction de Fréchencourt. Quatre compagnies (1) traversèrent d'abord le village et se déployèrent sur les bords de la rivière que les francs-tireurs du commandant Bayle tenaient sous leur feu.

Le Ier bataillon du *29ᵉ* s'engagea bientôt à la gauche du *68ᵉ* ; il précédait la *31ᵉ* brigade, arrivée à Saint-Gratien (2), et déploya trois compagnies (3) sans réussir dans ses efforts pour traverser le cours d'eau ; derrière lui, les fusiliers du *29ᵉ* marchaient sur le moulin de Béhencourt (4), et le gros de la *31ᵉ* brigade (5) avait contourné le bois, dont elle occupait la lisière par ses tirailleurs, pendant que deux batteries (6) ouvraient le feu au Nord.

Le 1er bataillon du Nord, éparpillé sur la rive gauche, bien qu'appuyé par la compagnie Lebel, du 24ᵉ (7), dont

---

(1) $\frac{6, 8, 10, 11}{68}$, une section de $\frac{7}{68}$, renforcées plus tard par $\frac{12}{68}$; les compagnies $\frac{1, 2, 3}{68}$ étaient à la garde des convois.

(2) La *31ᵉ* brigade arriva à 3 heures à Saint-Gratien.

(3) $\frac{1, 3, 4}{29}$, $\frac{2}{29}$, en réserve.

(4) $\frac{10, 11}{29}$ en première ligne, soutenues par une section de $\frac{3}{29}$.

(5) 69ᵉ régiment et bataillon $\frac{11}{29}$.

(6) Les batteries $\frac{6, VI}{8}$.

(7) 3ᵉ compagnie du 1er bataillon du 24ᵉ.

une section défendait le pont du moulin, l'autre le pont de Montigny, s'était déjà replié à l'Est de Béhencourt.

« Vers 1 h. 1/2, les hauteurs de la rive droite avaient été couvertes par une ligne serrée de tirailleurs ennemis ayant de fortes réserves (1). » C'était la *32*e brigade qui s'avançait lentement, précédée, vers Montigny, par les fusiliers du *70*e et, vers Beaucourt, par le IIe bataillon du même régiment; la compagnie Lebel, restée seule, soutint le choc avec énergie ; elle tenait encore les points de passage à 3 heures, lorsque le IIIe bataillon du *10*e, couvert à gauche par le *9*e hussards, occupa Beaucourt (2). Sur ce point, le 5e bataillon du Pas-de-Calais avait résisté pendant près d'une heure (3); débordé à gauche, il s'était retiré, mais ne trouvant pas son régiment, dissimulé par le bois, il se ralliait à gauche du 24e, près de la batterie Montebello, au moment où les quatre batteries allemandes de l'artillerie de corps renforçaient les deux batteries divisionnaires établies à 3 heures au Nord de Beaucourt (4). Les effets de ces 48 bouches à

---

(1) Rapport du commandant de Lalène-Laprade. Le rapport du colonel Pittié dit que l'attaque commença entre midi et 1 heure; celui du lieutenant-colonel Aynès dit que Beaucourt fut attaqué à 11 h. 30. Cette dernière appréciation est certainement erronée. Les documents allemands prétendent que la *32*e brigade arriva sur l'Hallue à 2 heures; mais l'heure allemande étant en avance sur l'heure française, l'appréciation du commandant de Lalène-Laprade paraît exacte.

(2) Les compagnies $\frac{10, 12}{40}$ étaient au château de Beaucourt; $\frac{9}{40}$ renforça les lisières Est et Nord-Est du village; $\frac{11}{40}$ couvrait les batteries.

(3) Le 5e bataillon du Pas-de-Calais avait ses deux premières compagnies au petit bois situé au Nord de Beaucourt; les 4e et 5e à gauche, avec une section au moulin ; la 3e au centre du village.

(4) Les batteries divisionnaires $\frac{5, V}{8}$. L'artillerie de corps entrait en action à 3 h. 30. Les six batteries étaient dans l'ordre suivant, de la droite à la gauche : $\frac{V}{8}, \frac{5}{8}, \frac{III}{8}, \frac{3}{8}, \frac{IV}{8}, \frac{4}{8}$.

feu n'étaient guère sensibles sur les hauteurs opposées, mais leur feu lent prêtait un puissant secours à la marche de l'infanterie. Aussi, lorsqu'à 3 heures, le IIe bataillon du *70e* (1) s'avança vers le Nord-Ouest de Béhencourt, les fusiliers du *70e* prirent également l'offensive et la situation de la compagnie Lebel devint tout à fait critique ; secondée par les habitants, par quelques gardes mobiles du Nord, elle luttait désespérément dans les rues, dans les maisons, lorsque les fusiliers du *29e*, soutenus par deux compagnies du même régiment $\left(\frac{5.8}{29}\right)$, établirent des passerelles avec le matériel utilisé dans la matinée par les sapeurs français pour construire des barricades à Fréchencourt, s'élancèrent sur la rive opposée et enlevèrent le château à ses derniers défenseurs.

A 4 heures, les fusiliers du *29e* se rassemblaient à l'Ouest du village, tous ceux du *70e* arrivaient aussi en renfort ; trois compagnies du *29e* (2) occupaient le pont du moulin, le château et se dirigeaient vers la lisière Est.

Avant qu'elle fut atteinte, la contre-attaque française en avait pris possession. Le général Farre venait d'arriver sur les hauteurs et d'ordonner l'offensive générale prescrite par le général en chef.

A droite, sur Bavelincourt, le général Derroja lançait les 6e et 7e bataillons du Pas-de-Calais, soutenus par une

---

(1) La compagnie $\frac{5}{70}$ avait été jetée dans Bavelincourt ; $\frac{6,7,8,12}{70}$ et une section de $\frac{9}{70}$ avaient traversé l'Hallue au Nord-Ouest et attaqué Béhencourt.

(2) Les compagnies 5 et 8 et une section de la 3e compagnie. Le bataillon $\frac{II}{70}$ était dans les rues.

compagnie du 24ᵉ (1); à gauche, le 1ᵉʳ bataillon du Nord et le 5ᵉ du Pas-de-Calais marchaient sur Béhencourt, où le 3ᵉ régiment de mobilisés venait bientôt les rejoindre.

« En sortant de Franvillers (2) », écrit son chef, le lieutenant-colonel Chas, « nous vînmes nous établir, partie à gauche de la route, partie à droite, dans un bois, ayant à notre droite l'artillerie. Nous étions à peine en place que nous reçûmes l'ordre de nous porter en avant, sur le village de Béhencourt, qu'occupaient les Prussiens. Nous nous mîmes en marche, en bon ordre, déployés sur deux rangs, le 1ᵉʳ bataillon à gauche du chemin, les deux autres dans les champs à droite, et descendîmes les pentes, au pas de course, sous une grêle de balles et d'obus.

« Nous venions de traverser les positions occupées par le 24ᵉ, dont une compagnie gardait un petit bois à 300 mètres du village (3), lorsque le colonel de ce régiment voulut nous arrêter, disant que ses dispositions étaient prises pour la défense du passage. Les Prussiens profitèrent de ce temps d'arrêt pour rectifier leur tir, et la position n'étant plus tenable, nous nous lançâmes en avant ; sur la droite, l'attaque était commencée par les mobiles (du Pas-de-Calais, je crois) qui, déployés en tirailleurs, faiblissaient déjà. Quoi qu'il en soit, nous entrâmes tous ensemble, et par toutes les issues, dans le village, dont les maisons furent évacuées à notre approche. »

Cette avalanche se précipita jusqu'à la croisée des rues, au centre du village ; accueillie alors en flanc par les Allemands sortis des maisons, de front, par le ba-

---

(1) La 5ᵉ compagnie du 1ᵉʳ bataillon. (Journal de marche et rapport du lieutenant-colonel Cottin.)
(2) Le 3ᵉ régiment de mobilisés était parti à midi de Franvillers.
(3) Les restes de la compagnie Lebel, qui avaient évacué Béhencourt.

taillon de fusiliers du 29ᵉ, elle tourbillonna vers le château et, après une lutte opiniâtre, redescendit vers le Sud, puis vers l'Est, où elle fut recueillie par deux compagnies du 24ᵉ (1) et par le bataillon du 64ᵉ, que le colonel Pittié envoyait au pas gymnastique et baïonnette au canon.

La nuit, qui venait, mit alors fin au combat; le 64ᵉ ne parvint pas au village, les mobiles et les mobilisés gagnèrent Franvillers, qu'ils occupèrent jusqu'au lendemain.

A l'heure où les gardes nationaux prononçaient ce brillant effort, le général Derroja et le lieutenant-colonel Fovel enlevaient Bavelincourt à la baïonnette, avec les 6ᵉ et 7ᵉ bataillons du Pas-de-Calais et la 5ᵉ compagnie du 1ᵉʳ bataillon du 24ᵉ; ils y faisaient des prisonniers (2), poussaient jusqu'à la ferme d'Ébart, sur la rive droite, et envoyaient quelques fractions, notamment la 5ᵉ compagnie du 1ᵉʳ bataillon du 24ᵉ, sur Béhencourt, où elles furent arrêtées par l'obscurité, plus que par deux compagnies allemandes (3) postées entre les deux villages.

Quelques instants après, la compagnie Thierry, du 24ᵉ (4), rejetait, en désordre, une dernière attaque tentée de Béhencourt sur les hauteurs par les 6ᵉ et 7ᵉ compagnies du 29ᵉ, arrivées en renfort.

En arrivant à la ferme d'Ébart, les mobiles du 91ᵉ

---

(1) 1ʳᵉ et 2ᵉ compagnies du 2ᵉ bataillon.

(2) La compagnie $\frac{5}{70}$ avait été renforcée à Bavelincourt par une partie de la compagnie $\frac{8}{70}$. Les Français prenaient plusieurs chevaux dans Bavelincourt, dont l'un servit à remonter le général Derroja pendant la fin de la campagne. (*Souvenirs du général Derroja.*)

(3) Les compagnies $\frac{9, 10}{70}$.

(4) 4ᵉ compagnie du 2ᵉ bataillon.

purent se relier aux combattants de la 1re brigade (brigade Aynès), qui y entraient par la rive droite.

On sait que le général Dohna s'était dirigé à 1 heure vers Contay ; sa batterie envoya quelques projectiles sur le village, mais il n'accentua pas sa démonstration et résuma son rôle par son inaction.

Le combat ne s'engagea réellement de ce côté qu'après 4 heures, lorsque, sur l'ordre du général Derroja, le lieutenant-colonel Aynès arriva à Contay et y prit la direction de l'offensive, sur la gauche des Allemands. Leurs batteries, placées au Nord de Beaucourt, s'étaient retirées, à l'approche de la nuit, sous la protection de deux compagnies du 40e régiment (1); quatre autres compagnies s'établissaient à la lisière Nord de Beaucourt et sur les hauteurs qui en couvrent les approches (1). A leur rencontre s'avançait en première ligne, conduit par le lieutenant-colonel Aynès, le 1er bataillon du 75e, déployé, précédé de nombreux tirailleurs et accompagné d'une section de la batterie Bocquillon (2) ; en soutien, arrivaient, en arrière et à gauche, deux compagnies du 65e (3), et à droite, deux compagnies de chasseurs (4).

Sur le versant opposé, le bataillon Tramond (2e du 75e) descendait les pentes et bordait les rives du cours d'eau.

Dès que la fusillade se fut engagée, les Allemands se

---

(1) $\frac{5, 6}{40}$. Les compagnies $\frac{7, 8}{40}$ étaient à la lisière Nord de Beaucourt ; $\frac{11}{40}$ et une section de $\frac{12}{40}$ sur les hauteurs à 1500 mètres au Nord.

(2) Le rapport du lieutenant-colonel Aynès dit que deux sections de cette batterie furent portées en avant. Le rapport du capitaine Bocquillon dit, au contraire, que deux sections restèrent sur la position primitive.

(3) Les deux compagnies qui étaient dans le village de Contay.

(4) Deux des compagnies qui se trouvaient sur le chemin de Warloy. Elles se dirigèrent vers le bois qui est à 2,500 mètres au Sud-Est d'Hérissart.

retirèrent. Ils s'arrêtèrent sur le chemin qui réunit Hérissart à la ferme d'Ébart, puis se replièrent en entraînant la 7ᵉ compagnie du *40ᵉ*, envoyée en renfort à l'Ouest du petit bois qui précède Beaucourt, au Nord; des groupes arrivés sur ces entrefaites, à la lisière Nord-Est de ce bois, étaient assaillis et refoulés par le 1ᵉʳ bataillon du 75ᵉ, dont une compagnie, la 4ᵉ, poussait même jusqu'au château et y engageait un corps à corps qui cessait à l'arrivée des derniers renforts de la *32ᵉ* brigade (1).

A droite du 75ᵉ se déployait le reste des chasseurs appelé de Contay; à gauche, les mobiles du Pas-de-Calais s'avançaient de la ferme d'Ébart sur Beaucourt lorsque le général Derroja arriva sur le terrain de l'action.

Nul autre n'aurait été plus capable d'imposer à ses troupes un bivouac pénible pour les maintenir sur les positions conquises; mais l'offensive de sa division ne répondait pas à un plan d'ensemble, et les ordres du général en chef portaient « que les efforts devaient se borner à la défense des positions en arrière ».

La 1ʳᵉ brigade rentrait donc vers 7 h. 1/2 dans les cantonnements qu'elle occupait le matin (2).

Ces incidents n'étaient pas connus du grand quartier général à La Houssoye, car le général Derroja comptait s'y rendre après avoir soupé à Ébart, lorsqu'en arrivant à Contay son cheval, effrayé par le coup de feu d'un factionnaire, s'abattit sur une ligne de faisceaux. Relevé tout meurtri, le général fut transporté dans une maison voisine, d'où il partit le lendemain en voiture.

---

(1) Les compagnies $\frac{1, 3, 4}{40}$. La compagnie $\frac{2}{40}$ occupait le château de Montigny.

La 4ᵉ compagnie du 1ᵉʳ bataillon du 75ᵉ était commandée par le capitaine Didio, aujourd'hui général, qui fut blessé dans le bois.

(2) Sauf le 5ᵉ bataillon du Pas-de-Calais.

Moins favorisées que sa division, les autres fractions de l'armée, sans feux, sans abris, exposées sur les plateaux à un vent violent du Nord-Est, subissaient une nouvelle épreuve.

Le général Faidherbe la jugeait nécessaire ; il l'exigea comme la conséquence d'un indiscutable succès, et retourna lui-même à Corbie pour y conférer avec le commissaire général de la défense (1).

La nouvelle de l'occupation définitive de Daours et de Pont-Noyelles par les Allemands, qu'il apprit dans la soirée (2), ne pouvait modifier ses intentions ; il revint donc à La Houssoye et y attendit, couché sur la paille et grelottant de fièvre, que le soleil se levât sur le champ de bataille occupé.

L'armée du Nord, suffisamment réapprovisionnée en munitions, mais sans vivres (3), atteinte par les rigueurs

---

(1) M. Testelin était parti, par chemin de fer, de Lille pour Corbie à 2 heures. (Voir les pièces annexes.)

(2) « Malgré ces incidents, que je n'appris que pendant la nuit, les troupes occupaient les positions de combat que nous avions choisies ; je leur fis comprendre qu'on constatait sa victoire en couchant sur le champ de bataille, et qu'il ne pouvait être question d'aller reprendre des cantonnements à plusieurs lieues en arrière. » (Rapport du général Faidherbe).

(3) Les troupes ne reçurent le soir que du pain gelé. Le réapprovisionnement en munitions se fit d'une façon complète.

Consommation en munitions pendant la bataille (rapports des capitaines).

Batterie Monnier, 108 coups.

Batterie Beuzon, les deux tiers de son approvisionnement ; réapprovisionnée, pendant la nuit, à Corbie, par échange avec des caissons pleins.

Batterie Giron, 80 coups par pièce ; se réapprovisionna pendant la nuit à la gare de Corbie.

Batterie Ravaut, 120 coups par pièce.

Batterie Bocquillon, 100 coups en tout.

de la saison, par les pertes qu'elle avait subies et par des désordres partiels, était, quoique victorieuse, peu capable d'un nouvel effort.

Déployée en cordon sur une étendue disproportionnée avec les effectifs disponibles, sans postes avancés pour retarder l'ennemi, elle s'était épuisée pour reprendre des villages volontairement abandonnés, et demeurait immobilisée sur des plateaux découverts.

Tout autres auraient été les résultats obtenus si l'on avait renoncé d'abord à cette tactique linéaire, qui ne se prêtait pas aux efforts successifs, et ne tenait compte ni de la difficulté de faire manœuvrer des troupes déployées, ni de la nécessité d'être plus fort sur certains points que sur d'autres.

Il aurait encore fallu organiser la ligne de résistance Daours — Pont-Noyelles — Béhencourt — Bavelincourt ; construire des ouvrages sur les hauteurs pour constituer la position principale de combat et faciliter en même temps le jeu des réserves ; enfin prévoir le cantonnement des troupes après la bataille en préparant le combustible et les abris nécessaires.

Ni le temps, ni les matériaux (1), ni les outils ne manquaient, la prévoyance seule avait fait défaut.

Bien que la défense n'eût pas multiplié ses moyens, le général de Manteuffel ne réussit pas à l'abattre. En voulant déborder la droite de son adversaire, il avait une idée juste, greffée sur un désir légitime, mais qu'aucune de ses dispositions ne permettait de réaliser.

Après avoir commis la faute de ne pas attendre l'arrivée des troupes rappelées de Rouen, il ne tint compte ni des conditions de temps et d'espace, qui allaient retarder et rendre incertaine l'action de la 16ᵉ division,

---

(1) Plusieurs relations font connaître que les villages étaient abondamment pourvus de fagots et de combustible.

ni de la topographie du cours supérieur de l'Hallue, où l'éloignement des versants ne se prêtait pas aux effets d'une artillerie numériquement supérieure.

Si son attaque décisive s'était fait sentir à Daours, où la rive droite enveloppe et domine les hauteurs opposées, elle aurait pu s'engager dans la matinée, déboucher sur la rive gauche, séparer les deux corps français et pousser avant la chute du jour jusqu'à Franvillers.

Contrairement à ses intentions, le centre de gravité de ses forces fut reporté en avant du front du 22ᵉ corps, son aile gauche, qui devait envelopper, se trouvait elle-même menacée, tandis qu'à sa droite, entre Pont-Noyelles et Daours, s'étendait un vide de 4 kilomètres, occupé par deux compagnies.

Le général de Gœben aggrava encore ces erreurs d'ensemble en répartissant son artillerie entre ses brigades, en les faisant suivre par l'artillerie de corps divisée, en engageant la *15*ᵉ division en entier sur la route de Querrieux, alors que le chemin de Vecquemont demeurait inutilisé, et que toute perte de temps aurait dû être évitée pendant cette courte journée de décembre.

A la tombée de la nuit, quand les derniers coups de fusil eurent été tirés, la réserve de l'armée (1) fut cantonnée entre Allonville et Cardonnette ; la *31*ᵉ brigade occupa Fréchencourt et Béhencourt, la *32*ᵉ Beaucourt ; les autres troupes stationnèrent sur les points où elles avaient combattu.

---

(1) Quatre bataillons de la réserve n'avaient pas été engagés : trois bataillons du *43*ᵉ et le bataillon $\frac{F}{3}$, qui arrivait à 10 h. 30 le soir. La compagnie $\frac{11}{3}$ suivait dans la nuit.

Le 24, arrivèrent deux batailllons et la brigade de cavalerie combinée de la Garde.

Quant au général de Manteuffel, accompagné du général de Gœben, il regagnait Amiens. Convaincu qu'un nouvel effort dans la même direction demeurerait sans effet, il se résigna à la défensive et donna l'ordre à sa réserve de se tenir prête à combattre le lendemain entre Saint-Gratien et Querrieux.

XI

Retraite de l'armée sur la Scarpe [1].
Siège de Péronne.
Le général Faidherbe reprend l'offensive.

24 *décembre*. — La fatigue des troupes, la rigueur de la température, autant que l'arrivée des renforts allemands et de la 3ᵉ division de réserve, signalée vers Saint-Quentin (2), décidèrent le général Faidherbe à ordonner la retraite, dans le cas où l'ennemi ne renouvellerait pas son attaque.

Le 24, à la pointe du jour, le bataillon Tramond (2ᵉ du 75ᵉ), était placé sur le mamelon à l'Ouest de Contay ; la 2ᵉ brigade de mobilisés se rassemblait au-dessus de Béhencourt, en arrière des bois ; les batteries Montebello (3), Beuzon, Chastang, se tenaient au-dessus de Pont-Noyelles ; l'artillerie de réserve était à l'Est de La Houssoye ; la batterie Montégut au-dessus de Fréchencourt ; le reste de l'armée occupait, à peu près, les emplacements de la veille.

Sur tout le front, on entretenait un feu intermittent avec les fractions avancées de l'ennemi ; seul, le 17ᵉ chasseurs à pied, soutenu par quelques compagnies du

---

(1) Voir la carte au 1/320,000ᵉ.
(2) Rapport du général Faidherbe et dépêches du colonel de Villenoisy.
(3) Une section de cette batterie restait avec le colonel Pittié.

64ᵉ (1), eut un engagement assez vif entre Fréchencourt et Béhencourt.

Vers 2 heures de l'après-midi, les parcs étaient ramenés vers Arras; une ligne de tirailleurs, appuyée par les trois batteries de Pont-Noyelles, restait en position, et la retraite, par échelons, commençait à se dessiner.

A la droite de l'armée, le 23ᵉ corps devait profiter du couvert formé par l'Encre. La brigade Payen, protégée par le 19ᵉ chasseurs à pied à l'arrière-garde, passait par Bonnay, Heilly, et cantonnait le soir à Ribémont, Buire et dans les villages voisins. Le 47ᵉ mobiles se réunissait à Ribémont, après avoir fait sauter le pont d'Aubigny, et ceux qui se trouvent entre Fouilloy et Corbie. Bray-sur-Somme n'était évacué que dans la soirée (2).

Au centre, la division du Bessol, couverte par trois batteries, par le 33ᵉ et le 91ᵉ en arrière-garde, se réunissait à l'Est de La Houssoye, et se portait sur Bresle, la Viéville, Millencourt, Hénencourt, en suivant la grande route d'Albert.

A droite de la division du Bessol, les mobilisés gagnaient Bouzincourt, Aveluy, Albert. A sa gauche enfin, la division Derroja atteignait Senlis, Hédeauville et Varennes, après avoir traversé Baizieux, Warloy. Le grand quartier général s'installait à Millencourt, puis

---

(1) Rapport du colonel Pittié.

(2) *Colonel commandant la 1ʳᵉ brigade de la 2ᵒ division du 23ᵉ corps au Major général.*

Bray, 24 décembre.

« J'attends instructions et ordres; j'ai à Bray le 2ᵉ bataillon de marins qui attend aussi des instructions et des ordres. »

Brusley.

Le 2ᵉ régiment de mobilisés se retirait dans la nuit sur Meaulte, le 1ᵉʳ régiment et les marins sur Bapaume. (Journaux de marche.)

à Albert, et les dernières fractions, restées sur le champ de bataille, rejoignaient leurs cantonnements, tard dans la soirée, mais sans que leur retraite eût été inquiétée, ni suivie.

Voici, en effet, ce qui s'était passé à la Ire armée.

En revenant à Querrieux, vers 9 heures du matin, le général de Manteuffel comptait rester d'abord sur la défensive ; il envoya l'ordre à la division Senden (*3e division de réserve, composée de 5 bataillons, de 3 batteries et d'une brigade de cavalerie commandée par le général Strantz*), de marcher sur Ham, et fut rejoint, vers midi, par le prince Albert, dont la brigade (1) de cavalerie de la Garde se rapprochait aussi de Querrieux ; la *15e* division constituait une réserve au Nord de Bussy, la *16e* à l'Ouest de Montigny.

Bien que les mouvements de l'armée française eussent été signalés, on ignorait encore le but qui les motivait ; on attendit et, à 4 heures seulement, après que la brigade du prince Albert eût été ramenée à Amiens, ordre fut donné au général de Mirus de se porter immédiatement, avec la réserve de l'armée, le détachement de Daours, l'artillerie de corps et l'équipage de ponts, sur la rive gauche de la Somme ; il devait attaquer Corbie le lendemain, à la pointe du jour ; une division suivrait, l'autre couvrirait Amiens.

Plus tard, dans la soirée, lorsque la retraite du général Faidherbe fut confirmée, le VIIIe corps reçut l'ordre de poursuivre, et le général de Mirus de prolonger son mouvement sur Bray.

Cette attitude prudente, ces hésitations, l'inutilisation de la cavalerie, peuvent s'expliquer par l'insuccès tactique de la veille et par l'affaiblissement de la Ire armée,

---

(1) La brigade de cavalerie de la Garde était formée du 2e uhlans de la Garde et des hussards de la Garde.

dont les bataillons se trouvaient réduits à 500 hommes (1), moins par le feu, que par les fatigues et les rigueurs de la saison.

Les journées du 23 et 24 décembre faisaient perdre 43 officiers, 881 hommes à l'armée allemande, 50 officiers, 1176 hommes à l'armée française, auxquels il faut ajouter 9 officiers et plus de 1000 hommes disparus (2).

25 *et* 26 *décembre*. — Dans la matinée du 25, le mouvement de retraite se poursuivit vers le Nord.

A 6 heures, la division Derroja prenait la direction d'Acheux et, par Foncquevillers, gagnait ses cantonnements à Bailleulmont, Bailleulval, Rivière et Ransart; à sa droite, la division du Bessol s'arrêtait à Bucquoy, Douchy, Adinfer, Ayette, Ablainzevelle.

La 2e brigade de mobilisés, suivie par le 1er voltigeurs, faisait sa grande halte à Bapaume, et atteignait Ecoust, Noreuil, Quéant, Prouville.

A l'arrière-garde, la division Moulac traversait Albert, où quelques groupes de cavaliers ennemis faisaient mine de la menacer, et poussait jusqu'à Bapaume (3); le

---

(1) Général de Wartensleben.
Le général de Manteuffel avait demandé de nouveaux renforts, car le général de Moltke prescrivait, le 25 décembre, d'envoyer d'urgence à Amiens, par voie ferrée, six bataillons et deux batteries du IVe corps. (*Correspondance du général de Moltke*, page 617.)

(2) Voir le détail des pertes aux pièces annexes, 23 décembre.

(3)   *L'amiral Moulac au général Faidherbe, à Boisleux.*

Bapaume, 25 décembre. 3 h. 40 soir.

« Je suis autorisé par le général Paulze d'Ivoy à coucher ce soir à Bapaume, mes troupes étant très fatiguées. Je repartirai demain, de bonne heure, pour Croisilles et cantonnements. »

1ᵉʳ régiment de mobilisés s'y trouvait déjà, avec les marins, détachés à Bray.

Arrivé par chemin de fer à Arras, le général en chef mandait au Gouvernement :

« Après la bataille du 23 à Pont-Noyelles, qui est un beau succès pour notre jeune armée, je vais cantonner mes troupes pendant quelques jours autour d'Arras. Le froid est très rigoureux ; nos soldats en souffrent ; nous sommes, du reste, tous prêts à continuer les opérations. »

Il repartit dans la soirée pour Boisleux, où l'attendait une pressante demande de renforts parvenue de Landrecies (1).

On sait déjà que les colonels Martin et de la Sauzaye s'étaient retirés le 24 décembre sur Avesnes, en laissant deux compagnies de mobiles et les zouaves éclaireurs vers La Capelle et Le Nouvion.

Malgré le désaccord qui pouvait naître de leur commandement partagé, ils s'entendaient sur la nécessité de ne pas exposer leurs troupes à une rencontre inégale ; mais le 24, apprenant par de fausses indications, que Landrecies était menacé, ils s'y établirent et dirigèrent le lendemain deux compagnies du 40ᵉ vers Le Nouvion, où leur arrière-garde se tenait isolée.

L'incohérence de ces mouvements ne pouvait guère retarder la division Senden, qui arrivait à Ham, le 25, après avoir traversé Montcornet le 22, Saint-Quentin le 24, et entrait en relations, le même jour, avec la réserve générale de la Iʳᵉ armée.

---

(1) Le général Farre répondait au colonel de Villenoisy, à Lille :

Boisleux, 25 décembre, 9 h. 50 soir.

« On ne peut disposer des troupes, très fatiguées, pour en envoyer vers Landrecies ; demain soir, si les nouvelles le nécessitent, on ferait partir la brigade la moins éprouvée. »

Les renseignements ayant, en effet, signalé la retraite de l'armée française vers Arras, d'une part, et, de l'autre, vers Péronne et Cambrai, le général de Mirus reçut l'ordre de pousser de Corbie à Bray les cinq bataillons de la *3e* brigade, le régiment de uhlans et les six batteries qui lui restaient (1). Son avant-garde atteignit Warfusée et y trouva deux escadrons, détachés de la division de cavalerie saxonne, dont un régiment, avec une batterie (2), était arrivé à Ham la veille. Ces deux escadrons se retirèrent le soir à Vauvillers, devant une démonstration de la place de Péronne, maintenant exposée aux premiers coups.

Sans valeur comme place de guerre, Péronne avait néanmoins gêné les communications allemandes et couvert la concentration de l'armée française, dont elle pouvait, à un moment donné, faciliter l'offensive.

Le général de Manteuffel décidait donc, le 25 décembre, de préparer à Amiens un parc de 16 pièces (3), auxquelles viendraient se joindre 6 mortiers, 3 pièces de 12 et 2 obusiers, envoyés de La Fère. Bien que ce matériel ne fût pas encore disponible, et qu'il eût été préférable de ne pas entreprendre un siège avant d'en avoir les moyens, ordre fût donné, le 26, d'investir la place.

---

(1) Quatre batteries de l'artillerie de corps, deux batteries du Ier corps, le 5e uhlans, cinq bataillons des *4e* et *44e* régiments. Les quatre bataillons de la 2e brigade (*3e* et *43e* régiments) étaient renvoyés le 25 décembre à Amiens, puis à Rouen, où le général de Bentheim demandait des renforts. Les deux autres bataillons de cette brigade restaient provisoirement à Amiens.

(2) Le *14e* uhlans, sous les ordres du général Senfft de Pilsach. Le général de Manteuffel avait été informé, le 25, que le général de Lippe avait reçu dans la nuit l'ordre de continuer son mouvement en avant, et que le départ pour Amiens de la brigade d'infanterie du IVe corps était contremandé. (*Correspondance du général de Moltke*, page 618.)

(3) 12 pièces rayées de 12, 2 mortiers, 2 obusiers. (Général de Wartensleben.)

Le général de Mirus devait y envoyer, le lendemain, un détachement, par la rive gauche de la Somme, franchir le fleuve, à Bray, avec le gros de ses forces, et se porter vers la route de Roisel, qui le séparerait de la division Senden, chargée d'opérer au Sud et à l'Est. La brigade de cavalerie Strantz, et celle de la Garde occuperaient la route de Cambrai; l'investissement, terminé dans la matinée, serait complété par la reconnaissance des positions d'artillerie.

Ces instructions furent envoyées le 26 de Bray, où le général de Manteuffel était arrivé avec le IIe bataillon du 44e.

Sur la rive droite, le général de Gœben, suivi par la cavalerie de la Garde à Baizieux, dépassait Contay, le 25 décembre, avec sa cavalerie et la *16e* division, atteignait Albert avec la *15e*; le 26 décembre, il établissait trois de ses brigades à Bucquoy, Achiet-le-Grand et Bapaume, tenait la quatrième en réserve; à sa gauche, la brigade Dohna battait le pays dans la direction de Beaumetz; à sa droite, la cavalerie de la Garde, renforcée d'une batterie et d'un bataillon, observait, à Sailly, la direction de Cambrai.

Bien qu'il eût rompu le contact et gagné une journée d'avance, le général Faidherbe s'était cru menacé; informé, dans la nuit du 25 au 26, qu'une forte colonne ennemie marchait sur Bucquoy (1), il en avisa le général Lecointe et partit aussitôt pour Arras, où il avait convoqué, dès 6 heures du matin, les commandants de l'artillerie, du génie et le général de Chargère. Des dispo-

---

(1) *Général de Chargère au général en chef, Boisleux.*

Arras, 26 décembre, 2 h. 10 matin.

Le sous-préfet de Doullens me télégraphie : « Un corps d'armée prussien, infanterie, cavalerie, nombreuse artillerie, s'avance à marches

sitions furent alors prises pour s'opposer à l'investissement de la place et faire face à l'ennemi sur la Scarpe.

Le départ de l'armée avait été fixé à 8 heures; à gauche, la division Derroja suivit la route de Doullens; couverte par le 68e régiment de marche, qui prit position en avant de Beaumetz, elle atteignit ses cantonnements de Saint-Laurent, Athies, Feuchy, Fampoux, Rœux, Pelves.

Au centre, la division du Bessol prit la route d'Albert à Arras, et poussa jusqu'à Gavrelle, Roclincourt, Thélus, Bailleul, Villerval, Vimy. Seul, le bataillon du 33e à l'arrière-garde, fut un moment inquiété par des reconnaissances de uhlans.

Plus à l'Est, la division Moulac (1) traversait Hendecourt, Vis-en-Artois et stationnait à Biache-Saint-Vaast, Vitry, Brebières; la 2e brigade de mobilisés, protégée par le 1er voltigeurs, passait à Bullecourt, Boiry-Notre-Dame, et se réunissait aux autres fractions du 23e corps, à Esquerchin, Cuincy, Lauwin, Courchelettes.

Dans la soirée, le quartier général de l'armée, celui du 22e corps, s'installaient à Fampoux; le général Paulze d'Ivoy était à Vitry; la cavalerie et l'artillerie de réserve, à Arras.

Du 27 au 31 décembre. — Ces dispositions furent mo-

---

forcées sur Arras, derrière notre armée; il a débouché de Bavelincourt, et pris la route de Bucquoy. »

Le général Faidherbe répondait aussitôt au général de Chargère, et mandait aux commandants de l'artillerie et du génie :

Boisleux, 26 décembre, 3 h. 55 matin.

« Trouvez-vous à la gare d'Arras à 6 heures du matin; les deux colonels avec leurs chevaux. »

(1) L'amiral Moulac, malade, était remplacé le même jour par le commandant Payen.

difiées, le 27, par suite de la nécessité de renforcer la ligne de la Scarpe, et d'appuyer le 23ᵉ corps à la place de Douai (1).

Le général Lecointe ayant été appelé à Arras (2), on lui fit savoir que les garnisons d'Arras et de Douai seraient renforcées, que la division Derroja se rendrait dans la journée à Fampoux, Rœux, Gavrelle, avec ordre de surveiller la direction d'Athies et de Bailleul, indiquée comme limite du rayon d'action de la place ; que la division du Bessol s'établirait à Plouvain, Biache, Fresnes, Izel ; la division Moulac à Brebières, Courchelettes, Lambres, Corbehem ; les mobilisés resteraient en réserve à Izel, Lauwin, Cuincy, Esquerchin ; le quartier général, l'artillerie de réserve se transporteraient à Vitry (3). Sur tout

---

(1) *Le général Lecointe au général du Bessol.*

Fampoux, 27 décembre.

« L'ennemi est signalé venant du côté d'Arras, et le général Faidherbe, comptant sur le 23ᵉ corps, qui est à votre gauche, mais craignant de le voir tourné par sa gauche, l'a appuyé à Douai. De là, le mouvement d'aujourd'hui. »

(2) *Le Général chef d'état-major général au général Lecointe, à Fampoux.*

Arras, 27 décembre, 6 h. 55 matin.

« Le général en chef vous attend à la gare d'Arras, on vous envoie un train spécial. »

(3) *Le Général en chef au général Lecointe.*

« Envoyez immédiatement un demi-bataillon à Vitry, pour la garde du quartier général. »

Trois compagnies du 20ᵉ chasseurs furent dirigées sur Vitry. (Journal de marche du 20ᵉ chasseurs.)

Les cantonnements du 23ᵉ corps étant très resserrés, le général Paulze d'Ivoy faisait occuper Gœulzin et Ferin, le 28, par le 47ᵉ mobiles, et le 24ᵉ bataillon de chasseurs qui venait d'arriver.

le cours de la Scarpe, dont les grand'gardes occupaient la rive droite, les ponts devaient être minés ou barrés, la défense des villages organisée.

Dans ces positions, occupées le jour même, les troupes étaient ravitaillées en vivres, en munitions, et pourvues d'effets chauds; les parcs furent complétés; quelques renforts arrivèrent aussi (1).

Grâce au dévouement des autorités civiles, le quartier général connaissait, à peu près, l'emplacement des corps ennemis; le 29, il n'ignorait pas leur présence autour de Péronne, vers Bapaume, à Fins et à Saint-Quentin; ces nouvelles parvenaient aussi du service des renseignements, mais le concours de la cavalerie demeurait inutilisé; car, si de faibles détachements s'aventuraient parfois à quelques kilomètres des cantonnements, leur parcours était limité et leur rôle réduit à celui des rondes (2).

Pour compléter ces informations on recourait, en revanche, aux grandes reconnaissances d'infanterie, mal-

---

(1) Le 2ᵉ bataillon du 65ᵉ, arrivé de Valenciennes le 27, était envoyé à Arras, avec le 2ᵉ régiment de mobilisés.

A Douai, arrivait le 4ᵉ bataillon de la 1ʳᵉ légion de mobilisés du Nord. Le 25, les 2ᵉ, 4ᵉ, 6ᵉ bataillons de la 3ᵉ légion du Nord étaient cantonnés à Flers, Courcelles, Noyelles; ils rentraient le 31 décembre à Douai, et formaient le 5ᵉ régiment de marche.

A Douai, arrivaient enfin, le 26, trois bataillons de la 8ᵉ légion du Nord (8ᵉ régiment), trois bataillons de la 9ᵉ légion du Nord (6ᵉ régiment, 1ᵉʳ, 2ᵉ, 4ᵉ bataillons), qui remplaçaient le 2ᵉ régiment de mobilisés du 23ᵉ corps. Ce dernier régiment était envoyé à Arras.

(2) La cavalerie avait été placée, le 27, sous les ordres du général Lecointe:

22ᵉ CORPS D'ARMÉE.

Ordre.

Fampoux, 27 décembre.

« Demain matin, à 8 heures, le 1ᵉʳ escadron de dragons se rendra à

gré les fatigues, les dangereuses conséquences et l'insuffisance de ce mode d'action.

C'est ainsi que, le 30, une batterie et quatre bataillons de la division du Bessol, traversaient Fampoux, Athies, Saint-Laurent, le faubourg d'Achicourt, en contournant Arras, et gagnaient Agny, où venaient les rejoindre deux batteries et cinq bataillons de la division Derroja, qui avaient passé par Athies et Tilloy. Ces deux colonnes, sous les ordres du général Lecointe, dépassèrent Bernéville, Warlus et cantonnèrent à Saint-Nicolas, Saint-Laurent, Blangy (1).

Athies, où il cantonnera, et fera des reconnaissances sur la route de Tilloy.

« Le 2ᵉ escadron se rendra à Arras, où il sera à la disposition du commandant de la place.

« Un escadron de gendarmerie ira à Rœux, d'où il fera des reconnaissances à Monchy-le-Preux ; le 2ᵉ escadron, cantonné à Biache, poussera des reconnaissances jusqu'à Hamblain. »

Ordre.
Fampoux, 29 décembre.

« Conformément aux ordres du général en chef, M. le lieutenant-colonel Baussin partira demain matin avec toute sa cavalerie, et ira faire une reconnaissance qu'il poussera jusqu'à Vimy, sur la route de Gavrelle à Béthune. Il n'oubliera pas qu'il peut rencontrer une nombreuse cavalerie ennemie. »

(1) Une batterie de 4, les 33ᵉ, 91ᵉ et le 18ᵉ chasseurs à pied de la division du Bessol ; une batterie de 4, une de 8, cinq bataillons des 67ᵉ et 68ᵉ régiments, pour la division Derroja.

Les cantonnements, primitivement fixés à Dainville et Achicourt, furent modifiés en cours de route :

Ordre du 30 décembre.

« Au reçu du présent ordre, le général du Bessol partira avec son détachement pour Saint-Laurent, où il ira cantonner ; sa gauche sera du côté d'Athies ; il n'occupera point Blangy qui restera à la colonne Derroja. Le quartier général est à Fampoux ; à moins de nouveaux ordres les généraux Derroja et du Bessol partiront demain matin à 6 heures, au lieu de 7 heures, pour leurs anciens cantonnements. »

En prévision d'une attaque à laquelle on s'attendait (1), le 46ᵉ mobiles, le régiment de Somme-et-Marne remplaçaient à Athies, Plouvain, Fampoux les détachements en reconnaissance et les différents corps se rassemblaient sur leurs positions de combat (2).

Sur la route d'Arras à Douai, les généraux Faidherbe et Paulze d'Ivoy passaient devant le front des mobilisés.

Des ordres détaillés (3) indiquaient même comme position de repli, en cas de retraite, le canal de la Haute-Deule, entre le fort de Scarpe et Oignies, puis, comme dernière ligne de défense, les hauteurs boisées d'Ostricourt et Moncheaux.

Dès que les nouvelles de la journée furent parvenues à Vitry, dès que le général en chef eut acquis la certitude que l'ennemi ne l'attaquerait pas, il se décida à quitter la vallée de la Scarpe pour dégager Péronne et tenter un effort que le commissaire général lui avait probablement conseillé.

« Le 30 ou le 31 décembre », écrit en effet le général de Villenoisy, « je rencontrai Testelin dans les rues de Lille et lui exprimai mes regrets de l'inaction du général en chef. Mes renseignements me faisaient penser qu'il n'avait qu'un rideau de troupes devant lui. Testelin

---

(1)   *Le général de Chargère au Général en chef, à Vitry.*

Arras, 30 décembre, 5 h. 45.

« L'engagement annoncé ne se confirme pas. Le général Lecointe est arrivé à Achicourt. »

(2)   *Ordre du Chef d'état-major général.*

29 décembre.

« Demain, à 8 deures du matin, les généraux commandant les deux corps d'armée passeront en revue les troupes sous leurs ordres, disposées sur la ligne de défense, à leur place de bataille. »

(3) Voir ces ordres aux pièces annexes.

m'écouta avec attention, puis, tirant sa montre : « en me pressant, dit-il, j'ai encore le temps de partir par le chemin de fer, » et il s'en alla sans prendre le temps d'avertir chez lui, où on fut fort inquiet de son absence. J'ai su plus tard qu'il avait fortement insisté pour que le général Faidherbe attaquât l'ennemi. Le général Faidherbe m'a dit que son hésitation provenait de l'avis de ses généraux. Deux seulement croyaient l'armée en état de combattre : l'un était le général Farre, l'autre, je le suppose du moins, était Derroja (1). »

Dans la soirée du 30 décembre, l'ordre de mouvement suivant fut donné (2) :

« Demain, l'armée du Nord se portera en avant d'Arras entre Beaumetz-les-Loges et la Scarpe. Ce mouvement s'exécutera comme il suit :

A 7 h. 1/2 du matin, le 23ᵉ corps se mettra en marche et fera la grand'halte dans le voisinage de Rœux ; la 1ʳᵉ division, passant par le pont du chemin de fer, ira prendre ses cantonnements à Feuchy, Tilloy, Beaurains.

La 2ᵉ division se rendra par le pont de Blangy à Ronville, Saint-Sauveur, Blangy.

Les quartiers généraux du 23ᵉ corps et des généraux de division de ce corps seront établis à Saint-Sauveur.

Vers 9 heures, la 1ʳᵉ division du 22ᵉ corps se dirigera par le pont du chemin de fer vers Wailly, Rivière et Beaumetz-les-Loges, où elle prendra ses cantonnements ; la 2ᵉ division prendra le pont de Blangy pour aller se cantonner à Achicourt, Agny, Dainville.

Le quartier général du 22ᵉ corps sera à Achicourt, ainsi que celui de la 2ᵉ division. Celui de la 1ʳᵉ division à Rivière.

---

(1) *Souvenirs du général de Villenoisy.*
(2) Voir la carte au 1/80000ᵉ.

L'artillerie de réserve, le convoi, le trésor, etc., se rendront à Arras.

Le grand quartier général sera à Ronville. »

Dans la matinée du 31, pendant que le 23ᵉ corps suivait les itinéraires fixés (1), le général Faidherbe mandait au Gouvernement :

Vitry, 31 décembre, 7 heures du matin.

« Dès hier soir, 30 décembre, nos opérations ont recommencé. Une forte colonne a parcouru le pays autour d'Arras sans rencontrer personne. Notre cavalerie a fait de son côté une reconnaissance vers Vimy. Aujourd'hui, toute l'armée quitte la ligne de la Scarpe et se porte devant Arras pour marcher ensuite en avant. »

Si cette offensive commencée avait été poursuivie sans délai, elle aurait agi par surprise et sans laisser à l'ennemi le temps de se concentrer. Mais les troupes étaient fatiguées par les marches de la veille ; le général en chef en fut informé dans le conseil tenu le soir à Ronville (2), et décida que seuls les régiments du 22ᵉ corps cantonnés à Dainville se porteraient le lende-

---

(1) Voir aux pièces annexes les détails de la marche du 23ᵉ corps.

(2) *Ordre du 31 décembre.*

« Les généraux commandant les 22ᵉ et 23ᵉ corps, ainsi que les généraux commandant les deux divisions de ces corps, sont priés de se trouver au grand quartier général, à Ronville, à 5 heures précises. »

Le général Faidherbe à M. Testelin.

1ᵉʳ janvier.

« La fatigue des troupes, signalée par les chefs de corps, ne permet pas une longue marche aujourd'hui. Le quartier général se transporte à Beaurains. D'après renseignements, il semble que l'armée ennemie est devant nous, vers Bucquoy. »

main à Bernéville; que la 1re division du 23e corps irait à Mercatel, Neuville, Wancourt, Guémappe, la 2e à Feuchy, Tilloy, Beaurains; la gendarmerie, l'artillerie de réserve, le grand quartier général, à Beaurains. La cavalerie enfin resterait à Rivière.

Dans de pareilles circonstances, une marche de cinq kilomètres équivalait à l'immobilité; après avoir débouché au Sud d'Arras, s'arrêter à 20 kilomètres de l'ennemi, c'était lui donner toute facilité pour se concentrer.

Il avait en effet complété l'investissement de Péronne. Conformément aux ordres du général de Manteuffel, un détachement s'était avancé le 27 décembre sur la rive gauche de la Somme jusqu'à Villers-Carbonnel, Herbécourt; le gros de la colonne Mirus, couvert par ses avant-postes sur la Tortille, s'établissait à Cléry et se reliait par sa cavalerie, d'une part, à la brigade de la Garde à Sailly, de l'autre, sur le chemin de Roisel, à la brigade Strantz, postée à Tincourt.

A gauche de la brigade Strantz, le général Senden déployait ses avant-postes entre Doingt et la Somme, concentrait sa division à Bruntel, Cartigny et portait son quartier général à Tincourt. Il y recevait l'ordre du général en chef, arrivé dans la journée à Combles, de prendre la direction du siège et d'ouvrir le feu, dès le lendemain, avec ses batteries de campagne.

Plus au Sud, le général Senfft de Pilsach (1) s'avançait de Chaulnes à Brie, et le général de Lippe (2) arrivait à Nesle, d'où il devait gagner Saint-Quentin pour reconnaître avec soin les abords de Cambrai.

A Bapaume, le général de Gœben apprenait, dans la soirée, le mouvement de l'armée française vers Douai et

---

(1) Avec une compagnie de chasseurs, le *18e* uhlans, quatre pièces.
(2) Avec la brigade de cavalerie Krug de Nidda, deux compagnies de chasseurs, une batterie.

prescrivait à la *29ᵉ* brigade d'occuper le lendemain Bertincourt, à la brigade du prince Albert de se fixer à Fins.

Sur ces entrefaites, les nouvelles de Normandie firent décider le retour à Amiens et à Rouen des détachements du Iᵉʳ corps, et leur remplacement devant Péronne par la *31ᵉ* brigade, stationnée précédemment à Bucquoy et qu'accompagnaient deux batteries.

Le général de Manteuffel prescrivait en outre au général de Gœben de diriger ses efforts sur Abbeville et Péronne, d'occuper solidement Amiens, Saint-Quentin, Ham, de diriger des colonnes mobiles au Nord de la Somme, et même d'Arras, pour le renseigner, désarmer la population, détruire les voies ferrées et les lignes télégraphiques.

Ces instructions étaient approuvées, le 29, par une dépêche du général de Moltke (1), qui recommandait une expédition contre Vervins (2), et rappelait que l'exploitation de la voie ferrée Rouen, Amiens, Creil permettait la concentration des forces principales de la Iʳᵉ armée, non plus à Beauvais, mais à Amiens.

Après avoir confié au général de Gœben le commandement du VIIIᵉ corps, de la division de réserve, de la *3ᵉ* division de cavalerie et de la brigade de cavalerie de la Garde, le général de Manteuffel partit lui-même, le 30, d'Albert pour Amiens et, le 31, pour Rouen.

Aucun résultat n'avait encore été obtenu à Péronne (3).

Siège de Péronne. — Située sur la rive droite de la Somme, au confluent de la Cologne, cette petite place

---

(1) *Correspondance du général de Moltke.*

(2) « Le rassemblement de Vervins semblait menacer les communications de l'armée allemande. » (*Historique du Grand État-Major prussien.*)

(3) Voir le plan de Péronne.

était entourée d'anciennes fortifications, remaniées par Vauban ; elles consistaient en une enceinte ayant la forme d'un parallélogramme allongé, dont les petits côtés avaient 400 mètres. Sur le front Nord-Est, un ouvrage à cornes enveloppait le faubourg de Bretagne ; vers la Somme, un ouvrage à couronne précédait le faubourg de Paris.

Des marais, les inondations obtenues en amont et en aval, auraient facilité la défense rapprochée, mais les hauteurs dominantes exposaient la ville à un bombardement d'autant plus redoutable que les abris, à l'épreuve des projectiles d'artillerie, ne consistaient qu'en une caserne voûtée, pouvant contenir 1000 hommes, et quelques casemates dans le château ou sous les remparts.

L'armement, fixé à 88 pièces, ne dépassait pas 49 bouches à feu (1), dont le service avait été confié aux gardes mobiles et aux fusiliers marins.

Le chef de bataillon du génie Garnier, commandant supérieur, disposait en outre de 77 officiers et 3,247 hommes, sans compter les pompiers et la garde nationale sédentaire (2).

---

(1) Dont 14 rayées et 12 sans affûts (Journal du siège).
(2) Journal du siège :

	Officiers.	Hommes.
Artillerie..........................	»	2
43ᵉ de ligne......................	2	139
Fusiliers marins (5ᵉ comp. du 1ᵉʳ bat).	2	131
2ᵉ batterie de garde mobile de la Somme ; dépôts des 1ᵉʳ, 3ᵉ, 6ᵉ bataillons.	12	860
2ᵉ bataillon de garde mobile du Pas-de-Calais.	24	1,181
Mobilisés de la Somme (3ᵉ bataillon de la 3ᵉ légion)	37	934
Total.........	77	3,247

Voir aux pièces annexes la dépêche du commandant Garnier donnant les effectifs à la date du 11 décembre.

Sommée de se rendre, le 28 à midi, la place fut bombardée à 3 heures par neuf batteries (1), distantes de 1500 mètres ; elle répondit avec vigueur ; la population, la garnison se prodiguèrent pour éteindre les incendies rendus redoutables par le manque d'eau et l'épaisseur de la glace ; le 31, le bombardement cessait, mais six compagnies, sortis dans la direction d'Albert, y constataient la présence de l'ennemi fortement retranché.

Sous la direction du général de Barnekow (2), l'investissement se resserrait, le matériel de siège était arrivé, des batteries s'élevaient au Sud-Ouest ; tout autre espoir que celui d'une armée de secours devait donc être écarté.

Le quartier général allemand prévoyait cette éventualité, car la cavalerie se multipliait pour en être informée à temps.

Une patrouille se rapprochait même de la Scarpe, le 29 décembre, et parvenait à enlever quelques rails au chemin de fer d'Arras à Douai (3).

Dans la même journée, un escadron de hussards, suivi de fantassins montés sur des voitures, se dirigeait d'Avesnes, à l'Ouest d'Arras, sur Carency, Souchez, Ablain, où cantonnait le 4ᵉ bataillon de mobilisés du Pas-de-Calais. Ces malheureux gardes nationaux, sans cartouches, pris de panique à l'approche des cavaliers ennemis, se débandèrent, furent pris ou dispersés (4).

Vers l'Est, un escadron de hussards de la Garde se dirigeait, le 31 décembre, de Fins sur Cambrai, parcou-

---

(1) Trois à l'Est de Halle, deux sur le mont Saint-Quentin, trois à l'Ouest de Doingt, dix pièces à l'Est et au Sud-Est de Biaches.

(2) Le général de Barnekow, commandant la *16ᵉ* division, remplaçait, le 1ᵉʳ janvier, le général de Senden, placé à la tête de la *14ᵉ* division.

(3) Général de Wartensleben.

(4) Les Allemands firent 200 prisonniers environ.

rait 83 kilomètres en quatorze heures, et essayait de détruire la voie ferrée au Sud de Bouchain. Le général de Lippe envoyait également deux escadrons du Catelet vers Cambrai, et se préparait à marcher sur Vervins, lorsqu'il apprit qu'un escadron de uhlans, suivi d'une compagnie de chasseurs (1), se retirait à Serain, après avoir échoué dans une tentative sur Busigny. Il se porta lui-même à Montbrehain et y attendit le général Senfft, qui arrivait de Brie avec quatre pièces, une compagnie de chasseurs et le *18ᵉ* uhlans.

Combat de Busigny. — Les uhlans étaient entrés, le 31 décembre, à Busigny, au moment où un train pénétrait en gare avec le 4ᵉ bataillon de garde mobile (2) de l'Aisne, en route pour Cambrai. Les gardes mobiles se déployèrent aussitôt le long de la voie ferrée, refoulèrent les uhlans, et ouvrirent le feu sur les chasseurs allemands, qui se retirèrent à l'approche de trois compagnies de mobilisés (3), arrivées du Cateau en renfort.

Dans la soirée, le chef de bataillon du Châtelet, commandant le 4ᵉ bataillon des mobiles de l'Aisne, retournait au Cateau (4), après avoir épuisé ses munitions, mais était remplacé, le 1ᵉʳ janvier, à Busigny, par la colonne La Sauzaye.

Sur ces entrefaites, la présence de la cavalerie alle-

---

(1) $\dfrac{1}{12^e \text{ chasseurs}}$, $\dfrac{4}{17^e \text{ uhlans}}$.

(2) Le 4ᵉ bataillon de l'Aisne (commandant du Châtelet) comprenait 1400 hommes, dont 163 non armés, évadés de Laon, Soissons, La Fère, et 237 armés de fusils hors de service ; trois compagnies n'avaient pas de cartouches ; restaient 700 hommes en état de combattre, avec sept ou huit cartouches par homme. (Rapport du commandant du Châtelet.)

(3) Trois compagnies du 2ᵉ bataillon de garde nationale mobilisée de l'Aisne. Les Allemands perdirent 4 hommes tués ou blessés ; les Français 2.

(4) Le 4ᵉ bataillon de l'Aisne n'arrivait à Cambrai que le 2 janvier.

mande, en avant d'Amiens, avait provoqué quelques engagements aux environs d'Abbeville.

Le lieutenant-colonel de Pestel, à la tête du 7ᵉ uhlans, parcourait la vallée de la Somme depuis le 22 décembre ; il fut renforcé le 25, à Picquigny, par les fusiliers du 70ᵉ régiment, et reçut pour mission de détruire la voie ferrée de Boulogne. Son premier objectif étant Abbeville, dont il espérait surprendre la garnison, réduite à cinq bataillons de mobiles et de mobilisés (1), il dirigea une partie de ses forces, le 27, vers l'Étoile, en lui faisant suivre la rive droite de la Somme.

Combat de Longpré. — A Longpré, se trouvaient deux compagnies de mobilisés, trois de mobiles (2), qui se portèrent vers l'Étoile, dont le pont était détruit, et bordèrent la rive gauche du cours d'eau ; après une fusillade, qui se prolongea pendant trois heures, les Allemands se retirèrent vers Flixécourt (3). Mais le lendemain, le lieutenant-colonel de Pestel dirigeait un escadron, avec une compagnie, d'Hangest sur Condé-Folie, et portait le reste de son détachement sur Airaines et Longpré. Au

---

(1) Trois bataillons de la 6ᵉ légion de mobilisés (7ᵉ régiment) du Nord, sous les ordres du lieutenant-colonel Plancassagne, ancien sous-officier, et commandant supérieur de la place.

Le 1ᵉʳ bataillon de la 1ʳᵉ légion de mobilisés de la Somme.

Le 4ᵉ bataillon des mobiles du Pas-de-Calais.

(2) Deux compagnies du 2ᵉ bataillon de la 6ᵉ légion du Nord ; trois compagnies du 4ᵉ bataillon de mobiles du Pas-de-Calais. Le 28 au matin arrivèrent encore 50 hommes du 1ᵉʳ bataillon de la 6ᵉ légion du Nord.

(3) *Le Commandant supérieur au Général en chef, à Lille.*

Abbeville, 27 décembre, 5 h. 40. Expédiée à 6 h. 35 soir.

« Aujourd'hui, engagement près de Longpré, au village de l'Étoile. Après une fusillade qui a duré trois heures, l'ennemi s'est enfui vers Flixécourt ; 3 hommes tués ou blessés.

Sud-Est de ce village et à Condé, se trouvaient quelques groupes de mobilisés, qui furent surpris, enlevés ou refoulés vers Longpré ; les mobiles, secondés par une vingtaine d'habitants, firent alors bonne contenance, mais, tournés à l'Ouest par une partie des uhlans, ils eurent grand'peine à rejoindre le bac de Long, où ils traversèrent la Somme en perdant 214 prisonniers (1).

Arrivé, le 29, à Domart, et le jour suivant à Saint-Ricquier, le lieutenant-colonel de Pestel fit sommer Abbeville à 4 heures du soir. Le commandant de place hésitait (2), tandis qu'à minuit le colonel de Villenoisy télégraphiait au commandant Babouin, à Boulogne : « Partez pour Abbeville avec quelques canons. Ne capitulez sous aucun prétexte. Les forces de l'ennemi sont minimes. »

Dans la matinée du 31 décembre, le commandant Babouin arrivait à Abbeville, répondait en termes non équivoques au lieutenant-colonel de Pestel, qu'il n'envi-

---

(1) *Le Commandant supérieur au Général en chef, à Lille.*

Abbeville, 28 décembre, 9 heures soir.

« Le détachement de Longpré a été surpris par l'ennemi ; environ 200 prisonniers. Longpré est occupé ce soir par l'ennemi. »

Pertes des Allemands : 1 officier, 4 hommes tués ou blessés. Du côté des Français, 620 hommes avaient pris part au combat : 50 environ furent tués ou blessés.

Le général de Wartensleben rapporte que les Allemands prirent trois drapeaux ; or, ni les mobiles, ni les mobilisés n'avaient de drapeaux, et ceux qui furent ramassés n'étaient que des bannières d'orphéons, déposées à la mairie.

(2) *Le Commandant supérieur au Général en chef, à Lille.*

Abbeville, 30 décembre, 4 h. 28 soir.

« Je reçois sommation de rendre la place. En cas de refus, le siège et le bombardement vont commencer. Envoyez de l'artillerie. Je résiste, mais le conseil de défense est d'avis de capituler ; réponse de suite. »

sageait pas l'éventualité d'une capitulation, et se dirigeait le 1er janvier sur Rue, pour y couvrir la voie ferrée, avec trois bataillons et trois pièces qui l'avaient suivi de Calais (1).

Son activité fut grande, mais sa marche ayant été ralentie par une artillerie sans personnel instruit, traînée par quelques chevaux réquisitionnés en hâte (2), il arriva trop tard ; une partie de la colonne allemande avait occupé Crécy la veille, détruit la voie ferrée le jour même, et s'était ensuite repliée, avec tout le détachement Pestel, vers Picquigny.

A Bernay arrivaient deux bataillons de mobilisés (3),

---

(1) *Le Commandant supérieur au Chef d'état-major général,*
à Lille.

Abbeville, 1er janvier, 9 h. 28 matin.

« J'ai reçu, cette nuit, une batterie rayée de 4, sans caissons, n'ayant que 40 coups par pièce, plus trois pièces anglaises. J'ai envoyé une dépêche cette nuit pour prévenir que, selon toute apparence, la ligne allait être coupée à Rue. »

(2) *Le colonel Crouzat au Général en chef, à Lille.*

Calais, 31 décembre, 12 h. 46 soir.

« Une demi-batterie de canons Wittworth et six pièces de 4, sans caissons, munitions dans des tonneaux, vont partir sous les ordres d'un lieutenant, ancien sous-officier d'artillerie, avec marins, mobiles de Calais, mobilisés. Ces hommes, sans instruction, n'ont pas même de chaussures. Je ne puis accepter, dans ces conditions, la responsabilité de ce qui se passera. »

(Les six pièces de 4 provenaient de l'armement de la place de Calais.)

(3) Quatre compagnies des 1er et 5e bataillons de la 3e légion du Pas-de-Calais ; trois compagnies de mobilisés de la Somme.

Le lieutenant-colonel de Pingré au Général en chef, à Lille.

Verton, 1er janvier, 8 h. 30 matin.

« Rue est occupé par 150 Prussiens ; la ligne est coupée en deux

venus de Montreuil et de Boulogne, le 1ᵉʳ bataillon du 64ᵉ, envoyé d'Arras; mais leur intervention étant désormais inutile, les mobilisés du Pas-de-Calais rejoignaient leurs garnisons, et le commandant Babouin repartait, avec le reste, pour Abbeville. Dix jours plus tard, les 2ᵉ et 3ᵉ bataillons de mobilisés de la Somme vinrent le rejoindre; il disposait de 7,000 hommes avec la batterie Belleville, et de 23 pièces (1), pour protéger la ville contre un nouveau coup de main.

---

endroits; arrivé à Verton avec 350 mobilisés. Je trouve un bataillon du 64ᵉ. J'attends trois compagnies de mobilisés de la Somme. »

Le lieutenant-colonel de Pingré au Général en chef, à Lille.

Verton, 1ᵉʳ janvier, 5 h. 55 soir.

« Tous vos ordres ont été exécutés; j'ai fait ma jonction à Bernay avec Babouin, qui repart à l'instant pour Abbeville. »

(1) Deux mitrailleuses en mauvais état, trois pièces Wittworth, six pièces de 4, six pièces de 12 livres, six pièces de 12 rayées envoyées de Douai, prises parmi celles qui avaient fait partie du parc envoyé précédemment à Albert.

La batterie Belleville, 1ʳᵉ de la Seine-Inférieure, qui servait les pièces de 4 appartenant aux mobilisés de la Somme, était arrivée le 3 janvier d'Arras à Abbeville.

Commandant supérieur d'Abbeville au Major général, Lille.

Abbeville, 3 janvier.

« La batterie de la Seine-Inférieure, capitaine Belleville, est arrivée à Abbeville. »

TABLE DES MATIÈRES

Pages.
VII. — Organisation de l'armée du Nord.................. 1
VIII. — Surprise de Ham. Démonstration sur La Fère. Marche sur Amiens................................... 27
IX. — Opérations autour d'Amiens. Concentration de l'armée du Nord sur la rive gauche de l'Hallue............ 56
X. — Bataille de Pont-Noyelles....................... 87
XI. — Retraite de l'armée sur la Scarpe. Siège de Péronne. Le général Faidherbe reprend l'offensive............. 125

CARTES.

Carte d'ensemble de la région du Nord, au 1/320,000°. (Voir 1er fascicule, *Villers-Bretonneux*.)
Plan de Ham, au 1/8,000°.
Carte des environs de Mézières, au 1/320,000°.
Emplacement des troupes le 22 décembre au soir, au 1/80,000°.
Plan de la bataille de Pont-Noyelles, au 1/50,000°.
Environs de Péronne, au 1/50,000°.
Emplacements des troupes le 1er janvier 1871, au 1/80,000°.

Paris. — Imprimerie R. Chapelot et Cⁱᵉ, 2, rue Christine.

DOCUMENTS ANNEXES.

CHAPITRES VIII et IX.

JOURNÉE DU 4 DÉCEMBRE.

b) Organisation et administration.

Le général Faidherbe au Ministre de la guerre, à Tours (D. T.).

Lille, 4 décembre.

En mesure d'augmenter, sans délai, le nombre des brigades, je demande instamment l'envoi au 22e corps, de deux généraux de brigade pour commander les divisions, de trois colonels pour commander les brigades, de trois lieutenants-colonels pour commander les régiments de marche. Ce personnel indispensable est un minimum extrême. Il me faut aussi des officiers d'état-major, supérieurs et autres. Il n'y en a pas un seul au 22e corps.

Ordre du lieutenant-colonel Liégeard, commandant l'artillerie de la place.

Lille, 4 décembre.

Par ordre de M. le général commandant l'artillerie, il est créé, à la date de ce jour, une nouvelle batterie de marche dans le 15e régiment d'artillerie.

Cette batterie prendra le nom de 3e batterie *ter* du 15e régiment d'artillerie, et sera commandée par M. le capitaine Halphen.

Le général Treuille de Beaulieu, commandant l'artillerie, au général commandant le 22e corps (D. T.).

Douai, 4 décembre, 3 h. 13 soir. Expédiée à 3 h. 21 soir (n° 5586).

Le commandant de l'artillerie de Mézières m'informe qu'il peut encore diriger sur Douai, 12 servants de Mézières, 40 conducteurs de

Givet, et 18 canonniers de Rocroi; afin d'utiliser ces hommes dans la formation des batteries de marche, il serait peut-être bon que vous donniez au général commandant à Mézières, ainsi qu'au chef d'escadron Cominal, l'ordre de les diriger sans retard sur Douai.

c) Opérations.

Le Ministre de la guerre au général Faidherbe, Lille, et au général Briand, Rouen (Extrême urgence).

Tours, 3 h. 17 soir.

Le secrétaire général de la Seine-Inférieure me télégraphie ce matin, 11 h. 9 :

« Le mouvement de l'ennemi s'accentuant vers Rouen, il semble qu'une partie des forces du général Faidherbe se jetant et opérant sur ses derrières pourrait rendre sa situation difficile; un pareil mouvement ne ferait d'ailleurs que rapprocher de Paris les forces du Nord, en donnant la main au général Briand. »

Je ne suis pas à même de contrôler d'ici la dépêche ci-dessus, mais si le fait est exact, je ne fais aucune objection à ce que les deux généraux Faidherbe et Briand concertent leur mouvement de manière à infliger, en commun, un échec à l'ennemi, s'ils jugent la chose possible. La marche sur Paris, que j'ai demandée, est évidemment subordonnée aux éventualités militaires qui peuvent surgir en route.

DE FREYCINET.

Ordre du général Farre, commandant par intérim le 22ᵉ corps d'armée.

Lille, 4 décembre.

M. le général Lecointe prendra le commandement des troupes qui vont être réunies à Cambrai, M. le lieutenant-colonel de Gislain aura sous ses ordres un régiment de marche, composé d'un bataillon du 65ᵉ, d'un bataillon du 75ᵉ, et d'un bataillon du 91ᵉ, M. le lieutenant-colonel Pittié commandera un autre régiment de marche comprenant deux bataillons du 24ᵉ, et un bataillon du 64ᵉ. La cavalerie et l'artillerie seront sous les ordres du général Lecointe.

JOURNÉE DU 5 DÉCEMBRE.

b) Organisation et administration.

Le Général commandant la 3ᵉ division militaire au Ministre de la guerre, à Tours (D. T.).

Lille, 5 décembre.

Les brigades du 22ᵉ corps sont formées avec des bataillons constitués à 5 compagnies de 150 hommes, formés aux dépôts des corps.

L'administration de ces bataillons se fait avec une grande facilité par les dépôts, qui ont fourni un premier, et quelquefois un second bataillon de marche. Ces bataillons ne sont réunis en régiments de marche que temporairement, dans les colonnes mises en mouvement, et qui ne sont pas toujours composées des mêmes éléments. Il serait à désirer que cet état de choses très commode fût continué. Le personnel manquerait absolument pour administrer des régiments de marche.

Quant aux bataillons de chasseurs, il n'y a pas d'inconvénient à leur donner les dénominations 17, 18, 19, 20, 21, suivant votre dépêche de ce jour. Ces bataillons entreront dans la composition de cinq brigades. Nous n'en avons pas davantage.

Le lieutenant-colonel Mallarmé au lieutenant-colonel de Villenoisy, sous chef d'état-major général, à Lille (D. T.).

Mézières, 5 décembre, 3 h. 10 soir. Expédiée à 3 h. 26 (n° 5635).

Je fabrique à Mézières des obus oblongs de 4, de 7, de 24. D'après votre télégramme, je vais faire des obus oblongs de 8, ces derniers n'ont pas été demandés depuis le commencement de la guerre. J'expédie aujourd'hui à Douai 2,500 obus de 4; chaque jour je pourrai faire partir 250 obus de 4. J'ai installé à Marquise, pour Douai, une fabrication de 15,000 obus de 4, et de 15,000 obus de 12.

Le Chef d'état-major du 22ᵉ corps au Colonel directeur de l'artillerie, à Douai (D. T.).

Lille, 5 décembre.

Le commandant de Montreuil reçoit l'ordre d'envoyer immédiatement sur Douai, munitions, poudres, matériel, renfermés dans la place, qu'on a jugé ne pouvoir se défendre.

Ordre du général Faidherbe, commandant en chef le 22ᵉ corps.

Lille, 5 décembre.

Toutes les fois que des signes d'indiscipline se manifesteront dans un bataillon, on le mettra en marche pour une reconnaissance, afin de justifier la création d'une cour martiale, qui fonctionnera immédiatement.

c) **Opérations.**

Le général Lecointe au général Faidherbe, à Lille (D. T.).

Cambrai, 5 décembre, 3 h. 27. Expédiée à 3 h. 40 soir (nº 5289).

On annonce de Saint-Quentin que 2,500 Prussiens, avec de l'artillerie, marchent sur cette ville. Faut-il m'y diriger ?

Le lieutenant-colonel de la Sauzaye, commandant de la colonne de Vervins, au général Farre, chef d'état-major, à Lille (D. T.).

Vervins, 5 décembre, 4 h. 25 soir. Expédiée à 5 h. 58 soir (nº 5144).

J'arrive à Vervins, et j'organise de suite la colonne. Je ne pense pas pouvoir commencer les opérations avant jeudi. Je vous prie de me donner des instructions pour la marche des opérations.

d) Situations et emplacements.

DIRECTION D'ARTILLERIE DE DOUAI.

Situation des armes existant dans les places de la Direction à la date du 5 décembre.

DÉTAILS DES MOUVEMENTS.	ARMES SE CHARGEANT PAR LA CULASSE.				CARABINES A PERCUSSION.	FUSILS à PERCUSSION		MOUSQUETONS A PERCUSSION		PISTOLETS DE CAVALERIE.	SABRES							LANCES HAMPÉES.
	Carabines transformées par la culasse.	FUSILS modèle 1866.	FUSILS d'infanterie et de voltigeurs transformés par la culasse.	FUSILS de dragons transformés par la culasse.		d'infanterie et de voltigeurs.	de dragons.	d'artillerie modèle 1829.	de gendarmerie.		d'adjudant.	de troupes à pied.	de réserve (modèle 1854).	de dragons (modèle 1854).	DE CAVALERIE de ligne.	DE CAVALERIE légère.	DE CAVALERIE de canonnier monté.	
25 novembre, il existait.	452	319	478	380	4,856	6,746	3,361	»	2,898	476	5,623	32	7,207	729	74	2,658	274	2,960	958
Entrées depuis le 25 novembre.	»	48	279	42	405	807	»	»	»	»	250	»	»	»	»	»	20	»	»
Totaux.	452	337	457	422	4,961	7,543	3,361	»	2,898	476	5,873	32	7,207	729	74	2,658	294	2,960	958
Sorties depuis le 25 novembre.	150	259	220	»	469	430	800	»	470	25	470	8	138	»	»	787	48	469	»
5 décembre, il existe.	302	78	237	422	4,492	7,413	2,561	»	2,728	454	5,616	24	7,069	729	74	1,871	273	2,791	958

JOURNÉE DU 6 DÉCEMBRE.

b) Organisation et administration.

Ordre du Général en chef, commandant l'armée du Nord.

Lille, 6 décembre.

OFFICIERS, SOUS-OFFICIERS ET SOLDATS,

Appelé à commander le 22e corps d'armée, mon premier devoir est de remercier les administrateurs et les généraux qui ont su, en quelques semaines, improviser une armée qui s'est affirmée si honorablement les 24, 26 et 27 novembre, sous Amiens. J'exprime surtout ma reconnaissance au général Farre qui vous commandait et qui, par une habile retraite, devant des forces doubles des siennes, vous a conservés pour le service du pays.

Vous allez reprendre la suite des opérations avec des renforts considérables qui s'organisent chaque jour, et il dépendra de vous de forcer l'ennemi à vous céder à son tour le terrain.

Le ministre Gambetta a proclamé que, pour sauver la France, il vous demande trois choses : la discipline, l'austérité des mœurs et le mépris de la mort.

La discipline, je l'exigerai impitoyablement.

Si tous ne peuvent atteindre à l'austérité des mœurs, j'en exigerai au moins la dignité et spécialement la tempérance. Ceux qui sont aujourd'hui armés pour la délivrance du pays sont investis d'une mission trop sainte pour se permettre les moindres licences en public.

Quant au mépris de la mort, je vous le demande au nom même de votre salut. Si vous ne voulez pas vous exposer à mourir glorieusement sur le champ de bataille, vous mourrez de misère, vous et vos familles, sous le joug impitoyable de l'étranger. Je n'ai pas besoin d'ajouter que les cours martiales feraient justice des lâches, car il ne s'en trouvera pas parmi vous.

Le lieutenant-colonel de Villenoisy, sous-chef d'état-major, au Ministre de la guerre (D. T.).

Lille, 6 décembre.

La constitution d'escadrons de guerre à Lille, au titre du 7e dragons, dont dépôt à Fougères, est source de difficultés inextricables. Le dépôt du 11ᵉ dragons ayant disparu à Thionville, il serait plus simple de le reconstituer avec major comptable, magasins et ouvriers existant à Lille. Il ne reste plus de ce régiment que des officiers réfugiés ici. On aurait alors, dans le Nord, un dépôt permettant de poursuivre, le plus vite possible, l'organisation de la cavalerie.

c) Opérations.

Le Commissaire de surveillance administrative au général Farre, chef d'état-major général, à Lille.

Bohain, 6 décembre, 3 h. 30 soir. Expédiée à 6 h. 14 soir.

Les Prussiens cernent la ville de Saint-Quentin ; ils ont leurs pièces en batterie, demandent une rançon ou vont bombarder. La municipalité est partie pour entrer en arrangement. Les Prussiens coupent la voie ferrée et travaillent à faire sauter le pont au kilomètre 171.

Au bas de la dépêche, note du général Faidherbe. — « Au général Farre : Il faut nous préparer à aller sans retard soutenir le général Lecointe. »

Le général Lecointe au général Faidherbe, commandant en chef le 22ᵉ corps d'armée, à Lille (D. T.).

Cambrai, 6 décembre, 9 h. 50 soir (nᵒ 5317).

Fins, 5 heures soir. — Je suis arrivé à Fins. J'ai reçu une lettre du commandant de Péronne qui m'apprend que les Prussiens se sont concentrés à Ham, au nombre de 10,000 hommes.

On ignore la direction qu'ils doivent prendre, est-ce Paris ou Amiens ? Je marche demain sur Albert, où je prendrai une position militaire. Saint-Quentin est évacué, dit-on, mais ce n'est pas sûr.

Ordre de marche du 7 décembre.

La brigade se mettra en route demain, 7 décembre, dans l'ordre et aux heures ci-après :

L'avant-garde, composée d'un escadron de dragons, partira à 8 h. 1/2 du matin, après avoir mangé la soupe, passera par Saillisel, Frégicourt, Combles, Guillemont, Montauban, Fricourt, Bécourt, où elle prendra son cantonnement.

Le corps du colonel Pittié partira à 8 h. 1/2 et prendra par Saillisel,

Morval, Longueval, Bazentin-le-Petit, Contalmaison, Pozières et s'établira dans ces deux derniers villages. Le colonel Pittié restera à Contalmaison.

Le corps du colonel de Gislain partira également à 8 heures et passera par les villages de Moislains, Bouchavesnes, Maurepas, Maricourt, Mametz et Fricourt. Il cantonnera dans ces deux derniers villages. Le colonel de Gislain résidera à Fricourt.

Le corps du colonel Payen se dirigera, à 8 h. 1/2 également, sur Équancourt, Étricourt, Saillisel, Frégicourt, Combles, Guillemont et Montauban, où il couchera, ainsi que le convoi.

Le 2ᵉ escadron de dragons fera l'arrière-garde et passera la nuit à Maricourt.

Les mêmes précautions seront prises pour la sûreté des cantonnements, dont les commandants sont responsables, et qui exige toute leur vigilance et leur attention.

Le colonel Martin, commandant supérieur, au lieutenant-colonel de Villenoisy, sous-chef d'état-major général, à Lille (D. T.).

Avesnes, 6 décembre, 8 h. 13 matin. Expédiée à 8 h. 33 (nº 577).

Le lieutenant-colonel de la Sauzaye m'envoie la dépêche suivante :

« Impossible de partir demain mardi ; je dois recevoir les effets d'habillement des mobiles de Rocroi, de l'armement et des hommes ; j'ai besoin de la journée pour m'organiser ; si c'est indispensable, je partirai mercredi, 7 décembre ; faites-le moi connaître. De quel côté se dirige le général Lecointe ? »

JOURNÉE DU 7 DÉCEMBRE.

b) Organisation et administration.

Le Général de brigade, chef d'état-major général, au Lieutenant-Colonel commandant l'artillerie, Lille.

Lille, 7 décembre.

Vous voudrez bien organiser le plus tôt possible, avec le nombre nécessaire de caissons Gribeauval, compartimentés pour munitions d'infanterie, un petit parc de réserve de 100,000 cartouches d'infanterie, modèle 1866, destiné à suivre la colonne du général Lecointe.

La préfecture fournira 30,000 cartouches environ, que l'on enverra au parc, à la citadelle; le reste sera pris dans votre réserve de cartouches.

Un sous-officier et quelques hommes accompagneront le convoi, qui sera expédié par les voies rapides.

Le général Farre, chef d'état-major général, au commandant Queillé.
Lille, 7 décembre.

Par ordre de M. le général commandant le 22ᵉ corps d'armée, il est créé à Douai, à la date de ce jour, une compagnie du train d'artillerie, qui prendra le nom de 3ᵉ compagnie *bis* du 1ᵉʳ régiment du train d'artillerie.

Cette compagnie sera constituée à l'effectif suivant :

1 capitaine en premier ou en deuxième, commandant ; 2 lieutenants ou sous-lieutenants, 1 adjudant, 1 maréchal des logis chef, 1 maréchal des logis fourrier, 6 maréchaux des logis, 6 brigadiers, 2 bourreliers, 3 maréchaux, 2 trompettes.

Conducteurs et chevaux, chiffre variable.

Cette compagnie est destinée à atteler le parc du 22ᵉ corps.

Le Ministre de la guerre au Général commandant la 3ᵉ division territoriale, à Lille (D. T.).

Tours, 7 décembre, 8 h. 15 soir. Expédiée à 9 h. 2 soir (n° 5737).

Puisque cinq bataillons de marche de chasseurs à pied ont pu être formés dans le Nord, ces bataillons prendront les numéros 17, 18, 19, 20, 21.

Le même au même (D. T.).

Tours, 7 décembre, 8 h. 40. Expédiée à 12 h. 33 (n° 5986).

Je maintiens ma décision quant aux numéros à donner aux trois régiments de marche qui sont dans le Nord. Tenez la main à ce qu'à partir de ce jour les pièces administratives de ces corps portent, selon qu'il y aura lieu, les numéros 67, 68 et 69. Pour l'administration, les troupes de ces régiments continueront à relever des dépôts qui les auront fournies ; chaque régiment aura un officier de détail. Envoyez-moi d'urgence les noms des lieutenants-colonels et des chefs de bataillon de ces régiments. Faites-moi connaître ceux d'entre eux qui ont été promus à titre provisoire et dont la nomination doit être confirmée au titre des 67°, 68° et 69° de marche.

Ordre du lieutenant-colonel de Villenoisy, sous-chef d'état-major général.

Lille, 7 décembre.

En exécution des ordres du Ministre, les bataillons de marche, extraits des bataillons de chasseurs, prendront les numéros indiqués ci-après :

2° bataillon de marche, commandant Boschis;

17° bataillon de marche, commandant Moynier, sorti du dépôt du 17°;

18° bataillon de marche, commandant Jacob, sorti du dépôt du 1er ;

19° bataillon de marche, commandant Giovanninelli, sorti du dépôt du 2°;

20° bataillon de marche, commandant Hecquet, sorti du dépôt du 20°.

Renseignements.

Le général de Chargère au Général de division, à Lille (D. T.).

Arras, 7 décembre, 12 h. 45 soir. Expédiée à 1 heure soir (n° 5326).

Le sous-préfet de Doullens me télégraphie ce qui suit :

« Les avant-postes prussiens sont à Villers-Bocage. Des troupes assez nombreuses sont entrées hier à Amiens pour renforcer la garnison. Beauvais a été évacué samedi, mais 4,000 hommes y sont rentrés dimanche; 12,000 hommes, dit-on, avec 24 pièces de canon, seraient campés entre Beauvais et Gournay.

« J'apprends, par un employé du chemin de fer du Nord, arrivant d'Amiens, qu'il y a dans cette ville, autant qu'on peut en juger, de 6,000 à 8,000 hommes de troupes.

« Les fausses entrées et les fausses sorties qu'ils exécutent à chaque instant donnent parfaitement le change sur leur effectif réel, qu'il est impossible d'évaluer exactement. »

JOURNÉE DU 8 DÉCEMBRE.

b) Organisation et administration.

Le Général chef d'état-major général au Colonel directeur de l'artillerie, à Douai.

Lille, 8 décembre.

Des ordres ont été donnés à la batterie de la garde nationale mobilisée de la Somme pour qu'elle se rende à Douai, avec ses pièces de 4, et tout le personnel nécessaire en hommes et en chevaux, pour former une batterie de 4. Je vous prie de vouloir bien procéder à l'organisation de cette batterie, de manière qu'elle soit en état de marcher dans le plus bref délai.

Le Sous-Chef d'état-major général au Colonel directeur de l'artillerie, à Douai (D. T.).

Lille, 8 décembre.

Organisez immédiatement deux batteries de 4 rayé de montagne : elles seront servies par des servants de l'artillerie mobile. Les pièces seront attelées avec des chevaux de réquisition. Les munitions en caisses, à raison de 100 coups par pièce, seront transportées sur des voitures de réquisition, aménagées dans ce but.

Le Lieutenant-Colonel du 48e régiment de mobiles au Chef d'état-major général, à Lille (D. T.).

Saint-Omer, 8 décembre, 5 h. 45 soir. Expédiée à 6 heures soir (n° 5262).

Le régiment n'est pas suffisamment armé et équipé, pour se mettre en route immédiatement ; j'en ai pris le commandement au moment d'une désorganisation matérielle, à laquelle vient s'ajouter la désorganisation des cadres, par suite des élections. J'active le plus possible pour ramener l'ordre.

c) Opérations.

Le général Faidherbe au général Lecointe (D. T.).

Lille, 8 décembre.

Je croyais, d'après ma dépêche du 6, que vous iriez à Saint-Quentin ;

quoi qu'il en soit, que vous ayez, ou non, une affaire à Albert, avec les 2,000 et 3,000 Prussiens qui y sont, dit-on, vous vous porterez de là rapidement à Péronne et à Saint-Quentin. Nous formons immédiatement une division à Arras.

JOURNÉE DU 9 DÉCEMBRE.

b) Organisation et administration.

Le Général de brigade, chef d'état-major général, au Colonel directeur d'artillerie, à Douai.

Lille, 9 décembre.

Je vous adresse Monsieur Houghton, de la part du général Faidherbe, pour voir s'il n'y a pas lieu de traiter avec lui pour la fourniture de deux millions de cartouches, livrables d'ici à la fin du mois.

Voici les conditions de M. Houghton :

1° Livraison de 500,000 cartouches à Londres le lundi 18 décembre, le reste avant le 31 décembre, au prix de 175 francs le mille, pour les cartouches livrées avant le 31 décembre, et 165 francs pour celles qui seraient livrées après.

M. Houghton, n'étant qu'un intermédiaire, désire que les cartouches soient essayées à Londres.

Il faut envoyer, à cet effet, un officier en Angleterre, qui, d'après les résultats obtenus, verrait s'il y a lieu, ou non, d'accepter le lot.

On tirerait 100 cartouches par 100,000 aux frais du vendeur, en ayant soin de les choisir dans les divers lots fournis par les fabricants.

Enfin, l'officier paierait les cartouches à Londres. Les frais de transport de Birmingham, lieu de fabrication, à bord du navire à Londres, plus le fret de Londres à Dunkerque, 100 francs par 1000 kilogrammes, seraient à la charge de l'État.

Les conditions me paraissent un peu dures, mais la pénurie où nous sommes ne permet pas d'hésiter.

Le Général de brigade, chef d'état-major général, au Colonel commandant l'artillerie, à Lille.

Lille, 9 décembre.

Le général commandant le 22ᵉ corps d'armée désire qu'il soit formé dans le plus bref délai possible, des parcs d'approvisionnements en munitions d'infanterie, à raison de une voiture, pour 20,000 cartouches environ, par bataillon.

Ces parcs seront installés comme celui dont vous vous êtes déjà occupé, sur des caissons Gribeauval, aménagés pour munitions d'infanterie.

Ces caissons seront attelés avec des chevaux de réquisition, à raison de 4 par voiture, et placés sous la conduite d'un brigadier pour les voitures d'une même brigade, avec un sous-officier par division, et le nombre d'hommes nécessaires pour faire les distributions.

Vous enverrez ces parcs par brigade, au fur et à mesure de leur formation, en donnant au brigadier, ou sous-officier, toutes les instructions nécessaires, pour qu'il puisse requérir des chevaux, et rejoindre le plus vite possible la brigade à laquelle il est attaché.

On se tiendra d'ailleurs toujours en communication avec vous, pour vous faire savoir les positions occupées par les brigades, et l'itinéraire à faire suivre par les parcs.

Voici d'abord la composition des différentes brigades, en ne tenant compte que de l'armement des troupes qui les composent :

1re DIVISION.

1re *brigade*. — 4 bataillons armés du fusil modèle 1866 et 3 bataillons armés du fusil modèle 1867.

2e *brigade*. — 4 bataillons armés du fusil 1866 et 3 bataillons armés du fusil modèle 1867.

2e DIVISION.

Même composition que pour la 1re division.

3e DIVISION.

1° *brigade*. — 4 bataillons armés du fusil modèle 1866 et 3 bataillons armés du fusil modèle 1867.

2e *brigade*. — 7 bataillons armés du fusil modèle 1867.

Ordre du général Faidherbe, commandant en chef le 22e corps d'armée.

Lille, 9 décembre.

En exécution des prescriptions ministérielles, les régiments de marche, ci-après, sont constitués dans la 3e division militaire :

67e régiment de marche, comprenant deux bataillons du 75e de ligne et un bataillon du 65e, sous le commandement du lieutenant-colonel de Gislain: 68ᵉ régiment de marche, comprenant deux bataillons du 24ᵉ de ligne et un bataillon du 64ᵉ, sous le commandement du lieutenant-colonel Pittié; 69ᵉ régiment de marche, comprenant deux bataillons du 43ᵉ de ligne et un bataillon d'infanterie de marine, sous les ordres du lieutenant-colonel Foerster.

Les bataillons entrant dans la composition de ces régiments continueront à tirer des dépôts des corps d'où ils sont sortis, tout ce qui pourra leur être nécessaire.

Le Commandant de place au général Farre, chef d'état-major général, à Lille (E. T.).

Dunkerque, 9 décembre, 7 h. 25 soir (n° 5650).

Arrivées à Dunkerque 100,000 cartouches de Londres; indiquez une destination.

Le colonel Mallarmé au général Farre, chef d'état-major général, à Lille (D. T.).

Mézières, 9 décembre, 5 h. 7 soir. Expédiée à 5 h. 20 (n° 5675).

J'ordonne à Mézières, Charleville, et Marquise, travail de jour et de nuit. On va pousser partout la fabrication en 4, 8 et 12, suivant la proportion indiquée dans votre télégramme.

Marquise va expédier par jour 400 obus de 12; depuis le 6, j'ai expédié 3,500 obus de 4.

Arrêté du général Faidherbe, commandant le 22ᵉ corps d'armée.

Lille, 9 décembre.

Le général commandant le 22ᵉ corps d'armée, agissant en vertu des pouvoirs qui lui sont conférés, arrête:

Un sixième escadron composé de 6 officiers, 120 cavaliers, 109 chevaux sera formé au 11ᵉ régiment de dragons en organisation à Lille.

Le colonel Briant, directeur de l'artillerie, au général commandant la 3ᵉ division militaire, à Lille.

Douai, 9 décembre.

En réponse à votre télégramme, du 8 décembre 1870, prescrivant l'organisation de deux batteries de 4 rayé de montagne, j'ai l'honneur de vous rendre compte que le matériel de ces batteries sera prêt prochainement, mais les munitions et les armements, nécessaires au service des pièces, exigeront un certain temps, qui ne peut être moindre de 5 jours; en sorte que ce matériel ne pourra être expédié avant le 14 courant. On expédiera chaque batterie avec 6 pièces, 7 affûts, 4 caisses par pièce, et 7 caisses blanches, constituant en tout 99 coups par pièce. Il y aurait lieu de pourvoir promptement aux voitures de transport, afin de procéder dès maintenant à leur aménagement.

En réponse à la lettre qui m'a été adressée par le lieutenant-colonel Liégeard, demandant au nom du général de division 18 pièces rayées de 12 de siège, ou de campagne, pour servir à l'établissement d'une position, et qui devraient être transportées, par chemin de fer, près du point où elles devraient être établies, j'ai l'honneur de vous faire connaître que la direction en entier possède aujourd'hui 5 pièces de 12 rayé de campagne, et 7 pièces rayées de siège; encore ces pièces sont-elles utilement employées à la défense des remparts, 4 à Lille et 3 à Douai, et je les verrais avec peine enlevées à leur destination actuelle. L'approvisionnement de 200 coups par pièce, soit 3,600 obus, nous appauvrirait par trop et de plus serait d'un transport bien difficile. Le poids en serait de 45,000 kilogrammes, et exigerait au moins 30 voitures de réquisition. Veuillez me faire connaître quelle suite je dois donner à cette demande.

Il me faudrait 12 jours pour disposer le matériel pour cette destination, en le réduisant aux 12 pièces.

Une lettre, du 8 décembre, me prescrit de fournir à la batterie mobilisée de la Somme une batterie de 4. Elle doit se rendre à Douai pour cet objet, nous procéderons à son organisation dans le plus bref délai possible.

Enfin, un ordre nous a prescrit de tenir prêtes trois batteries de 4 rayé de campagne (matériel). L'une d'elles est prête dès aujourd'hui, les deux autres ne peuvent être prêtes que jeudi prochain, les affûts nécessaires n'étant pas achevés; ils sont pressés avec la plus grande activité possible. Des munitions de 12 et de 8 sont préparées, et tenues en réserve, comme approvisionnements complémentaires des batteries de 12 et de 8 rayé.

Le Commandant supérieur, au général Farre, chef d'état-major général, à Lille (D. T.).

Mézières, 9 décembre, 6 heures soir. Expédiée à 6 h. 10 (n° 5677).

Conformément à l'ordre que vous m'avez adressé, je dirige dimanche prochain sur Lille 70 hommes du génie, savoir : 6 sergents, 6 caporaux, 49 sapeurs, 9 sapeurs-conducteurs, total 70. Je conserve 32 hommes, gradés compris, qui sont indispensables pour le service du génie dans les places de Mézières, Givet et Rocroi.

Le Ministre de la guerre, aux préfets, sous-préfets et généraux (D. T.).

La translation du siège du gouvernement de Tours à Bordeaux a été décidée aujourd'hui; elle aura lieu dans la journée de demain. Continuez à adresser vos dépêches à Tours, jusqu'à demain soir 9 décembre, à minuit. Ne soyez pas inquiets de cette translation, qui a uniquement pour but d'assurer la parfaite liberté des mouvements stratégiques des deux armées composées avec l'armée de la Loire. La situation militaire, malgré l'évacuation d'Orléans, est bonne, et le général Chanzy depuis deux jours lutte avec succès contre Frédéric-Charles. Nos ennemis jugent eux-mêmes que leur situation est critique, j'en ai la preuve; patience et courage, nous nous tirerons d'affaire; ayez de l'énergie, réagissez contre les paniques, défiez-vous des faux bruits, et croyez en la bonne étoile de la France. Mes collègues se rendent à Bordeaux, je pars demain pour l'armée de la rive droite de la Loire, entre Meung et Beaugency.

JOURNÉE DU 10 DÉCEMBRE.

b) **Organisation et administration.**

Ordre du général Faidherbe.

Lille, 10 décembre.

La discipline la plus sévère devra être maintenue dans tous les corps de troupes ou de gardes nationales mobilisées, en garnison dans les villes, casernés, logés chez l'habitant, ou cantonnés dans les campagnes.

Les moindres actes de violence, de rapine, de maraude, devront être punis, avec la dernière rigueur, par les chefs auxquels ils seront dénoncés, et, au besoin, par les conseils de guerre, qui seront constitués partout.

Le Préfet du Pas-de-Calais, à M. Testelin, commissaire général de la défense, à Lille.

Arras, 10 décembre.

J'ai eu l'honneur de vous dire hier, que je vous enverrais une note sur les ressources de l'artillerie à Arras.

La voici :

Nous avons, en ce moment, le personnel de deux batteries d'artillerie de la mobile sous les ordres d'un commandant ; ces deux batteries possèdent 6 canons de 4.

Malheureusement, le personnel n'est pas brillant.

Nous avons encore 9 canons d'acier de 9 centimètres, anglais, se chargeant par la culasse, avec 500 projectiles par pièce, et gargousses préparées ; 2 canons de 6 centimètres, se chargeant aussi par la culasse, avec le même nombre de projectiles. La semaine prochaine, il m'arrive encore 6 canons de 9 centimètres, et 4 canons de 6 centimètres.

Les chevaux, les harnachements et les caissons manquent ; j'ai fait demander des harnachements en Angleterre, construire des caissons, et acheter des chevaux.

J'ai l'intention de confier ces pièces à la compagnie de marine, commandée par le lieutenant de vaisseau Rolland. Vous trouverez sans doute qu'on ne peut pas faire un meilleur choix ; cette compagnie pourrait être complétée par l'adjonction de 35 sapeurs-conducteurs du génie, qui sont ici sans emploi, commandés par un sous-officier.

Le commandant Charon, commandant l'artillerie du 22e corps, au général Farre, chef d'état-major, à Lille.

Douai, 10 décembre.

J'ai l'honneur de vous accuser réception de votre lettre, en date du 9 décembre, dans laquelle vous me prescrivez l'organisation d'un parc spécial, destiné à approvisionner, en munitions, les bataillons d'infanterie.

Le double approvisionnement en munitions d'artillerie, et l'approvisionnement à 20,000 cartouches par bataillon, pour les quarante-deux bataillons du corps d'armée, peuvent être transportés par des caissons modèle 1840, que fournirait la direction de l'artillerie de Douai. Les caissons Gribeauval sont donc inutiles. Ils sont d'ailleurs en mauvais état.

Les munitions d'artillerie, nécessaires pour former la deuxième ligne de caissons de chaque batterie, peuvent être fournies par la direction de Douai.

Lille devra fournir les cartouches, modèle 1867, nécessaires aux vingt et un bataillons, qui sont armés du fusil transformé, ce qui, à raison de 20,000 cartouches par caisson, et, par conséquent, par bataillon, fait un total de 420,000 cartouches à expédier à Douai, où elles seront chargées.

Les cartouches, modèle 1859, pour les bataillons armés de la carabine Minié, seront fournies par l'arsenal de Douai.

Sur les 560,000 cartouches, modèle 1866, nécessaires aux vingt bataillons armés de fusils Chassepot, l'arsenal de Douai peut fournir seulement 150,000 cartouches environ. Le reste devrait être fourni par les places de Lille qui possède 325,000 cartouches, Arras, qui en possède 335,000, Cambrai, qui en possède 200,000.

Quant au personnel, le mode que vous m'indiquez, en faisant réquisitionner directement les sous-officiers et brigadiers, semble devoir être d'une assez grande difficulté pratique.

Il nous faut environ 540 chevaux, que l'on pourrait réquisitionner de la manière suivante : les propriétaires, désignés par les maires, amèneraient leurs chevaux tout harnachés, lesquels seraient livrés à l'artillerie, sur bon estimatif de la valeur du cheval, harnais compris.

Les petites modifications nécessaires au harnachement pour atteler nos caissons, seraient faites au compte de l'État, par des bourreliers réquisitionnés dans les places sur lesquelles les chevaux seraient dirigés.

Pour les conducteurs, au nombre de 300 environ, qui nous sont nécessaires, et dont pas un n'existe, n'y aurait-il pas lieu de demander dans les bataillons de la garde nationale mobile les hommes de bonne volonté, sachant monter à cheval, et voulant servir dans l'artillerie.

Le bataillon de Dunkerque, dont j'ai l'état sous les yeux, possède environ 280 hommes habitués au service des chevaux. On pourrait donc trouver là des ressources presque inépuisables ; au fur et à mesure que les chevaux et les hommes arriveraient, on pourrait atteler successivement, soit le parc d'infanterie, soit le parc d'artillerie.

Ordre.

Lille, 10 décembre.

Le 10ᵉ bataillon de la garde nationale mobile du Nord, en ce moment près de Lens, et le 11ᵉ bataillon du même département à Dunkerque, seront réunis à Arras pour être constitués en un régiment à trois bataillons, de cinq compagnies à 150 hommes chacune. Les trois bataillons prendront les numéros 10, 11, 12 du Nord, et le régiment de nouvelle formation le numéro 48 *bis*. L'effectif manquant sera pris, s'il y a lieu, dans les dépôts des autres régiments du Nord. Le 10ᵉ bataillon se rendra de Lens à Arras en une étape; le 11ᵉ sera transporté par chemin de fer, de Dunkerque à Arras. Ce mouvement s'opérera le 11 décembre, et M. le général commandant la 3ᵉ division militaire sera chargé d'en assurer l'exécution.

M. Lebœuf, chef de bataillon au 43ᵉ de ligne, est nommé lieutenant-colonel commandant le 48ᵉ régiment *bis* de la garde mobile.

M. Chevreux, capitaine au 1ᵉʳ bataillon de chasseurs à pied, est nommé chef de bataillon du 12ᵉ bataillon du Nord.

c) Opérations.

Le général Faidherbe, à M. Testelin, commissaire de la défense et au général Farre, à Lille (D. T.).

Saint-Quentin, 10 décembre, 7 h. 39 soir (nº 5755).

La division Lecointe a fait prisonnière la garnison du château de Ham, après une certaine résistance. Une dizaine de tués ou blessés de notre côté, 25 tués ou blessés chez l'ennemi. Environ 200 prisonniers, dont 12 officiers, presque tous ingénieurs.

Le général Lecointe, commandant la 1ʳᵉ division, au général commandant en chef l'armée du Nord.

Ham, 10 décembre.

J'ai l'honneur de vous rendre compte des opérations accomplies par le corps placé sous mes ordres, depuis le 5 courant, jour de son départ de Cambrai, jusqu'à son arrivée à Ham.

Conformément à vos instructions, la division se trouvait le 6 à Fins, et se dirigeait sur Albert, lorsque la nouvelle qu'une colonne prussienne de 2,000 à 3,000 hommes menaçait Saint-Quentin vint changer mon itinéraire. J'étais le 7 à Vermand, le 8 à Saint-Quentin, d'où les ennemis venaient de partir la veille, après avoir détruit les ponts de Harly et de Courcelles, ainsi que les fils télégraphiques sur le chemin de fer de Saint-Quentin à Bohain.

Les dégâts étaient heureusement peu considérables et sont actuellement réparés.

Le 9, au matin, je partais pour Ham, et j'arrivais à 6 heures du soir à l'entrée du faubourg Saint-Quentin, par un temps affreux, et une neige épaisse qui fatiguait beaucoup les hommes et les chevaux. La ville de Ham est complètement entourée par la Somme, un canal et des marais impraticables. De notre côté elle n'était abordable que par les routes de Saint-Quentin, et de Péronne, qui se réunissent à l'entrée de la commune de Saint-Sulpice.

Il était important d'en brusquer l'attaque, et de s'en emparer rapidement, car la défense en eût été des plus faciles, si l'ennemi avait été sur ses gardes.

Je lançai, au pas de course, une compagnie du 91ᵉ, capitaine Martin, qui enleva les quelques éclaireurs prussiens qui s'y trouvaient, et je la suivis avec le reste de ma colonne.

Parvenu à la porte de Saint-Quentin, je dirigeai le commandant Cottin, avec son bataillon, et deux pièces de canon, par le rempart du Midi, avec mission de s'emparer de la gare du chemin de fer et du château.

Le bataillon du 17e chasseurs à pied, commandant Moynier, avec deux pièces de canon, traversa la ville pour arriver à la porte de Chauny, s'en emparer, et coopérer à l'attaque du château. Le bataillon du 75e, commandant Tramond, suivit le boulevard du Nord, pour tourner toutes les positions de l'ennemi, et appuyer ensuite les deux colonnes précédentes.

Enfin le bataillon du 63e, commandant Enduran, avec deux pièces de canon, s'établit en réserve sur la place de l'Hôtel-de-Ville.

Le commandant Cottin, en arrivant sur la place du château, lança le capitaine Philipot, avec sa compagnie, sur la gare du chemin de fer et cet officier, malgré la vive résistance qu'il y rencontra, s'en empara bientôt, prit ou tua tous les Prussiens qui s'y trouvaient, à l'exception d'un officier qui réussit à s'échapper. L'attaque du château fut plus difficile, un assez grand nombre d'ennemis avaient pu s'y réfugier, et dirigeaient un feu très vif sur tous les débouchés de la place. Le commandant Cottin parvint, cependant, jusqu'à la première barrière, mais il dut s'arrêter devant le feu meurtrier, qui partait des embrasures percées des deux côtés d'une porte solide, et derrière laquelle était construite une épaisse barricade. Il était impossible, pour la renverser, d'employer le canon, à cause de la courbure du chemin qui y conduisait. Le commandant essaya alors de parlementer, mais pour toute réponse, des coups de fusil vinrent blesser plusieurs hommes à ses côtés, et, notamment, M. le lieutenant Oudard. Il fit alors tirer quelques coups de canon contre les tours du château, et placer des tirailleurs derrière tous les obstacles qui se trouvaient aux alentours.

Vers 3 heures du matin, l'ennemi demanda à parlementer, et je fus d'autant plus disposé à accueillir ses ouvertures que sa position était très forte, très gênante pour notre installation dans la ville, et sa défense.

Je signai donc la capitulation, dont j'ai l'honneur de vous envoyer copie.

Dans cette petite affaire, je n'ai eu qu'à me louer de la vigueur et de l'entrain, qu'ont montrés tous les corps ; je citerai particulièrement le commandant Cottin du 91e, et MM. Martin, capitaine, Vinciguerra et Oudard, lieutenants au même régiment.

Nous avons trouvé dans la ville et le château, 12 officiers prussiens, 200 soldats environ, 17 chevaux et quelques voitures.

Traité pour la reddition de la forteresse de Ham.

Art. 1ᵉʳ. — Les soldats prussiens de la 3ᵉ compagnie de chemin de fer, et du régiment numéro 81, qui occupent actuellement la forteresse de Ham, rendent cette forteresse et se constituent prisonniers de guerre.

Art. 2. — Tous les officiers, les employés de la 3ᵉ compagnie du chemin de fer, ayant rang d'officier, et le sergent-major de cette compagnie conservent leurs armes. Les employés du chemin de fer emmèneront trois voitures et six chevaux. Les soldats et les employés inférieurs conserveront leurs manteaux et leurs sacs.

Art. 3. — Les soldats déposeront leurs armes dans une chambre de la forteresse, et quitteront la citadelle à 6 heures du matin. Celle-ci sera occupée aussitôt par les Français. Pour fixer les détails de la capitulation, il y aura armistice jusqu'à 6 heures du matin.

Art. 4. — Les officiers, employés et soldats seront échangés à la première occasion contre des prisonniers français.

Fait en double expédition à Ham, le 10 décembre 1870.

JOURNÉE DU 11 DÉCEMBRE.

b) Organisation et administration.

Le Général de brigade, chef d'état-major général, au Colonel directeur de l'artillerie, à Douai.

Lille, 11 décembre.

Activez l'organisation des deux batteries de 4 de montagne destinées à être servies par l'artillerie de la mobile; approvisionnez les batteries à 150 coups par pièce, placés dans des caisses que l'on transportera sur des voitures de réquisition aménagées, à cet effet, avec chevaux de réquisition. Préparez quatre nouvelles batteries semblables, que je destine à l'artillerie de la garde nationale mobile.

Quant au choix des batteries qui devront servir ces pièces, il faut que vous vous adressiez aux colonels commandant les différents régiments. Ils désigneront eux-mêmes ces batteries, qui devront être prises, à nombre égal, dans les régiments.

Enfin, faites savoir le nombre de pièces de 4 de montagne, sur affûts, existantes dans les différentes places de la direction.

Quant aux pièces de siège de 12, le général Faidherbe y tient beaucoup ; ces pièces sont destinées à être portées sur chemin de fer, à proximité de l'armée, de manière à ce qu'on puisse les trouver au moment du besoin. Approvisionnez-les à raison de 150 coups par pièce placés dans des coffres rangés simplement sur trucs.

Enfin, pour qu'on puisse avoir ces pièces sans qu'il soit nécessaire de conduire le train à une gare possédant un quai de débarquement, faites établir un pont volant qui sera porté sur truc avec les pièces.

N'envoyez d'abord que 12 pièces, puisque vous n'en avez que 12 de disponibles.

Activez la formation de ces deux batteries de position et faites-moi savoir lorsqu'elles seront prêtes à marcher ou, mieux, à être chargées sur trucs.

Enfin, pressez la formation d'un petit parc de réserve pour munitions d'artillerie.

On se contentera provisoirement de trois caissons par batterie, qu'on pourra faire atteler avec harnais de réquisition en attendant la formation de la compagnie Dufour.

Ordre du général Faidherbe, commandant en chef.

Lille, 14 décembre.

M. le lieutenant de vaisseau Rolland sera détaché provisoirement des trois bataillons de fusiliers marins pour prendre le commandement des batteries de la garde nationale mobilisée du Pas-de-Calais.

La moitié de la 1re compagnie de fusiliers marins sera employée à faire le noyau de ces batteries, le surplus sera composé de gardes nationaux mobilisés par les soins du commandant supérieur de ce corps.

Un détachement de 18 sapeurs-conducteurs du génie sera mis en subsistance dans lesdites batteries.

c) **Opérations.**

Le capitaine de vaisseau Payen, commandant le régiment de marins, au général Faidherbe, commandant en chef.

Ham, 14 décembre.

On signale un corps de Prussiens, avec 7 ou 8 pièces de canon, à Ercheux. Ce corps vient de Roye et semble être de 1500 hommes environ.

d) Situation et emplacements.

Le Commandant de place au Général de division, à Lille (D. T.).

Péronne, 11 décembre, 5 h. 30 soir. Expédiée à 12 h. 30 (n° 5721).

Présents sous les armes :
Armée régulière. — 43° de ligne : une compagnie, 2 officiers, 139 hommes ; 5° compagnie du 1er bataillon fusiliers marins : 3 officiers, 131 hommes. Totaux : 5 officiers, 270 hommes.
Armée auxiliaire. — Artillerie de la mobile de la Somme, 2° batterie, 3 officiers, 154 hommes ; dépôt du 1er bataillon de mobiles de la Somme : 3 officiers, 281 hommes ; dépôt du 3° bataillon de mobiles de la Somme : 3 officiers, 116 hommes ; dépôt du 6° bataillon de la mobile de la Somme : 3 officiers, 278 hommes ; 2° bataillon de mobiles du Pas-de-Calais : 21 officiers, 1010 hommes ; garde nationaux mobilisés de la Somme, 3° légion, 3° bataillon, 40 officiers, 931 hommes.

Le général de Chargère, au général Faidherbe, à Lille (D. T.).

Arras, 11 décembre, 1 h. 32 soir (n° 5481).

Il n'y a à Arras que la batterie de la mobile d'Arras organisée et prête à marcher. Elle pourra partir le 12. Le préfet du Pas-de-Calais fait organiser, par les soins du lieutenant de vaisseau Rolland, une batterie départementale qui, je l'espère, sera bientôt prête. Elle est composée de marins et de mobilisés.

JOURNÉE DU 12 DÉCEMBRE.

b) Organisation et administration.

Le lieutenant-colonel Briant, directeur de l'artillerie, au général Farre, chef d'état-major, à Lille.

Douai, 12 décembre.

Pour faire suite aux ordres qui m'ont été donnés, relativement à l'organisation de batteries pour l'armée du Nord, j'ai l'honneur de vous rendre compte de notre situation actuelle.

Toutes les batteries qui sont rentrées de la première excursion sur Amiens ont reçu le harnachement, le matériel et les munitions nécessaires.

Deux batteries de montagne ont leur matériel préparé, mais nous n'avons aucun des objets de harnachement nécessaires ; elles ne peuvent être employées qu'à un service de place et être traînées à bras d'hommes. Des chevaux de réquisition ne pourraient que difficilement atteler dans une limonière et porter des caisses ; les bâts leur feront toujours défaut ; il y aurait difficulté à transporter sur le lieu du combat les munitions dans les voitures ; les deux batteries sont prêtes dans les conditions de celles organisées pour Avesnes.

J'ai reçu ordre de préparer trois batteries de 4 de campagne ; l'une d'elles est complètement prête à marcher, les deux autres seront prêtes jeudi.

Les affûts seront terminés à cette date. Seulement je ne puis assurer que le harnachement nécessaire sera arrivé ; on m'en a pris de telles quantités que je suis très réduit ; j'en attends chaque jour et en assez grande quantité.

J'ai fait préparer pour les batteries de route un deuxième approvisionnement tant en caisses blanches qu'en caissons ; il sera prêt au premier jour pour toutes les batteries.

En ce qui concerne l'espèce de parc de siège à former avec 18 pièces de 12 rayé, j'ai eu l'honneur de vous informer qu'il n'existait que 5 pièces de campagne de 12 et 7 pièces de siège, ces dernières sur les remparts de Douai et de Lille ; j'attends vos ordres à ce sujet.

Enfin M. le lieutenant-colonel Charon me demande 42 caissons d'infanterie. Ce chiffre de 42 caissons est bien considérable pour contenir assez peu de cartouches ; des voitures de réquisition installées convenablement auraient peut-être beaucoup moins de poids mort que les caissons.

Dès que vos ordres me seront parvenus, je m'empresserai de faire ce qui sera possible pour en assurer l'exécution.

La batterie du département de la Somme, venue avec 4 pièces de 4, m'en demande deux autres ; je ne pourrai les lui donner que samedi prochain, faute d'affûts.

Cette lettre était écrite lorsque m'arrive la vôtre, datée du 11 décembre ; je ne puis préparer quatre nouvelles batteries de montagne (4 rayé) faute d'affûts ; il en existe quatre à Saint-Omer, deux à Valenciennes, deux à Condé, deux à Bouchain, mais ils sont employés à la défense et y sont utiles.

Je vais réunir à Douai les 7 pièces de 12 de siège et les 5 pièces de 12 de campagne à 150 coups.

Nous mettrons cet approvisionnement en caisses blanches spéciales et promptement faites, mais il faudra douze à quinze jours pour préparer ces caisses et leur approvisionnement.

Je vous informerai dès qu'elles seront prêtes.

Je ferai établir un pont de débarquement, dans les conditions de votre instruction, pour le déchargement du matériel en rase campagne.

Les trois caissons par batterie pour neuf batteries sont prêts, soit à Lille, soit à Douai, mais au détriment des trois batteries de 4, à organiser ultérieurement.

Le retour à l'emploi du projectile de 4 sur une très grande échelle nous prend au dépourvu; pour nous en procurer, nous serons obligés d'en faire venir des places où il en existe comme défense, et je crains, dans certains cas, de produire de mauvais effets.

Le général Treuille de Beaulieu, commandant l'artillerie, au général Farre, chef d'état-major, à Lille.

Douai, le 12 décembre.

A la suite des observations que j'avais faites sur les ressources que possède la Direction de Douai en munitions, matériel et personnel, il avait été convenu que le nombre des batteries de campagne ne dépasserait pas dix.

Ce n'est donc pas sans appréhensions que je vois s'y ajouter la batterie mobile de la Somme, des batteries de montagne et un matériel de siège, ce qui, d'abord, compromet les conditions défensives de nos places, sans qu'on soit sûr de trouver plus tard les moyens d'y remédier; de plus, je crains fort que, dans ces conditions nouvelles, il ne devienne, à un moment donné, très difficile, pour ne pas dire impossible, de pourvoir à l'alimentation de nos batteries de campagne.

Il est bon de se souvenir que si l'artillerie, à l'affaire d'Amiens, avait pu se ravitailler en munitions, le résultat du combat n'eût peut-être pas été le même.

Il vaudrait mieux, je crois, avoir un parc pour munitions d'artillerie que d'augmenter le nombre des batteries, avant d'être assuré de pouvoir suffire à leurs besoins.

Ordre du général Faidherbe, commandant en chef.

Lille, 12 décembre.

Le général de division commandant le 22e corps d'armée, agissant en vertu des pouvoirs qui lui sont conférés, arrête :

Une compagnie de génie, composée de 2 capitaines, 2 lieutenants ou sous-lieutenants, 1 sergent-major, un sergent fourrier, 8 sergents de sections, 12 caporaux, 12 maîtres ouvriers, 2 tambours et 120 sapeurs, sera organisée à Lille.

Elle prendra le numéro de 2ᵉ compagnie *ter* du 2ᵉ régiment du génie.

Le Ministre de la guerre au général commandant le 22ᵉ corps d'armée.

Bordeaux, 12 décembre.

Général,

J'ai l'honneur de vous informer que, par décret du 7 décembre 1870, M. Jeannerod, ancien préfet de l'Oise, est nommé au grade de général de division, au titre de l'armée auxiliaire.

Par décision du même jour, il est nommé au commandement supérieur du camp d'instruction de Saint-Omer (Pas-de-Calais).

Il a reçu l'ordre de se rendre à son poste.

c) **Opérations.**

Le général Faidherbe, au général Farre, à Lille (D. T.).

Saint-Simon, 12 décembre, 11 h. 55 soir. Expédiée à 4 h. 50 matin.

Demain, 13 décembre, je serai à Golancourt, à 2 heures au Sud de Ham.

Rapport du commandant Tramond sur les affaires des 11 et 12 décembre.

Ham, 13 décembre.

J'ai l'honneur de vous adresser un rapport sur l'opération que vous m'aviez confiée le 11 décembre.

Parti de Ham le 11 décembre à 9 h. 15, j'ai gagné Frières par les sentiers, puis Vouël, où je suis arrivé vers 1 h. 30 ; il était temps. J'avais à peine disposé mes embuscades le long de la route que le convoi m'a été signalé par un paysan. La tête de colonne de ce convoi était formée par quelques soldats escortant une voiture, où se trouvaient trois officiers, dont deux très valides ; dès qu'ils m'ont aperçu, ou plutôt dès que je leur ai été signalé, escorte et voiture ont rebroussé chemin. J'ai fait aussitôt déployer deux compagnies en tirailleurs, à droite et gauche de la route, et nous les avons rapidement entourés. Une cinquantaine d'hommes avaient pris leurs armes, mais ils se sont rendus sans combat ; j'ai aussitôt dirigé le convoi sur Frières.

Pendant cette opération, une section de mon détachement a coupé le télégraphe du chemin de fer et enlevé les aiguilles de la voie de la Fère à Noyon.

Je suis rentré à Ham à 8 heures, et j'allais ce matin diriger mes prisonniers sur Lille, lorsque la marche d'une colonne ennemie m'a été signalée d'Ercheux sur Ham.

Journée du 12 décembre.

Dans la nuit du 11 au 12 décembre, le commandant Payen a été informé qu'une colonne de 1200 à 1500 hommes couchait à Ercheux, d'où elle se dirigeait sur Ham ; il m'en a fait part ; nous avons alors convenu que, dans le doute où nous étions sur la marche de cette colonne et sur les dispositions qu'aurait pu vouloir prendre le général en chef, le commandant continuerait sa marche en retardant son départ d'une demi-heure et que je tiendrais vigoureusement à Ham, nous réservant de nous réunir si l'ennemi me menaçait.

A 9 h. 30, l'ennemi est signalé ; j'envoie une compagnie (M. Patry) sur la route de Nesle et je préviens le commandant Payen. A 10 h. 30, la fusillade s'engage avec l'avant-garde prussienne ; les uhlans se font appuyer par l'infanterie qui tiraille.

Sur ces entrefaites, trois bataillons de mobiles (lieutenant-colonel Fovel) arrivent à Ham ; je les prie de s'établir sur la route de Noyon et de Nesle. Le commandant Payen, prévenu par moi, retourne sur ses pas, et une partie de sa colonne se porte sur la route de Nesle. Mon avis était de se jeter immédiatement sur l'ennemi ; j'en ai informé le commandant Payen et le lieutenant-colonel Fovel, mais nous avons perdu du temps pour rallier mes forces, et l'ennemi a pu se retirer. Vers 1 heure, le colonel Derroja est arrivé, et nous avons décidé qu'il fallait poursuivre ; deux de mes compagnies marchèrent en tête ; nous avons poussé jusqu'à Emery ; il était 4 heures ; mes cavaliers nous ont appris que l'ennemi marchait sur Roye ; nous sommes alors rentrés à Ham.

D'après le dire des habitants et d'un prisonnier fait par les marins, cette colonne venait d'Amiens et se composait d'un escadron de cavalerie, un bataillon d'infanterie, quatre pièces d'artillerie.

Mieux informés, nous aurions pu faire une belle prise. Sur l'ordre du général en chef les prisonniers sont partis pour Ham.

Le commandant de Lalène Laprade, commandant le 1er bataillon du 46e mobiles, au Général en chef.

Travecy, 12 décembre, 4 h. 30 soir.

Je suis ici avec les six pièces d'artillerie de la batterie du capitaine Giron et 700 hommes de mon bataillon.

Le 2ᵉ bataillon, qui était à Moy, ne m'a pas encore rejoint. En cas d'attaque, je ne pourrais pas utiliser mon infanterie autant que je le voudrais, car la prudence me fait un devoir de réserver au moins 300 hommes pour la protection des pièces.

Dois-je coucher à Travecy ou me replier sur Vendeuil?

Nous avons rencontré à Travecy 250 à 300 hommes d'infanterie prussienne, mais la disposition du terrain m'empêchant de me rendre un compte exact du nombre, j'ai fait tirer trois coups d'une de mes pièces et l'ennemi s'est replié dans la Fère. Le 2ᵉ bataillon arrive au moment où je ferme ma lettre.

JOURNÉE DU 13 DÉCEMBRE.

c) Opérations.

Le Commandant supérieur, au général Farre, chef d'état-major, à Lille (D. T.).

Mézières, 13 décembre, 6 h. 40 soir. Expédiée à 7 h. 20 (n° 5702).

Il ne me paraît pas possible d'entreprendre utilement une opération sur Rethel, attendu l'insuffisance du personnel dont je dispose. Je n'ai, en effet, à Mézières, en infanterie de ligne, que 1250 hommes, déduction faite de la compagnie hors rang, et autres non-valeurs; deux compagnies de mobiles de 250 hommes; un bataillon de mobilisés, 600 hommes; au total 2,100 hommes.

En outre quatre compagnies franches, 400 hommes; total 2,500 hommes.

Notre défense comprend Mézières, Charleville, et en raison de son grand développement, le service est très pénible.

A Rocroi, il ne reste plus qu'une compagnie de mobiles, et cinq compagnies franches, d'un effectif de 300 hommes.

A Givet, il reste encore: infanterie, 200 hommes; mobilisés, 900 hommes; total 1100 hommes.

L'effectif de l'ennemi entre Frize, Boulzicourt et Rethel, est de 7,000 à 8,000 hommes, avec de l'artillerie.

Si, par suite des opérations du 22ᵉ corps d'armée, les forces ennemies venaient à diminuer, je ne manquerais pas d'en profiter.

Le général Faidherbe, au général Farre, à Lille (D. T.).

Ham, 13 décembre, 4 h. 42. Expédiée à 9 h. 35 (n° 5309).

J'ai rendu à la Sauzaye sa liberté de manœuvre.

Le général Farre, au général Faidherbe.

Lille, 13 décembre.

L'émotion d'Abbeville se calme, j'ai envoyé un lieutenant-colonel de mobilisés, qu'on m'assure homme d'énergie; j'y envoie un second bataillon de mobilisés. De cette façon nous pourrons faire rentrer, à sa brigade, le bataillon du 91e; il restera à Abbeville deux bataillons de mobilisés et un bataillon de mobiles. Je ne suis pas d'avis d'y envoyer de nouveaux canons. Je compte remplacer la section qui s'y trouve par une batterie de six pièces de montagne.

Le bataillon du 91e pourrait revenir par étapes, en passant entre Amiens et Doullens, et en longeant la Somme; le mouvement ne serait pas sans avantages et ne présenterait pas de danger, quand le général Robin, dont la 1re brigade part demain, sera en ligne en avant d'Arras, battant les routes jusqu'à la Somme. Il est très important que Robin fasse un peu d'effet de ce côté.

Demain j'arriverai à Saint-Quentin vers midi, et j'espère trouver vos indications pour vous rejoindre sans retard.

Le général Faidherbe, au général Farre, à Lille (D. T.).

Ham, 13 décembre, 3 h. 30 soir. Expédiée à 9 h. 30 (n° 5306).

Le quartier général restera le 14 à Ham; venez.

Autre dépêche :

La 2e division devra se cantonner, le 15, autour de Nesle, la 3e autour de Ham.

Le général Treuille de Beaulieu, au général Faidherbe, à Lille (D. T.).

Douai, 13 décembre, 7 h. 8 soir. Expédiée à 7 h. 10 soir (n° 5749).

On fait tout ce qui est possible pour obéir à l'ordre auquel on n'était pas préparé. Je désigne la batterie de mobiles, capitaine Montégut, pour servir les deux batteries de montagne, et j'y joins deux sous-officiers et douze hommes de la 1re batterie principale.

Le général Treuille de Beaulieu, au général Faidherbe, commandant en chef, ou au général Farre, chef d'état-major général, à Lille (D. T.).

Douai, 13 décembre, 6 h. 35 matin. Expédiée à 6 h. 42 (n° 5221).

La 2e batterie de la Seine-Inférieure, à l'effectif de 3 officiers et 102 hommes, est partie hier soir à 9 h. 50 pour Abbeville, emmenant 12 canons de montagne et leurs approvisionnements; 2 sous-officiers et 12 canonniers, du 15e régiment d'artillerie, ont été adjoints au capitaine commandant. Votre télégramme ne parlant pas de chevaux ni de conducteurs, et cet ordre étant le premier avis direct que je reçois concernant les batteries de montagne, je suppose que cette batterie trouvera à Abbeville des chevaux, et des voitures de réquisition, pour ses pièces et ses munitions.

Le Chef d'état-major général, au lieutenant-colonel Charon, à Douai.

Lille, 13 décembre.

La batterie Grandmottet est-elle prête à partir demain matin? Le général Farre partira demain, par train spécial, et prendra cette batterie à Douai à 8 h. 30 du matin. Il faudrait que le matériel soit embarqué ce soir, et que rien ne retarde le train spécial.

Le lieutenant-colonel Charon, commandant l'artillerie du 22e corps, au général Farre, chef d'état-major général, à Lille (D. T.).

Douai, 13 décembre, 1 h. 55. Expédiée à 2 heures soir (n° 5715).

Je rentre d'Arras; j'ai vu la batterie de la mobile, elle sera en état de partir demain soir; il lui manque différentes choses que je lui fais envoyer de Douai. Le lieutenant en premier, M. Dupuich, peut être nommé capitaine. Le matériel est en bon état; j'ai fait mettre des fusées percutantes à tous les projectiles. Demain, tout sera prêt à 8 h. 15.

JOURNÉE DU 14 DÉCEMBRE.

b) Organisation et administration.

L'intendant divisionnaire Montaudon, au Général commandant la 3ᵉ division territoriale, à Lille (D. T.).

Lille, 14 décembre.

J'ai reçu, par le courrier de ce jour, de M. le général Le Flô, Ministre de la guerre, à Paris, la lettre ci-après :

« Monsieur l'Intendant, je vous rappelle que les circonstances, dont vous devez profiter pour ravitailler Paris, sont proches. La viande fraîche, le lard salé et la farine sont les premières denrées à expédier ; le biscuit et le foin pressé viennent ensuite ; comptez que vous avez à faire entrer dans Paris, par les lignes du Nord, un minimum de 10 millions de rations de viande et de pain ; vous devez avoir toujours plusieurs trains chargés prêts à partir dans la gare de Lille, au moins un dans la gare de Douai, et si la sécurité du pays le permet, d'autres trains en gare de Maubeuge, Valenciennes et Boulogne.

« Tenez le reste de l'approvisionnement dans les places fortes desservies par les voies ferrées, et cela en sus de l'approvisionnement de siège de chaque place. Faites acheter au besoin en Belgique et en Angleterre. »

Je m'occupe activement de la réunion de cet approvisionnement considérable de denrées et je vous prie, mon Général, de vouloir bien, de votre côté, me faciliter les moyens d'obtenir dans les diverses gares le matériel de transport nécessaire.

Le Ministre de la guerre, au général Faidherbe (D. T.).

Bordeaux, 14 décembre, 7 h. 36. Expédiée à 10 h. 38 soir (nº 5620).

Faites toutes les nominations nécessaires dans l'infanterie, la cavalerie, et la garde mobile jusqu'au grade de colonel exclusivement ; vous pourrez désigner aussi des colonels et des généraux de brigade, mais provisoirement, et ils attendront ma décision pour prendre leurs grades ; vous suivrez le même mode pour les nominations dans les états-majors et les armes spéciales.

c) Opérations.

Rapport du lieutenant-colonel de Villenoisy.

Lille, 14 décembre, soir.

Le chemin de fer de Lille à Amiens s'arrête à Albert. Deux heures suffisent pour réparer les dégradations jusqu'à Amiens, en supposant le pont de la Somme conservé. Je préviens le chemin de fer de prévoir l'éventualité d'une rupture. Au delà, et jusqu'à Pontoise, les dégâts peuvent être réparés en deux jours. Le pont de Pontoise est détruit. Le rétablissement est préparé, et demandera huit à dix jours de mise en place. Le chemin de fer de Saint-Quentin à Nesle pourrait être exploité, si on coupait la voie entre Jussy et la Fère, au lieu de couper la bifurcation de Jussy. Celle-ci pourrait être aisément et vite rétablie. Recommandé à l'attention du général.

Les mobilisés d'Arras n'avancent pas. Pauly est venu me voir; il se plaint des entraves du général de Chargère. Je cherche à concilier, et je prie M. Testelin de faire presser les fournitures.

Les mobilisés du Nord seront à Arras les 17 et 18, mais peu préparés, et avec des officiers médiocrement confiants. Robin tâche de les encourager, M. Testelin aussi.

Renseignement du parquet. — La colonne partie le 10 de Dieppe, est cantonnée le 13 à Tôte (mi-chemin de Dieppe à Rouen). La colonne partie le 12 de Rouen se trouve au même endroit.

Bien qu'il soit difficile de faire couper le télégraphe entre Amiens et Creil, je ne désespère pas d'y réussir.

Il me semble qu'au lieu de former les convois dans les gares du Nord, il serait préférable de les préparer dans les gares frontières, au moyen de barils de viande salée et de farine, achetés en Belgique. On masquerait ces préparatifs, on ne compromettrait pas le matériel, et on gagnerait de l'espace dans nos gares. Quant aux achats, un télégramme à effet, lancé à New-York, nous vaudrait, ou je me trompe fort, un millier de barils de farine dans douze jours. Faut-il le tenter?

Du 15 au matin.

On télégraphie du Havre que les Prussiens paraissent se diriger de nouveau de ce côté. Néanmoins, comme vous pouvez avoir une grosse affaire dans quelques jours, je télégraphie partout pour tâcher de renforcer vos troupes de ligne de 10 à 15 hommes par compagnie, et je vais tâcher d'organiser de suite deux batteries de montagne, dont je ne soupçonnais pas les éléments hier.

Le général Faidherbe, au général Paulze d'Ivoy (D. T.).

14 décembre.

Demain, 15 au matin, vous dirigerez les corps de votre division sur des cantonnements autour de Chaulnes, où sera votre quartier général.

Tout ordre contraire est annulé ; la division Lecointe sera à Rosières-en-Santerre.

Ordre du général Faidherbe.

Ham, 14 décembre.

Le général commandant en chef, après avoir passé quelques jours au milieu des troupes de la 1re division, commandée par le général Lecointe, exprime toute sa satisfaction pour leur bon esprit, leur discipline et la vigueur qu'elles montrent, malgré les rigueurs de la saison. Ces qualités, qu'elles doivent aux soins du général qui les commande, ont déjà reçu leur récompense par quelques beaux succès qui ne seront, il faut l'espérer, que le présage de succès plus grands.

Le général de Chargère, au général Faidherde, à Lille (D. T.).

Arras, 14 décembre, 9 h. 50 matin. Expédiée à 10 h. 28 matin (n° 5580).

Je laisse encore aujourd'hui le 10e bataillon du Nord, 450 hommes, à Bapaume avec 50 gendarmes. Ils feront des reconnaissances jusqu'à Albert. Le 5e bataillon des mobilisés du Pas-de-Calais est parti hier soir, à 9 heures, de Corbehem pour Saint-Quentin.

Le général de Chargère, au général Faidherbe, à Lille (D. T.).

Arras, 14 décembre, 2 h. 12 soir. Expédiée à 2 h. 20 (n° 5592).

Vous me faites connaître que la division Robin, comptant quatorze bataillons, arrivera le 18 et le 19. L'intendance reçoit l'ordre de préparer des rations pour treize bataillons, arrivant le 17 et le 18. Je vous prie de me faire connaître quelles sont les dates véritables ? Je vous prie également de vouloir bien donner des ordres pour que le général Robin envoie un officier par brigade, dès demain, pour préparer, de concert avec moi, le travail des cantonnements, de telle sorte que les différents corps pourront se rendre directement dans les localités qui leur seront assignées.

Le lieutenant-colonel de la Sauzaye, au général Faidherbe.

Origny, 14 décembre.

J'ai l'honneur de vous faire connaître que le canon s'étant fait entendre toute cette nuit dans la direction de Ham, je n'ai pas voulu m'éloigner de Saint-Quentin pour être plus à portée de me rallier à vous, si vous aviez besoin de moi.

En conséquence, au lieu de me rendre ce matin à Surfontaine, ainsi que je vous l'avais écrit hier, je suis venu m'établir à Origny. Si donc vous aviez quelques ordres à m'y donner, je n'en partirai demain qu'à 10 heures du matin, pour me porter sur Sains.

De Sains, j'irai après-demain m'établir fortement à Marle, pour inquiéter l'ennemi dans ses transports et ses réquisitions.

JOURNÉE DU 15 DÉCEMBRE.

b) Organisation et administration.

Le général Faidherbe, au Ministre de la guerre (D. T.).

15 décembre.

L'armée du Nord se compose de quatre divisions actives, et de 50,000 hommes de garnisons.

Je demande, comme urgente, la formation du 23e corps et les nominations suivantes :

Au grade de général de division : Farre, chef d'état-major; Lecointe, 22e corps; Paulze d'Ivoy, 23e corps.

Pour commander trois divisions : le contre-amiral Moulac, nommé vice-amiral; les colonels du Bessol et Derroja, nommés généraux de brigade.

Pour commander six brigades : le capitaine de vaisseau Payen, nommé contre-amiral; les lieutenants-colonels d'infanterie de Gislain, Pittié, Thomas, nommés colonels; Génie, de la Sauzaye et de Villenoisy, nommés colonels.

Je nommerai les lieutenants-colonels et les chefs de bataillon.

Le Général en chef, au Colonel directeur de l'artillerie à Douai.

Lille, 15 décembre.

Je vous prie de me faire savoir quelles sont vos ressources en batteries prêtes à marcher, harnachement, caissons de 2ᵉ ligne, approvisionnement en caisses blanches, en dehors des batteries d'Arras et des mobilisés de la Somme.

D'après votre lettre du 12, trois batteries de 4 sont prêtes à marcher, pour aujourd'hui jeudi ; sont-elles prêtes ? moins la question harnachement, que nous traiterons plus loin.

En dehors de ces trois batteries, quel est votre approvisionnement, tant en caissons pouvant être attelés, qu'en caisses blanches, pour les batteries en route, ou sur leur départ, à savoir : 3 batteries de 12, 1 batterie de 8, 6 batteries de 4, en comprenant celle d'Arras ? Combien pouvez-vous préparer de batteries de montagne, en dehors des 4 d'Avesnes et d'Abbeville ? Vous pouvez prendre les 4 pièces de Saint-Omer, et les 2 de Valenciennes. Enfin, quelles sont vos ressources en harnais ? Voici, relativement aux harnais, dans quel ordre je désire qu'on attelle :

1° Une demi-ligne de caissons pour les 10 batteries en route, ou sur leur départ ;

2° Les batteries de 4 que vous avez reçu l'ordre de tenir prêtes.

Enfin, quelles sont vos ressources en bâts de caisses pour les batteries de montagne que je veux organiser avec un seul mulet de caisses, par pièce, le reste de l'approvisionnement sur voitures de réquisition, la pièce traînée par un cheval en limonière ?

Il y a, à Lille, une très bonne batterie de Bretons, à laquelle je tiendrais beaucoup à fournir du matériel à très bref délai ; on pourrait lui donner le matériel des mobilisés de la Somme, puisque d'après un télégramme du général Treuille, que je reçois à l'instant même, la batterie des mobilisés de la Somme est loin d'être prête à marcher.

Le Chef d'escadron d'artillerie, au général Faidherbe.

Lille, 15 décembre.

Renseignements sur les parcs divisionnaires.

Les parcs, à raison de un caisson contenant 20,000 cartouches par bataillon, seront prêts à Lille : celui de la 1ʳᵉ division le 16 au matin ; celui de la 2ᵉ, le 17 ; celui de la 3ᵉ, le 18. Où les envoyer ? Sans doute à Corbie, si vous êtes en mesure d'y faire des réquisitions de chevaux ;

sinon on les arrêterait à Albert. Vous savez que les voitures ne sont pas attelées.

Le général Treuille de Beaulieu, commandant l'artillerie, au lieutenant-colonel de Villenoisy, sous-chef d'état-major général, à Lille (D. T.).

Douai, 15 décembre, 9 h. 4 matin. Expédiée à 9 h. 12 (n° 5728).

La batterie mobile d'Arras se dit prête à partir demain 16. Quant à la batterie mobilisée de la Somme, elle ne pourra se mettre en route avant le 1er janvier, vu que ses hommes ne savent ni servir les pièces, ni conduire les voitures. Elle n'a que 4 canons et est loin d'être complète en matériel et harnais. On s'occupe activement de compléter le harnachement de la 4e *bis* du 15e, dont le matériel sera prêt demain; elle pourra prochainement se mettre en route; je vous avertirai du jour exact de la possibilité de son départ.

Le général Treuille de Beaulieu, commandant l'artillerie, au général Farre, à Saint-Quentin (D. T.).

Douai, 15 décembre, 9 h. 3 matin (n° 5737).

M. Beuzon, capitaine en 2e, est désigné pour prendre le commandement de la 2e batterie *ter*, Grandmottet, et partira aujourd'hui.

c) Opérations.

Rapport du lieutenant-colonel de Villenoisy.

15 décembre au soir.

L'organisation des mobilisés n'est pas aussi avancée qu'on paraît le croire. Une brigade est en marche sur Arras, l'autre part demain. Il faut absolument quelques jours pour que tout se tasse et se classe.

M. Testelin doit partir avec le général Robin, pour mettre en mouvement la légion de Lille, qui ira demain occuper Albert. Ne comptez pas sur eux pour couvrir Doullens.

Je me suis décidé à prendre dans les dépôts de quoi renforcer les bataillons de marche de 10 à 15 hommes par compagnie, j'ai fait un premier détachement de 100 hommes pour le 75e, et de 150 hommes pour le 91e. Il escorte la batterie de mobiles du Pas-de-Calais et sera demain à Albert. Les mobilisés de la Somme ont besoin de 15 jours pour organiser leur batterie. Je vais donc changer cela, pour avoir quelque chose d'utile de suite.

Demain je préparerai une colonne de marche, avec les hommes puisés dans les autres dépôts.

Les renseignements de ce soir annoncent que le préfet prussien a quitté Laon, où il ne reste que 800 hommes de landwehr.

D'après un on-dit, fort douteux, un corps de 10,000 hommes marcherait de Soissons sur Chauny. C'est en contradiction avec le renseignement précédent.

D'après un télégramme du Havre, le mouvement sur le Havre paraîtrait repris.

16 décembre au matin.

Je confirme le télégramme de ce matin et les avis qu'il renferme. Envoyez quelqu'un à Albert pour diriger 100 hommes de renfort destinés au 75°, 150 hommes destinés au 91°, la batterie mobile du Pas-de-Calais. Demain, vous y aurez 700 hommes, destinés aux autres corps. Je vais envoyer le reste de la 1re brigade de Robin à Albert et Acheux, demain ou dimanche, et dans la journée de dimanche la 2e à Doullens; si le 2e bataillon de marche du 65° est prêt je l'envoie à Doullens. J'écris de tous côtés pour avoir des renseignements, faites-moi savoir où vous les adressez et veuillez continuer le service d'estafette journalier entre l'armée et Lille.

J'ai prescrit aux bataillons Lebœuf de revenir à Arras pour s'organiser.

Ordre du général Farre, chef d'état-major général.

Chaulnes, 15 décembre.

Demain 16 décembre, grand quartier général, et cavalerie, à Corbie.

La 1re division ira prendre ses cantonnements à Corbie et aux environs (d'Hamel à la Neuville). La 2e division ira prendre ses cantonnements à Warfusée et aux environs (Lamotte, Bayonvillers, Wiencourt). La 3e division ira prendre ses cantonnements à Harbonnières, et aux environs, en arrière.

Ordre de mouvement de la 1re division du 22e corps.

Rosières, 15 décembre.

Les mouvements ci-après auront lieu demain matin :
Le 1er escadron de dragons se portera de Caix à Corbie;
Le 2e escadron de dragons, de Harbonnières à Corbie;

Le 2ᵉ bataillon de chasseurs, de Vauvillers à la Neuville;
Le bataillon du 65ᵉ, et le 2ᵉ du 75ᵉ, de Vauvillers à Corbie;
Le 1ᵉʳ du 75ᵉ, et la batterie Montebello, de Rosières à Corbie;
Le régiment des mobiles du Pas-de-Calais, de Méharicourt à Corbie;
Le colonel Derroja sera à Corbie;
Le 17ᵉ bataillon de chasseurs, avec la batterie Bocquillon, de Maucourt à Fouilloy;
Les deux bataillons du 24ᵉ, avec la batterie Ravaut, de Rosières à Vaux-sous-Corbie et Vaire-sous-Corbie;
Le bataillon du 64ᵉ, de Rosières à Hamelet;
Le 46ᵉ régiment de mobiles, de Chilly et Maucourt à Hamelet et Hamel;
Le convoi, l'ambulance, et le trésor, escortés par la prévôté et le bataillon du 64ᵉ, partiront de Rosières à 8 heures, passeront par Harbonnières, Bayonvillers, Lamothe-en-Santerre, et Fouilloy, où ils quitteront le bataillon du 64ᵉ, pour gagner Corbie, où ils cantonneront.
Le quartier général sera à Corbie.

Le général Farre, chef d'état-major général, au lieutenant-colonel de Villenoisy, sous-chef d'état-major général (D. T.).

Ham, 15 décembre, 6 h. 45 soir. Expédiée à 9 h. 55 (nº 5328).

Faites partir demain matin, par chemin de fer, pour Achiet, ce qu'il y a de prêt des mobilisés du général Robin; faire rétablir le chemin de fer, jusqu'à Albert, sous la protection de ces mobilisés, nettoyer le pays des éclaireurs qui parcourent la rive droite de la Somme, et entre Péronne, Albert et Bapaume.

L'amiral Moulac, commandant la 3ᵉ division, au général Faidherbe.

Nesle, 15 décembre.

J'ai l'honneur de vous informer que je viens d'arriver à Nesle, où vous m'avez prescrit par télégramme, dont copie m'a été transmise le 14, que serait établi le quartier général de la 3ᵉ division.

Le capitaine de vaisseau Payen, au général Farre, chef d'état-major général.

Morchain, 15 décembre.

J'ai l'honneur de vous adresser deux dépêches qui viennent de l'amiral Moulac, actuellement à Nesle. Je vous fais en outre parvenir deux autres dépêches venant de Saint-Quentin. Le colonel Delagrange est venu m'apprendre qu'il est cantonné à Matigny et Croix, avec la majeure partie des troupes de la 3e division; il espérait trouver à Morchain les ordres du général en chef.

Le général Farre, au Colonel chef d'état-major et à l'Intendant en chef, à Lille (D. T.).

15 décembre, 10 h. 25 matin (n° 58).

Le quartier général sera à Chaulnes aujourd'hui 15 décembre, demain il se rapprochera de Corbie. Le reste des mobilisés sera dirigé par chemin de fer au delà d'Albert, pour prendre position en avant de Doullens, le plus tôt possible; dirigez troupes, artillerie et approvisionnements sur nos nouvelles positions. Les approvisionnements de Saint-Quentin sont appelés avec les troupes.

d) Situations et emplacements.

Garnier, commandant de place, au Général commandant la 3e division militaire, à Lille (D. T.).

Péronne, 15 décembre, 5 h. 35 soir. Expédiée à 6 h. 26.

La compagnie hors rang, les ateliers du 43e de ligne sont partis de Péronne, le 5 décembre, pour aller s'installer à Béthune, où ils sont aujourd'hui; il ne reste ici qu'un détachement de ce régiment.

Renseignements.

M. de Menonville, commissaire de surveillance administrative, au général Farre, chef d'état-major général, à Lille (D. T.).

Saint-Quentin, 15 décembre, 4 h. 30 soir. Expédiée à 4 h. 50 (n° 5804).

On m'annonce qu'un corps de 10,000 Prussiens doit arriver ce soir ou demain matin à Chauny, venant de Soissons.

Le Commandant supérieur, au général Faidherbe, à Lille (D. T.).

Le Havre, 15 décembre, 11 h. 20 soir (n° 9613).

L'ennemi paraît reprendre sa marche sur le Havre, mais j'ignore ses forces.

JOURNÉE DU 16 DÉCEMBRE.

b) Organisation et administration.

Le colonel Briant, directeur de l'artillerie, au général Farre, chef d'état-major général, à Lille.

Douai, 16 décembre.

En réponse à votre lettre n° 194, j'ai l'honneur de vous faire connaître que je possède aujourd'hui : Une batterie complète de 4 rayé de campagne, avec 15 voitures savoir : 6 pièces, 6 affûts, 6 caissons, une forge, un affût de rechange, un chariot de batterie. Deux autres batteries seront prêtes dans ces conditions samedi soir ; j'ai eu un mécompte de deux jours dans la préparation des affûts ; les caissons seront prêts lundi.

En dehors de ces trois batteries, j'ai fait réparer, et je tiens prêts à partir, 3 caissons pour chacune des batteries en route, et, comme vous le dites, au nombre de 10, savoir : 3 de 12, 1 de 8, 6 de 4.

J'ai rendu compte, par lettre du 12 décembre, que je ne possédais plus que 10 affûts de montagne, 2 à Valenciennes, 4 à Saint-Omer, 2 à Condé, 2 à Bouchain. J'ai ajouté que, depuis le 15 septembre, je ne possédais aucun bât ; les 4 batteries parties à Avesnes et à Abbeville, sont parties dans ces conditions ; je n'ai plus de caisses de montagne, et les approvisionnements devront être transportés dans des caisses blanches, qu'il faudra construire au moment de la demande.

Pour les autres batteries, je dispose de 40 attelages à 4 chevaux, avec selles d'attelage et de troupe ; mais si les choses doivent continuer comme elles se sont produites récemment, je ne les aurai pas longtemps ; j'ai eu à fournir aux batteries rentrées l'équivalent de 4 batteries complètes, harnachement, munitions, matériel ; j'ai à compléter une batterie de la Somme qui est à Douai ; enfin les 30 caissons des batteries en route, exigeant 72 attelages.

Je dois rappeler que, vu les difficultés de fournir aux approvisionnements des batteries, il était arrêté que le nombre en serait borné à 10. Ce chiffre se trouve aujourd'hui de 15, augmenté de 4 batteries de montagne qui ont emmené 2,400 projectiles de 4. Je le répète, les ressources dont je dispose, les approvisionnements qui me sont fournis, les voitures que je possède, ne me permettront pas de pourvoir à tous ces besoins.

Je fais, au jour le jour, les coffres pour les canons de 12. Je n'ai pas un affût de 4, et j'en attends pour deux des batteries à mettre en route. Je fais le compartimentage des coffres de 8, la fabrication des fusées, la pose des ailettes, et la confection des caisses blanches ; cela absorbe tous nos moyens de production, et j'en suis au point de ne pouvoir fournir à toutes les demandes qui me sont adressées.

En résumé, je tiens prêts à partir :

1° 9 caissons de 12 rayé, attelages de 6 chevaux.
2° 3 — 8 — — 6 —
3° 18 — 4 — — 4 —

J'ai les harnais pour 72 attelages, ainsi que les selles pour les cadres.

J'ai une batterie de 4 rayé, à 15 voitures ; deux autres batteries de 4 rayé, seront prêtes lundi COMME MATÉRIEL.

J'ai 250 caisses blanches de double approvisionnement de 4 ; 28 caisses blanches de 12 ; 20 caisses blanches de 8 ; 60 caissons de 4 rayé ; point de caissons de 12 rayé.

P.-S. — Je reçois, à l'instant, l'ordre de compléter la 4ᵉ batterie du 15ᵉ, à laquelle il manque 27 attelages à 2 chevaux. Cela me laissera j'espère encore la possibilité d'atteler les 30 caissons.

Le Commandant de la place, au Général de division, à Lille (D. T.).

Dunkerque, 16 décembre, 1 h. 15.

Douze caisses, contenant chacune 2,000 cartouches, arrivées de Londres, sont parties aujourd'hui pour Lille.

Le général Treuille de Beaulieu, commandant l'artillerie, au général en chef, à Lille (D. T.).

Douai, 16 décembre, 2 h. 27 soir. Expédiée à 2 h. 34 (n° 5762).

Je vais faire servir les deux sections de 4, que possède la batterie de la Somme, par la 1ʳᵉ batterie mobile de la Seine-Inférieure, capitaine de Belleville, ancien officier ayant fait la campagne du Mexique.

La troisième section sera formée aussitôt que l'on possédera le matériel et le harnachement nécessaires.

La 4ᵉ batterie *bis* du 15ᵉ va recevoir le harnachement qui lui est nécessaire pour compléter son organisation, et sera sans doute prête à partir demain soir.

Le Général en chef, au Général d'artillerie, à Douai.

Lille, 16 décembre.

J'approuve l'organisation proposée des deux sections du 4, sous le capitaine Belleville. Quand pourront-elles partir? La 4ᵉ batterie *bis* du 15ᵉ partira demain soir pour Albert, et de là pour l'armée, à l'heure qu'indiquera l'intendant Richard.

c) **Opérations.**

Rapport du lieutenant-colonel de Villenoisy.

Lille, 16 décembre au soir.

Manteuffel marche sur Amiens en trois colonnes; une, de 5,000 hommes, peut arriver demain 17; une était à Dieppe le 14 (7,000 à 8,000 hommes); une, d'environ 15,000 hommes, était entre Rouen et Buchy le 13.

D'autre part, le chemin de fer signale aujourd'hui un corps de 10,000 hommes marchant sur Chauny.

C'est beaucoup, mais ces colonnes sont inégalement distantes. J'ai télégraphié au Havre, où l'on paraît disposé à tenter une diversion, que le gouvernement ordonne.

J'ai expédié hier, et j'expédie ce soir, environ 1000 hommes d'infanterie, pour renforcer les corps, et une batterie de mobiles d'Arras; demain soir une autre batterie, servie par l'artillerie de ligne; je presse le départ prochain d'une autre batterie, servie par les mobiles de la Seine-Inférieure. Il faut faire savoir, à Albert, où tout cela doit se diriger.

Les parcs divisionnaires seront prêts les 16, 17 et 18; chacun d'eux a 14 voitures. Dire aussi où les diriger, et avoir des chevaux de réquisition prêts pour les emmener.

Albert est occupé par un régiment de mobilisés. Demain et dimanche, le reste de la brigade sera à Acheux. Dimanche, la 2ᵉ brigade sera à Doullens.

Je suis interrompu par l'annonce de l'évacuation d'Amiens. Je prescris de rétablir la voie et le télégraphe jusqu'à Corbie et Longueau.

La Sauzaye va faire une tentative sur Laon.

Plancassagne a coupé le télégraphe entre Rouen et Amiens.

17 au matin.

Je suis sans nouvelles de l'armée. L'évacuation d'Amiens, que vous connaissez sans doute, est confirmée. Il ne resterait que 700 hommes à la citadelle. Je présume que c'est plutôt une concentration sur Poix, qu'une retraite. Sans chercher à connaître vos plans, je ne doute pas que vous approuverez mes efforts pour obtenir des diversions aux ailes. Le Havre m'annonce une sortie, mais avec des troupes trop désorganisées pour tenter un grand effort.

Je reçois à l'instant vos ordres et m'y conforme. Les mobilisés marchent difficilement. J'ai dû, cette nuit, inviter le colonel Dubreuil à donner sa démission.

Je prescris partout d'éclairer la route de Gœben. On le dit parti le 16, de Dieppe, avec 15,000 hommes, 24 canons, pour aller à Amiens en trois étapes.

Le général Faidherbe, au Commandant supérieur, au Havre (D. T.).

Lille, 16 décembre.

Nos mouvements sont la cause de la marche de Manteuffel sur Amiens. Tâchez de la retarder, ou d'en profiter, et renseignez-nous sur la direction prise.

Le Commandant supérieur, au Général en chef, à Lille (D. T.).

Le Havre, 16 décembre, 10 h. 45 soir. Expédiée à 11 h. 40 (n° 660).

Nous allons sortir du Havre, mais nos troupes sont encore trop désorganisées pour que je puisse faire un grand effort.

Le général Robin, au Général en chef.

Albert, 16 décembre.

Votre cavalier m'a remis vos dépêches. J'ai rétabli la voie jusqu'à Albert, que j'occupe. Les trains pourront aller demain à Corbie. Ma division sera en ligne le 19 au matin, d'Albert à Doullens ; je l'ai reliée à la garnison d'Abbeville. Nos avant-postes iront jusqu'à la Somme. La gendarmerie à cheval a profité de notre passage, elle est cantonnée ce soir à Albert. Je vous l'amènerai demain, à 11 heures, à Corbie, et je viendrai moi-même prendre vos ordres.

L'Intendant en chef, au Général commandant le 22e corps.

Lille, 16 décembre.

J'ai l'honneur de vous rendre compte que je fais transporter à Albert les denrées nécessaires pour ravitailler tout le corps d'armée pendant quatre jours au moins. Ces denrées consistent en biscuit, sel, sucre, café, riz et avoine. Je vous prie de vouloir bien donner les ordres nécessaires pour que chaque division aille chercher, avec les voitures dont elle dispose, ce dont elle a besoin. Le convoi est sur wagons dans la gare. Je fais également transporter de Lille : 10,000 paires de souliers, 6,000 chemises, 6,000 ceintures de flanelle, 6,000 couvertures de campement. Chaque division pourra prendre 3,000 paires de souliers, 1800 chemises, 1800 ceintures de flanelle, 1800 couvertures de campement. Le reste sera pour le quartier général.

La partie du chemin de fer entre Albert et Corbie n'étant pas encore sûre, je n'ai pu pousser les convois plus loin qu'Albert, mais je pense, d'après les indications que vous m'avez données dans votre dépêche télégraphique d'hier, que les troupes étant massées entre Bray et Corbie, la course qu'elles auront à faire pour aller jusqu'à Corbie ne sera pas trop longue pour que les ravitaillements puissent s'opérer dans une seule journée.

Le général Paulze d'Ivoy, au général Farre.

Lamotte-en-Santerre, 16 décembre, 9 heures soir.

Vous m'avez parlé ce matin, lorsque j'ai eu l'honneur de vous voir à l'hôtel, d'un mouvement que ma division devait opérer demain, samedi 17, sur Longueau. Des ordres détaillés m'étaient en même temps promis pour la fin du jour. Mais il est 9 heures, aucun exprès n'arrive, et, bien que mes brigades aient été tenues prêtes, quelques indications précises, sur le rôle qui m'est réservé, me semblent indispensables, si nous abordons Amiens. J'espère que vous voudrez bien provoquer des ordres, que le même messager me rapporterait d'urgence chez M. le maire de Lamotte.

Ordre du général Farre, chef d'état-major général, au général Lecointe, du 22ᵉ corps.

Corbie, 16 décembre.

Le général commandant la 1ʳᵉ division fera partir la tête de sa division, à 7 h. 1/4, en passant par Longueau.

Ordre de mouvement.

Corbie, 16 décembre.

Demain 17 : quartier général à Longueau ; 1ʳᵉ division : à Pont de Metz, Saleux, Dury et Saint-Fuscien ; 2ᵉ division : à Camon, Longueau,

Cagny et Boves; 3ᵉ division : à Gentelles, Cachy, Fouilloy et Corbie; cavalerie à Longueau.

Ordre du général Farre, chef d'état-major général, au général Lecointe.

Corbie, 16 décembre.

Nous devons nous attendre à ce qu'une armée prussienne vienne nous attaquer sous Amiens. De plus, la citadelle de cette ville est occupée par quelques milliers de Prussiens. Il faut que tout le monde se garde comme en présence de l'ennemi.

Le Commandant de la place, au général Faidherbe.

Péronne, 16 décembre.

Je reçois votre dépêche à minuit, et le convoi est parti à 8 heures précises, suivant les instructions que m'avait laissées le général Paulze d'Yvoy. Le convoi se rend à Lamotte, en passant par Chaulnes et Harbonnières. Je suppose qu'il arrivera à Lamotte, vers 6 ou 7 heures du matin. Cette route nous a paru la plus sûre. Il pourra arriver à Corbie vers 8 ou 9 heures du matin.

J'ai fait rétablir le télégraphe de Péronne à Bray; vous pourrez faire passer vos dépêches par cette voie. Les ponts sont coupés jusqu'au delà de Bray; j'ai fait occuper cette ville par une compagnie d'éclaireurs, et j'ai une compagnie de chaque côté de la Somme, pour surveiller les passages et la vallée.

Le convoi d'effets d'habillement et de chaussures, venant de Cambrai, est arrivé ce soir à 10 heures. Il partira demain matin pour Corbie.

M. Lardière, préfet de la Somme, à M. Testelin, commissaire de la défense et au général Faidherbe.

Abbeville, 16 décembre, 6 h. 5 soir. Expédiée à 6 h. 45 (n° 5615).

Voici la proclamation du préfet prussien, à Amiens :

Habitants d'Amiens,

« Par ordre supérieur, je quitte la ville pour quelques jours. Je remercie les habitants du bon accueil qu'ils m'ont fait, je laisse la ville à leur sagesse; si un corps français se présente, la citadelle répondra par le canon. »

Le pont-levis de la citadelle a été levé; 1200 hommes sont dedans, m'assure-t-on. Un corps de 15,000 hommes m'est signalé, dans la Seine-Inférieure, se dirigeant soit sur Beauvais, soit sur Amiens.

LARDIÈRE.

Renseignements.

Le Secrétaire général de la Seine-Inférieure, au Préfet du Nord, à Lille, pour communiquer au général Faidherbe (D. T.).

Le Havre, 16 décembre. Expédiée à 1 h. 10 matin (n° 301).

Les brusques nouvelles reçues de votre commandement, jointes aux ordres réitérés du Ministre, de marcher d'ici vers Rouen et Paris, vont bientôt nous rapprocher de vos forces. J'insiste, dans ce but, auprès du commandant Mouchez, aujourd'hui surtout que le Havre n'est plus menacé. Une partie des forces prussiennes paraît en retraite dans la direction d'Amiens. Je vous en informe pour éviter une surprise de ce côté.

M. Lagarde, inspecteur principal de la compagnie du chemin de fer du Nord, au général Farre.

Lille, 16 décembre, 10 heures matin.

Un employé de la gare de Buchy, arrivé à Lille ce matin, assure avoir rencontré le 13, entre Rouen et Buchy, un corps prussien, qu'il évalue à environ 15,000 hommes (fantassins, cavaliers et artilleurs) et qui paraissait se diriger sur Amiens.

Le lendemain 14, une autre colonne de 5,000 hommes, appartenant sans doute au même corps, a quitté Forges, pour prendre la même direction.

Le même agent, en passant hier 15, à Blangy, a appris, par un employé de la poste, que Dieppe était encore occupé, et que les Prussiens étaient entrés à Eu, le 14, dans l'après-midi.

Renseignements du Procureur de la République d'Amiens.

Villers-Bretonneux, 16 décembre, 5 heures soir.

Le général de Grœben a quitté Amiens ce matin, avec les 4,000 ou 5,000 hommes qui y restaient; il a annoncé son départ par une proclamation, dans laquelle il a dit qu'il se trouvait obligé de quitter Amiens pour quelques jours, à raison d'ordres supérieurs, qu'il abandonnait la ville à la population, et ne conservait que la citadelle. On ne peut présumer les forces laissées dans la citadelle, où se trouvent encore quelques prisonniers (conseillers municipaux de Saint-Quentin, fonctionnaires des postes d'Amiens). Le général de Grœben avait avec lui environ trois batteries d'artillerie; il est sorti par la route du Sud (Ailly-sur-Noye et Paris); à 3 heures de l'après-midi, on n'avait vu revenir aucun Prussien; les forces laissées dans la citadelle paraissent peu considérables.

Note du Maire d'Amiens.
16 décembre.

Les Prussiens, partis dans la nuit, ont paru prendre la route du Sud, mais ont pu changer de direction.

La citadelle est garnie de canons, braqués dans les diverses directions de la ville, et vers le Nord.

Trois observations :
1° La citadelle bat tout à fait la ville, et peut la détruire;
2° Il y a menace de bombardement de la ville, en cas d'attaque;
3° Nous avons des prisonniers français, fonctionnaires civils, habitants d'Amiens et de Saint-Quentin, enfermés à la citadelle.

Je recommande ma ville, et nos prisonniers, au général français, mais je suis prêt aux sacrifices, si le salut de la France l'exige.

Prière instante de me prévenir; en tout cas, je me tairai si on l'ordonne.

Le Maire de Saint-Valery, aux Préfets d'Abbeville, d'Arras, de Lille et au Sous-Préfet de Boulogne (D. T.).

Saint-Valery-sur-Somme, 16 décembre, 4 h. 40 (n° 5118).

D'après les éclaireurs, de Dieppe à Eu, et d'Eu à Saint-Valery, 6,000 Prussiens se préparaient à quitter Dieppe pour Amiens.

Le Commissaire de surveillance administrative de Saint-Quentin, au général Farre, chef d'état-major général, à Lille, au général Faidherbe, à Chaulnes, et au Préfet au Nouvion (D. T.).

Saint-Quentin, 16 décembre, 2 h. 30 soir. Expédiée à 2 h. 40 soir (n° 5816).

Un détachement prussien, d'environ 10,000 hommes, s'avance dans la direction de Chauny.

Le Commandant supérieur, au général Faidherbe, à Lille (D. T.).

Abbeville, 16 décembre, 12 h. 20 soir. Expédiée à 12 h. 40 soir (n° 5611).

On a signalé 12,000 Prussiens à Formerie. Je crois le chiffre fort exagéré. Dans tous les cas, ce corps se détache en groupes de 500, 600 ou 800 hommes sur Gamaches, Blangy; il n'y a que de l'infanterie, peu de cavalerie, quelques canons. On attend 1500 hommes, ce soir, à Blangy.

Le Commandant supérieur, au général Faidherbe, à Lille (D. T.).

Abbeville, 16 décembre, 1 heure soir. Expédiée à 4 h. 21 soir (n° 5612).

Nouveaux renseignements donnés par le maire de Cayeux : 5,000 ou 6,000 Prussiens se dirigent sur Amiens par Blangy. Le courrier de Dieppe, venu à 6 heures du soir, dit qu'il y a à Dieppe près de 8,000 Prussiens, se proposant de partir demain matin vers le Nord.

Le Commandant supérieur au général Faidherbe (D. T.).

Abbeville, 16 décembre, 10 h. 45 soir. Expédiée à 11 h. 5 soir (n° 5622).

Je reçois d'Eu la dépêche suivante : colonne prussienne du VIII° corps, commandé par Gœben, 15,000 hommes, partie à 6 heures du matin, aujourd'hui, pour Amiens, par Neufchâtel, 24 canons. Elle ne doit faire que trois étapes de Dieppe à Amiens; 400 Prussiens, environ, couchent ce soir à Blangy.

Le lieutenant-colonel de Villenoisy, sous-chef d'état-major général, au général Faidherbe, à Chaulnes, par Péronne (D. T.).

Lille, 16 décembre, 7 heures matin (n° 5907).

Le Havre annonce que Manteuffel fait sa retraite sur le Nord avec 25,000 hommes, et paraît se diriger sur Amiens; le mouvement a commencé le 13 peut-être. Blondeau annonce la prise de Montmédy le 14 ou le 15.

Albert sera occupé ce matin par 2,000 mobilisés; comptez très peu sur les autres, avant quelques jours.

Je vous envoie, par Albert, environ 1000 hommes d'infanterie, à répartir dans vos bataillons; 250, avec une batterie mobile d'Arras, y seront aujourd'hui, donnez-leur une direction.

D'après les renseignements que je vous ai transmis, Manteuffel ne peut arriver que le 18 ou le 19, au plus tôt, devant Amiens. Faites-moi savoir où vous télégraphier?

JOURNÉE DU 17 DÉCEMBRE.

b) Organisation et administration.

Général en chef, à Général commandant l'artillerie, à Douai.
Lille, 17 décembre.

Le départ de trois caissons par batterie, pour les onze batteries de l'armée du Nord (trois de 12, une de 8,7 de 4, en comprenant la 4ᵉ *bis* du 15ᵉ) est plus utile que le départ des deux sections servies par l'artillerie mobile. Préparez immédiatement le départ de ce petit parc, annoncé au général Faidherbe. Prenez pour cela des hommes et des chevaux où vous les trouverez, soit à Lille, soit à Douai. Dans ces conditions, à quand le départ?

Général en chef, au Commandant supérieur, à Avesnes.
Lille, 17 décembre.

Gardez à Avesnes deux pièces de 4 de montagne, pour servir au besoin à une petite colonne.

Envoyez les huit autres, avec munitions, par voies ferrées sur Lille; on les attend pour faire partir la batterie de mobile prête à marcher.

Le Sous-Chef d'état-major, au lieutenant-colonel Liégeard, à Lille.
Lille, 17 décembre.

J'ai fait demander à Avesnes d'expédier sur Lille, par les voies ferrées, huit pièces de 4 de montagne et leurs munitions. Je destine ces huit pièces à la batterie de M. le capitaine Benoît (batterie de mobiles de Brest). Je vous prie d'avertir le capitaine pour qu'il se tienne prêt à partir au premier signal.

Arrêté du général Faidherbe.

Corbie, 17 décembre.

Le général de division commandant le 22ᵉ corps d'armée et la 3ᵉ division militaire, en vertu des pouvoirs dont il est investi, arrête :

Art. 1ᵉʳ. — Il sera créé un 3ᵉ bataillon de marche au 24ᵉ régiment d'infanterie et un 2ᵉ bataillon de marche au 33ᵉ régiment. Chacun de ces bataillons se composera de cinq compagnies à 130 hommes et trois officiers.

Le colonel Briant, directeur de l'artillerie, au général Treuille de Beaulieu, commandant l'artillerie.

Douai, 17 décembre.

Pour répondre à la lettre du 16 décembre nº 198, j'ai l'honneur de vous faire connaître :

1º Qu'il existe une seule pièce de 12 rayé de campagne. Elle est à Douai ; quatre viennent d'être données à l'armée pour des opérations de siège. Il existe quelques affûts ;

2º Il n'existe pas une pièce de 8 rayé. Le rayage de trente pièces est entrepris ; mais la chose ne marche pas avec la rapidité désirable.

Il existe à Douai dix affûts de 12 et 8, qu'on peut utiliser pour le service de ces pièces.

Nous avons au parc un assez grand nombre de canons de 4,80 environ ; mais les affûts manquent ; quatorze vont sortir des ateliers, seize pourront sortir la semaine prochaine.

Nous avons une batterie prête que nous livrons aujourd'hui à la 4ᵉ·*bis* du 15ᵉ.

Les places possèdent aujourd'hui bien au-dessous de leur armement en pièces de 4 rayé. Lille, Calais, Saint-Omer, Dunkerque ont fourni un assez grand nombre de leurs pièces à l'armée.

Nous n'avons point de caissons de 12 rayé de campagne aménagés. Nous avons des corps de caissons en assez grand nombre pour tous les besoins.

Des coffres de divers modèles existent. Il faut chaque fois les approprier à leur destination, pour les rendre applicables au service de campagne.

Nous possédons un assez grand nombre de caissons de 8 rayé, mais les coffres ont un compartimentage incomplet, et le compléter est une opération très longue qui se fait assez difficilement.

Nous possédons soixante caissons de 4 avec coffres. Ils sont à Douai.

Les ressources restant aux places, très minimes d'ailleurs, ne sont pas nécessaires pour parer aux besoins et sont indispensables à leur défense.

Nous pouvons aussi fournir des caissons d'infanterie pour munitions d'infanterie.

Nous possédons à Douai des forges de 4 et de 12 en nombre suffisant.

Nous avons cinq forges outillées pour ouvriers ou pour parc.

Nous avons à Douai un petit nombre de chariots de batterie de 12 et de 4, dix du modèle 1833 et dix du modèle 1858.

Les places n'ont aucun approvisionnement en caisses blanches. Douai possède 200 caisses blanches de 4 et 28 caisses de 12 rayé, point pour le 8.

La situation des munitions est établie chaque samedi pour le Ministre, suivant renseignements émanés des diverses places. Cette situation est transmise, en double, chaque dimanche matin au Général commandant l'armée du Nord, à Lille.

Le général Treuille de Beaulieu, commandant l'artillerie, au lieutenant-colonel de Villenoisy, sous-chef d'état-major général, à Lille (D. T.).

Douai, 17 décembre, 9 h. 24. Expédiée à 9 h. 41 (n° 5782).

Je pense que les 33 voitures du parc d'artillerie pourront partir après-demain matin, dans le cas où on ferait venir à Douai demain, de bonne heure, les 2 sous-officiers, 2 brigadiers et 40 conducteurs qui me sont annoncés.

Les conducteurs de la Somme et leurs chevaux attelleront une partie de ce parc.

c) Opérations.

Rapport du lieutenant-colonel de Villenoisy.

Lille, 17 décembre.

Les renseignements sur la marche de l'ennemi sont confus et discordants :

Les Prussiens de Dieppe marchent sur Amiens, cela paraît sûr, mais ceux signalés comme venant de Rouen auraient pris par Forges, Gaillefontaine, Formerie, Granvilliers, ce qui est la route de Beauvais. D'autres parlent d'une marche de Rouen sur Paris. Il n'y a presque personne entre Amiens et Creil, et la voie de gauche est intacte.

Ce 18 *au matin*, rien de nouveau ; comme résumé de la situation, je pense que vous avez vers Poix une vingtaine de mille hommes, à Chauny une dixaine de mille hommes peut-être, avec une avant-garde légère, qui doit avoir gagné Noyon ; les mouvements entre Paris et Rouen sont très obscurs. On annonçait hier des mouvements vers Reims et la marche des troupes du siège de Montmédy, en deux colonnes de 5,000 hommes sur Mézières. Sans me permettre d'apprécier ces faits, la position de l'armée avec la vallée de la Somme à dos et les ponts en partie coupés, me paraît délicate. Il est bien à regretter que l'on n'ait pas quelques troupes solides pour les garder. Il faut bien cinq à six jours pour mettre en marche les quatre bataillons en formation. Si vous avez des officiers à y placer, avec avancement, envoyez-les de suite ; télégraphiez où il faut diriger la demi-ligne de caissons et les parcs divisionnaires.

Ordre du général Farre, chef d'état-major général.

Corbie, 17 décembre, 8 heures matin.

La marche de la 2ᵉ division est modifiée ; elle se dirigera, tout entière, directement sur Corbie et devra hâter sa marche, le plus possible, sans rien laisser en arrière. Quand les têtes de colonnes arriveront à Corbie, elles y trouveront de nouveaux ordres pour continuer leur marche.

Je fais occuper Villers-Bretonneux par la 1ʳᵉ division. Surveillez votre gauche.

Le Capitaine faisant fonctions de sous-chef d'état-major, au Général commandant la 1ʳᵉ division, à Villers-Bretonneux.

Corbie, 17 décembre.

La 1ʳᵉ brigade de la 1ʳᵉ division descendra ce soir de Villers-Bretonneux et s'établira, pour la nuit, à Fouilloy et Aubigny. Demain matin, elle se rendra de très bonne heure dans ses cantonnements définitifs. Ci-joint l'état des cantonnements. M. l'Intendant de la 1ʳᵉ division est prévenu de ce mouvement.

Ordre du général Faidherbe.

Corbie, 17 décembre.

Aujourd'hui, 17 décembre, le 22ᵉ corps d'armée prendra ses cantonnements entre Villers-Bocage et Corbie.

La 3ᵉ division occupera Corbie, Fouilloy, la Neuville et Vaux-sous-Corbie, c'est-à-dire l'emplacement qu'occupait hier la 1ʳᵉ division.

La 2ᵉ division occupera Daours, Bussy, Querrieux, Pont-Noyelles. Elle se dirigera sur le pont de Daours en traversant Aubigny.

La 1ʳᵉ division occupera Allonville et s'étendra au besoin jusqu'à Bertangles et Poulainville.

Le quartier général restera provisoirement à Corbie, ainsi que la cavalerie, qui se tiendra prête à monter à cheval au premier signal.

Le génie prendra ses cantonnements à Corbie.

Le capitaine Dupuich, commandant la batterie de la garde mobile, au général Faidherbe, commandant en chef (D. T.).

Miraumont, 17 décembre, 2 h. 25 matin. Expédiée à 3 h. 20 matin.

Je suis resté à Miraumont, où j'ai déchargé mon matériel ; je serai à Albert dans la matinée.

Le général Treuille de Beaulieu, commandant l'artillerie, au lieutenant-colonel de Villenoisy, sous-chef d'état-major général, à Lille (D. T.).

Douai, 17 décembre, 9 h. 45 matin. Expédiée à 9 h. 49 (n° 5772).

Prière de m'adresser par télégramme la nomination de M. Monnier au grade de capitaine ; la batterie, dont il a le commandement, devant partir pour Albert à 3 heures de l'après-midi aujourd'hui.

Le général Farre, au lieutenant-colonel de Villenoisy et à l'Intendant en chef, à Lille (D. T.).

Albert, 17 décembre, 10 h. 30 soir.

La présence à l'armée de l'intendant Richard et du colonel de Villenoisy est indispensable ; venez le plus tôt possible.

Le général Robin, au général Farre, à M. Testelin, commissaire de la défense et au Préfet, à Lille (D. T.).

Albert, 17 décembre, 8 h. 45 soir. Expédiée à 6 h. 25.

J'ai établi les communications jusqu'à Albert.

Je donne des instructions pour rétablir la voie entre Corbie et Albert ; cela sera fait probablement demain à midi.

Renseignements.

Renseignement de M. Bourdon, procureur de la République, arrivé à Lille à 1 heure du matin.

Abbeville, 17 décembre.

Les Prussiens s'éloignent de plus en plus de ces parages ; à Poix, le maire nous affirme que, depuis huit jours, 20,000 Prussiens environ ont traversé le village, se dirigeant sur Montdidier.

Renseignements du Maire de Roye adressés au général en chef.

Roye, 17 décembre, 8 heures matin.

150 uhlans sont arrivés par la route de Noyon.

Midi.

300 cavaliers sont arrivés par la route de Paris.

Montdidier, 2 heures soir.

Les Prussiens sont arrivés, à 10 h. 30 environ, de différents points. On annonce l'arrivée d'une armée de 35,000 hommes.
500 Prussiens sont signalés à Nesle.

M. de Menonville, commissaire de surveillance administrative de Saint-Quentin, au général Farre, à Lille, et au Préfet de l'Aisne, au Cateau (D. T.).

Saint-Quentin, 17 décembre, 7 h. 20 soir.

De Chauny, les Prussiens signalés par ma dépêche du 16, à 1 h. 40 soir, se dirigent sur Reims ; il est arrivé à Chauny, venant de Soissons, environ 4,000 fantassins prussiens, 200 cavaliers et deux batteries ; ils sont suivis, dit-on, d'un autre corps de 6,000 hommes ; 1000 hommes sont partis immédiatement dans la direction de Noyon. A Compiègne, il y a 6,000 Prussiens.

Le Commandant supérieur, au général Faidherbe, à Lille (D. T.).

Abbeville, 17 décembre, 9 h. 55 soir. Expédiée à 10 h. 20 soir (n° 5635).

Le maire d'Eu m'informe qu'il n'y a plus de Prussiens à Dieppe ; ils sont partis pour Amiens par Blangy et Poix, où ils se concentrent. J'ai envoyé une reconnaissance à Blangy. Les Prussiens venaient de quitter ce point ; ils couchent ce soir à Poix. J'ai fait rétablir le chemin de fer entre Abbeville et Amiens.

JOURNÉE DU 18 DÉCEMBRE.

b) Organisation et administration.

Ordre du général Farre, chef d'état-major général.

Corbie, 18 décembre.

Le colonel de Gislain est nommé au commandement de la 2ᵉ brigade de la 2ᵉ division, en remplacement du colonel Thomas, appelé à d'autres fonctions.

Le Ministre de la guerre, au général Faidherbe, à Lille.

Bordeaux, 18 décembre.

Je fais partir une troisième compagnie du génie pour le 22ᵉ corps, la 1ʳᵉ *bis* du 3ᵉ régiment.

Je demande à Mézières s'il n'existe pas un parc de compagnie ; s'il n'y en a pas, j'en enverrai un avec la compagnie.

J'envoie aussi 60 hommes du 2ᵉ régiment, avec un officier, pour compléter la 2ᵉ compagnie *bis* de ce régiment.

Le Ministre de la guerre, au général Faidherbe, à Arras (D. T.).

Bordeaux, 18 décembre, 3 h. 30 soir.

Toutes vos propositions et communications contenues dans votre dépêche, relative à la constitution des 22ᵉ et 23ᵉ corps d'armée, sont pleinement approuvées.

Toutefois, en ce qui concerne nos officiers de marine, nous ne pouvons leur donner nous-mêmes les grades maritimes que vous demandez, mais nous les réclamerons au ministre compétent. Nous leur donnerons seulement les grades militaires (armée auxiliaire) dont ils ont besoin pour commander leurs troupes.

Quant à vous-même, vous serez naturellement commandant en chef des deux corps.

M. Testelin, commissaire de la défense, au général Faidherbe, à Corbie ou à Longueau (D. T.).

Lille, 18 décembre. 10 h. 15 matin (n° 577).

J'apprends avec terreur que vous appelez à vous le colonel de Villenoisy ; si lui, ou le général Farre, ne reste pas ici, toute l'organisation de l'armée du Nord va sûrement et subitement s'arrêter.

c) Opérations.

Rapport du lieutenant-colonel de Villenoisy.

Lille, 18 décembre.

La voie ferrée n'ayant de quai d'embarquement qu'à Albert, c'est là que je dirigerai les parcs divisionnaires, dès que j'aurai l'avis que les attelages de réquisition pourront les y prendre.

Je pense que la demi-ligne de caissons, attelée, pourra partir demain soir ou mardi matin.

J'organise aussi ici une excellente batterie de huit pièces de 4 de montagne, servie par des Bretons. Quant à la batterie servie par les mobiles de la Seine-Inférieure (batterie Montégut), son voyage a éprouvé des difficultés, mais je pense qu'elle est avec vous en ce moment.

M. Testelin vous demande de me laisser ici pour continuer l'organisation des corps, leur mise en route et la concentration des renseignements. Je suis à vos ordres, mais il me semble indispensable que vous ayez ici quelqu'un pour tout diriger. Rittier travaille beaucoup, et depuis trois jours je suis sur pied de 7 heures du matin à minuit ; un seul ne saurait suffire à tout.

Lettre du lieutenant-colonel de Villenoisy au Général en chef.

Lille, 18 décembre.

Mon Général,

Je reçois ce soir de la Sauzaye la lettre ci-jointe, qui me désole. Le coup sur Laon aurait produit un grand effet. Je crains qu'il n'ait manqué de décision, car ses renseignements sont en désaccord avec tous ceux que nous avons reçus hier. Après quelque hésitation, pensant qu'il ne serait d'aucune utilité en restant à Guise, je me suis décidé à séparer sa colonne, laissant les 1600 hommes fournis par Avesnes et le bataillon du 40° de ligne, sous les ordres du commandant

Padovani, pour opérer dans l'Aisne, de concert avec le préfet, homme énergique. Le reste, 1300 hommes, sera dirigé par Sains et Vervins, pour être mis à la disposition de Giovanelli, qui s'est déjà distingué et en fera quelque chose.

Je vois, avec une peine extrême, ce coup ainsi abandonné et cette prompte retraite.

P.-S. — Devançant votre prescription, j'ai lancé dès ce matin un agent du parquet dans la direction de Poix, avec ordre de vous faire directement son rapport.

J'ai aussi demandé à l'inspecteur des télégraphes de prévoir l'organisation d'un télégraphe de campagne.

Le colonel Brusley, commandant la 1re brigade de la 4e division, au général Faidherbe.

Albert, 18 décembre.

En l'absence du général Robin, qui est allé accélérer à Arras le départ du 2e régiment de la 1re brigade, j'ai l'honneur de vous rendre compte que j'ai donné les ordres nécessaires pour l'exécution des dispositions que vous prescriviez. Le 1er régiment part aujourd'hui à 11 h. 30 pour Bray, avec les vivres assurés, et à peu près 70 cartouches par homme. Deux compagnies vont à Sailly-Lorette, par Morlancourt; trois compagnies à Chipilly, et enfin trois compagnies à Frise. Les commandants de détachements sont pourvus des instructions nécessaires. Je joins à cette dépêche les télégrammes qui ont été reçus cette nuit afin que vous puissiez y recueillir d'utiles renseignements sur les mouvements de l'ennemi.

Le général Robin, au général Farre, chef d'état-major, à Corbie.

Albert, 18 décembre.

Les mouvements sur Bray sont exécutés.

Les batteries d'artillerie et le matériel sont partis pour Corbie. J'ai 220 mobiles du 44e régiment, arrivés non armés et non équipés, avec leur matériel emballé; ils couchent ce soir à Albert; demain, ils seront dirigés sur Corbie.

Il y a ici 25 dragons à destination d'Albert; je suis forcé de partir ce soir pour Acheux; j'irai jusqu'à Bernaville, et je serais bien heureux si vous vouliez laisser les dragons à ma disposition; sinon ils seront dirigés sur leur nouvelle destination.

Les mouvements ordonnés par votre dépêche seront exécutés le 19 au soir.

Le colonel Brusley, commandant la 1re brigade, reste à Albert pour recevoir vos ordres et exécuter les mouvements de Bray à Albert.

Le colonel Amos sera à Acheux ; à moins d'ordres contraires, je viendrai le rejoindre de Bernaville avec le 91e et l'artillerie.

Ordre du général Farre.

Corbie, 18 décembre.

La 1re division, ira, demain matin, prendre ses cantonnements dans la vallée de l'Hallue, de Béhencourt à Vadencourt.

Le Commandant supérieur, au général Faidherbe, à Lille.

Abbeville, 18 décembre, 3 h. 20 soir. Expédiée à 3 h. 55 (n° 5643).

Par ordre venu d'Albert, j'expédie aujourd'hui sur Acheux le bataillon du 91e de ligne, la section d'artillerie de campagne et les douze pièces de montagne.

Le lieutenant-colonel de Villenoisy, au colonel Liégeard, à Lille.

Lille, 18 décembre.

Le général en chef télégraphie d'envoyer immédiatement sur Corbie les parcs divisionnaires d'infanterie.

Le général Treuille de Beaulieu, commandant l'artillerie, au lieutenant-colonel de Villenoisy, à Lille (D. T.).

Douai, 18 décembre, 8 h. 25. Expédiée à 8 h. 30 matin (n° 5785).

Les quatre canons de 12 de siège, de Lille, arrivent en gare, à Douai ; informez-en promptement le général en chef, pour savoir s'il faut les envoyer à Amiens, bien que le matériel de siège, parti avant-hier, comprenne, à leur place, quatre canons de 12 rayés de campagne.

Le général Faidherbe, au lieutenant-colonel de Villenoisy, à Lille (D. T.).

Corbie, 18 décembre, 9 h. 25 (n° 513).

Envoyez les pièces de 12 de siège ; nous restons encore demain à Corbie.

Le général Faidherbe, au colonel de Villenoisy, à Lille (D. T.).

Corbie, 18 décembre, 9 h. 40 soir (n° 517).

Envoyez à Albert les 42 voitures du parc.

Renseignements.

Le colonel du Bessol, commandant la 1re brigade, au Général de division.

Bussy, le 18 décembre, à 5 heures.

J'ai l'honneur de vous adresser la lettre suivante que je viens de recevoir :

Daours, 18 décembre, 4 h. 14.

« Mon Colonel,

« J'ai l'honneur de vous faire savoir que, d'après des renseignements que l'on peut considérer comme certains, 6,000 Prussiens environ, avec sept pièces d'artillerie, paraissant venir du côté de Montdidier, doivent être entrés à Amiens. Enfin, il paraîtrait que 10,000 Prussiens environ seraient dans les parages de Ham et de Nesle. Ce dernier renseignement est sous toutes réserves. »

JOURNÉE DU 19 DÉCEMBRE.

b) Organisation et administration.

Le Général en chef, au Général d'artillerie, à Douai.

Lille, 19 décembre.

Faites préparer un train de quatre voitures de 3e classe ayant en avant de la machine un truc portant deux pièces de campagne et quatre caisses de munitions. Il doit être demain matin à Corbie.

Le commandant Queillé, au général en chef, à Corbie.

Lille, 19 décembre.

La batterie mobilisée de la Somme ne sera pas prête avant quinze jours ; on lui a pris ses harnais pour former le parc de réserve. En outre, le personnel ne sait rien et le général commandant l'artillerie propose de faire partir à sa place la batterie de la mobile de la Seine-Inférieure, capitaine Belleville.

Arrêté du général Faidherbe.

Corbie, 19 décembre.

Le général de division, commandant en chef, en vertu des pouvoirs dont il est investi, arrête :

Art. 1er. — Il sera créé, au dépôt du 1er bataillon de chasseurs à pied, un nouveau bataillon de marche, comprenant cinq compagnies, à 150 hommes et 3 officiers.

Arrêté du général Faidherbe.

Corbie, 19 décembre.

Le général de division, commandant en chef le 22e corps d'armée, considérant qu'un grand nombre d'officiers, sous-officiers et soldats évadés de Montmédy ont réussi à gagner Lille ; que les éléments ainsi réunis permettent de former un nouveau bataillon ; qu'il y a lieu de donner à ce bataillon un nom qui perpétue le souvenir de la glorieuse défense de Montmédy, en vertu des pouvoirs dont il est investi, arrête :

Art. 1er. — Il sera formé, à Lille, au dépôt du 75e régiment d'infanterie de ligne, un 3e bataillon de marche dans lequel seront incorporés les militaires de tous grades évadés de Montmédy. Ce bataillon prendra le nom de bataillon de Montmédy. Il comprendra cinq compagnies à 150 hommes et 3 officiers.

Arrêté du général Faidherbe.

Corbie, 19 décembre.

Le général de division, commandant en chef le 22e corps d'armée, en vertu des pouvoirs dont il est investi, arrête :

Art. 1er. — Il sera créé au dépôt du 64e régiment d'infanterie de ligne un deuxième bataillon de marche, composé de cinq compagnies à 150 hommes et 3 officiers.

Le général Farre, au lieutenant-colonel de Villenoisy, à Lille (D. T.).

Corbie, 19 décembre. Expédiée à 8 h. 34 (n° 24).

Venez immédiatement à Corbie avec Rittier et avec toutes les pièces relatives au personnel. Prenez un train spécial.

Le lieutenant-colonel Mallarmé, au Chef d'état-major, à Lille (D. T.).

Mézières, 19 décembre, 10 h. 12 matin. Expédiée à 10 h. 50 matin (n° 5742).

A la date du 17 décembre, Marquise a expédié à Douai, 6,600 obus de 12, Mézières, 7,000 obus de 4, 160 de 8. J'ai organisé la fabrication pour expédier par jour, à partir du 19 courant, de Marquise, 400 obus de 12 à Douai, de Mézières 350 obus de 4 et 150 obus de 8.

A partir du 23 courant, Marquise livrera au minimum 300 obus de 4 par jour et, pour les obus de 12, ira en augmentant jusqu'à 900 par jour. Si Mézières n'est pas investie de nouveau, je dépasserai, comme vous voyez, les ordres donnés dans votre télégramme du 8 courant; comptez sur une activité sans réserves.

Le Ministre de la guerre, au général Faidherbe, à Lille (D. T.).

Bordeaux, 18 décembre, 8 h. 55 soir. Expédiée le 19 à 1 h. 40 matin (n° 5571).

Votre dépêche d'hier me disait que vous aviez dans le Nord les 2ᵉ, 17ᵉ, 18ᵉ, 19ᵉ et 20ᵉ bataillons de marche de chasseurs à pied ; comme le n° 21 était disponible, je l'ai affecté à un bataillon de chasseurs en formation à Lyon ; si donc vous formez un nouveau bataillon de marche de chasseurs, il prendra le n° 24 ; n'abusez pas des créations de bataillons de marche pour l'infanterie de ligne ; organisez la ligne en régiment le plus que vous pourrez ; rendez-moi compte.

c) **Opérations**.

Lettre du général Faidherbe, au général Robin.

Corbie, 19 décembre.

Général,

Veuillez dire à mes chers compatriotes, les mobilisés de la région du Nord, que je compte sur eux.

La division que vous commandez à Albert forme notre réserve, protège notre aile droite et défend à notre gauche les passages de la Somme.

Son rôle est donc très important, et j'ai la conviction qu'elle s'en acquittera à son honneur.

J'ai pu juger de la discipline et du bon esprit des mobilisés, lors de la revue que j'ai passée à Lille, nous allons être témoins maintenant de sa solidité au feu.

Ordre du général Faidherbe.

Corbie, 19 décembre.

Le général commandant la 1re division étudiera, demain matin, le terrain en avant de ses cantonnements, surtout au point de vue de l'emplacement à donner aux batteries et des communications pour conduire les batteries aux positions convenables.

Le général commandant la 1re division cherchera, de plus, à faire établir cinq ou six passages, sur le petit cours d'eau qui traverse les cantonnements.

Le général en chef ira demain, dans la journée, visiter les généraux de division et examinera avec eux le projet qu'ils auront établi.

Le capitaine de Peslouan, au lieutenant-colonel Loy, commandant les mobilisés, à Bray.

19 décembre.

Le général chef d'état-major envoie cette nuit un détachement de sapeurs chargé de faire sauter le pont de Bray, sur le canal de la Somme.

Je vous prie de vouloir bien mettre à la disposition du commandant du génie les hommes qui pourraient lui être nécessaires soit pour exécuter, soit pour protéger l'exécution de ce travail.

Le général Treuille de Beaulieu, au lieutenant-colonel de Villenoisy (D. T.).

Douai, 19 décembre, 8 h. 56 matin (n° 3803).

Le parc de munitions d'artillerie, commandé par le lieutenant Guichen, partira pour Corbie vers 1 heure.

Le chef d'escadrons de Saint-Wulfrand, au général Faidherbe, à Corbie (D. T.).

Albert, 19 décembre, 2 h. 35 soir (n° 53).

Les deux batteries de montagne, attachées à la 4° division d'infanterie sont prêtes et attendent vos ordres.

Le colonel Brusley, au général Faidherbe, à Corbie (D. T.).

Albert, le 19 décembre, 3 h. 30 (n° 42).

32 voitures de munitions d'infanterie sont arrivées ce matin et sont débarquées ce soir, sous la surveillance du capitaine Bournazel.

Renseignements.

M. Lardière, préfet de la Somme, au général Faidherbe (D. T.).

Abbeville, 19 décembre, 3 h. 20 soir (n° 5650).

7,000 Prussiens sont entrés, hier dimanche, à 4 heures du soir, à Amiens; 3,000 autres ont dû y entrer aujourd'hui; renseignements certains; ce sont les mêmes qui tenaient garnison dans cette ville.

État-major général, au général Faidherbe, à Corbie (D. T.).

Lille, 19 décembre, 7 h. 5 soir (n° 5201).

Renseignements arrivés à 5 heures au procureur de la République de Lille. — 8,000 à 10,000 Prussiens sont entrés hier et ce matin à Amiens. 30,000 à 40,000 hommes se masseraient entre Beauvais et Gisors, avec intention de faire face à l'armée du Nord.

JOURNÉE DU 20 DÉCEMBRE.

b) Organisation et administration.

Ordre du Général en chef.

Corbie, 20 décembre.

En exécution des ordres du Ministre de la guerre, l'armée du Nord comprendra deux corps d'armée, savoir :

Le 22e corps, qui sera composé de la 1re et de la 2e division;

Le 23e corps, qui comprendra la 3e division et la 4e division, composée de gardes nationales mobilisées.

En vertu des mêmes ordres, le général de division Faidherbe commande en chef l'armée du Nord.

Le capitaine Richard est nommé chef de bataillon, et aide de camp du général en chef.

Le général Farre, promu général de division, est nommé major général de l'armée.

Le général Lecointe, promu général de division, est nommé commandant du 22e corps.

Le général Paulze d'Ivoy, promu général de division, est nommé commandant du 23e corps.

Les colonels Derroja et du Bessol sont nommés généraux de brigade (1) et chargés du commandement de la 1re et de la 2e division du 22e corps.

L'amiral Moulac conserve le commandement de sa division, qui devient la 1re division du 23e corps, et la division des mobilisés du Nord, sous les ordres du général Robin, formera la 2e division du même corps.

Les promotions suivantes sont en outre autorisées par le Ministre :

Le lieutenant-colonel de Villenoisy est nommé colonel, et adjoint au major général de l'armée.

Le capitaine de Peslouan et le capitaine Mélard, sont nommés chef de bataillon, et attachés au grand quartier général de l'armée.

Le capitaine Bodin est nommé chef d'escadron et chef d'état-major du commandant de l'artillerie de l'armée.

Le commandant Marchand, major au 33e de ligne, est nommé lieutenant-colonel et chef d'état-major général du 23e corps.

Le lieutenant-colonel de la Sauzaye est nommé colonel et conserve le commandement de la colonne volante de l'Est.

Le lieutenant-colonel Pittié est nommé colonel et commandant de la 2e brigade de la 1re division du 22e corps.

Le lieutenant-colonel Foerster est nommé colonel et commandant de la 1re brigade de la 2e division du 22e corps.

---

(1) A titre auxiliaire.

Le général du Bessol devait être nommé, à titre définitif, le 23 janvier 1871, et le général Derroja, le 7 mars 1871.

Le lieutenant-colonel de Villenoisy fut nommé colonel, à titre définitif, le 24 janvier 1871.

Le lieutenant-colonel Pittié, fut nommé colonel, à titre définitif, le 24 janvier 1871.

Le lieutenant-colonel de Gislain, fut nommé colonel, à titre définitif, le 24 janvier 1871.

Le lieutenant-colonel de Gislain est nommé colonel et commandant de la 2e brigade de la même division.

Le capitaine Allard est nommé chef de bataillon pour commander le génie du 23e corps.

Le capitaine Chaton est nommé chef d'escadron et commandant de l'artillerie de la 1re division du 23e corps.

Les autres nominations, nécessaires pour compléter les états-majors et les cadres des divers corps de l'armée du Nord, vont être faites immédiatement en vertu des pouvoirs dévolus au général commandant en chef.

Ordre du général Faidherbe.

M. le lieutenant-colonel Aynès, prendra le commandement de la 1re brigade de la 1re division de ce corps d'armée.

M. le capitaine Farjon, remplira les fonctions de chef d'état-major du 22e corps.

Arrêté du général Faidherbe.

Lille, 20 décembre.

Le Général commandant en chef de l'armée du Nord, arrête que :

Avec les quatre bataillons de mobilisés du Pas-de-Calais, stationnés à Béthune, il sera formé cinq bataillons de marche de cinq compagnies à 150 hommes chacune.

Il sera formé également un bataillon de marche de même force, avec le bataillon stationné à Arras.

Ces 6 bataillons de marche, réunis à celui qui se trouve déjà à l'armée et aux batteries de mobilisés du Pas-de-Calais, formeront une brigade de marche sous le commandement du colonel Pauly. La brigade devra être prête à marcher le 12 janvier prochain.

Arrêté du général Faidherbe.

Lille, 20 décembre.

Le général de division Faidherbe, commandant en chef l'armée du Nord, en vertu des pouvoirs dont il est investi, arrête :

Art. 1er. — Il est formé un régiment provisoire d'infanterie de garde nationale mobile, comprenant 3 bataillons de marche fournis par les 4e et 5e bataillons de la garde nationale mobile de l'Aisne.

Art. 2. — Chaque bataillon de marche, se composera de 5 compagnies à 150 hommes et 3 officiers.

Art. 3. — Le régiment prendra le numéro de 91° *bis*. Il sera administré par le conseil central du Pas-de-Calais, et aura pour dépôt, le dépôt du 91° régiment de garde nationale mobile, auquel il adjoindra une compagnie.

Le général Farre, au colonel de Villenoisy, sous-chef d'état-major général, à Lille (D. T.).

Corbie, 20 décembre, 10 h. 19 matin. Expédiée à 10 h. 25 (n° 57524).

Nous avons 7 voitures du parc du génie, envoyées le 12 d'Arras à Ham.

Ordre du général Faidherbe.

Corbie, 20 décembre.

Un parc divisionnaire de cartouches vient d'être constitué, à raison d'une voiture par bataillon. Cet approvisionnement est destiné uniquement à fournir, en cas d'urgence, aux besoins d'un corps dont les cartouches auraient été épuisées pendant le combat. En toute autre circonstance il est absolument interdit d'y toucher. Les généraux commandant les divisions et les commandants de l'artillerie exigeront l'observation la plus stricte de cette interdiction. Il sera pourvu par les soins du colonel commandant l'artillerie de l'armée au manque de cartouches, toutes les fois que les besoins ne seront pas d'une urgence immédiate.

Ordre du général Faidherbe.

Le service de l'artillerie devra organiser immédiatement une seconde ligne de caissons pour les parcs divisionnaires de cartouches, prête à partir au premier signal. Elle sera tenue au complet en toutes circonstances.

Pour les envois de cartouches à l'armée, il sera toujours obtempéré, sans aucun retard, aux demandes faites directement par le colonel commandant l'artillerie de l'armée, au service territorial de cette arme.

Cet officier supérieur sera tenu au courant de l'état des approvisionnements dans les places où il peut puiser.

Il sera également constamment informé de la situation des approvisionnements pour bouches à feu de campagne.

Le colonel directeur de l'artillerie pressera l'augmentation de ces approvisionnements, avec la plus extrême activité.

c) Opérations.

Rapport du lieutenant-colonel de Villenoisy.

Lille, 20 décembre.

Peu de nouvelles à ajouter aux rapports d'hier soir. Rien d'Abbeville, où j'envoie, demain soir, deux bataillons de mobilisés.

Il se confirme qu'il y a 8,000 à 10,000 hommes à Amiens. Les 8,000 Prussiens, venus à Chauny, feraient partie d'un corps plus nombreux, se dirigeant sur Ham; j'en doute très fort, et crois plutôt qu'ils auront été sur Laon et La Fère, d'où ils ont détaché un millier d'hommes sur Marle. La Sauzaye marche contre eux, et le colonel Martin, ainsi que le préfet de l'Aisne, font preuve d'entrain.

Brouillard complet au sujet des Prussiens signalés à Picquigny, ainsi que de la concentration sur Breteuil ou Beauvais.

Communications coupées avec Mézières. J'essaye d'écrire par la Belgique.

Le général Paulze d'Ivoy, au général Faidherbe.

Querrieux, 22 décembre.

J'ai l'honneur de vous rendre compte de l'affaire du 20 décembre dernier.

A 10 heures, les grand'gardes et les éclaireurs du commandant Bayle, me signalaient l'approche de l'ennemi.

Une colonne, forte de 2,000 hommes d'infanterie, 3 pièces de canon et 2 escadrons de lanciers, suivait la route d'Allonville, entrait dans le village, après avoir échangé quelques coups de fusil, avec les francs-tireurs du commandant Bayle, puis détachait des tirailleurs dans le bois de Mai, où l'artillerie lançait en même temps quelques obus.

Devant un ennemi supérieur en nombre, le commandant Bayle dut battre en retraite, puis prendre position en avant de Querrieux et à gauche de la route.

A ce moment, le 18e bataillon de chasseurs et le bataillon du 33e, de la brigade de Gislain, entrèrent en ligne. Il était 11 h. 30. Les chasseurs se déployèrent, en tirailleurs, en avant de Querrieux et à gauche de la route. Le bataillon du 33e se partagea pour déborder le bois des deux côtés; vers midi la fusillade devint très vive, l'artillerie ennemie tirait sans discontinuer.

Le colonel de Gislain reçut alors, de moi, l'ordre de se porter en avant. Il enleva vigoureusement la brigade, et chasseurs, 33e et francs-tireurs, poussèrent l'ennemi devant eux jusqu'à la sortie du bois, où j'arrêtai les troupes, attendu qu'elles étaient à 4 kilomètres de Querrieux.

De son côté, la brigade du Bessol détachait une compagnie du 43ᵉ de ligne, et une du 44ᵉ mobiles. Cette petite troupe déployée en tirailleurs, et soutenue par deux compagnies, prit de flanc l'ennemi, qui pliait déjà. Sans une fatale méprise, ces tirailleurs auraient peut-être coupé la retraite à l'artillerie ennemie.

Nos troupes ont été remarquables d'entrain, mais il faut leur faire un reproche sérieux, elles ont consommé beaucoup trop de munitions.

Tout le monde a fait son devoir. M. le colonel de Gislain, MM. les commandants Bayle et Vaton, M. le capitaine Audibert, se sont particulièrement distingués par leur intelligence et leur ardeur. Ils ont fait des efforts soutenus, quoique non couronnés de succès, à cause de la jeunesse de leurs troupes, pour modérer l'intensité du feu.

Le commandant Vaton a été légèrement contusionné à la main.

Nous avons perdu :

	Tués.	Blessés.
Chasseurs..........................	1	17
33ᵉ de ligne.......................	3	»
Éclaireurs Bayle...................	3	3
Totaux......	7	20

Nous avons enterré à Querrieux, 10 tués ennemis ; de plus, nous avons 14 blessés prisonniers, plus 4 prisonniers non blessés.

Renseignements.

Le procureur de la République Bourdon, au sous-chef d'état-major général, à Lille.

20 décembre.

Renseignements reçus à 3 heures par dépêches. — Depuis trois jours, il est passé 21,000 hommes, à Beauvais et Breteuil, venant du côté Ouest, et allant dans la direction de Montdidier et Clermont. Ce passage doit se continuer encore deux jours ; la garnison d'Amiens se compose de 7,000 à 10,000 hommes, au maximum, et 12 pièces de campagne, 1200 hommes dans la citadelle avec 35 pièces de canon.

Les renseignements ci-dessus sont communiqués à Corbie au général Farre.

JOURNÉE DU 21 DÉCEMBRE.

b) Organisation et administration.

Le Ministre de la guerre, au général Faidherbe, à Lille.

Bordeaux, 21 décembre.

Général,

J'ai l'honneur de vous confirmer ma dépêche du 19 de ce mois, ainsi conçue :

« Je ne puis modifier mes ordres en ce qui concerne la reconstitution du 7ᵉ de dragons. Les quatre escadrons de guerre pourront communiquer par mer avec leur dépôt. Mais j'approuve la reconstitution, à Lille, du 11ᵉ de dragons. Rattachez-y les deux escadrons (5ᵉ et 6ᵉ), que vous avez créés sous le nom de dragons du Nord, ainsi que ceux que vous pourrez créer par la suite. Utilisez pour ce dépôt les major, trésorier, ouvriers et magasins primitivement affectés aux dragons du Nord. Vous doublerez ainsi vos ressources. »

c) Opérations.

Ordre du général Farre.

Corbie, 21 décembre.

Manteuffel est arrivé dans Amiens ; toute l'armée est réunie devant nous ; nous devons nous attendre à une bataille aujourd'hui même.

A l'approche de l'ennemi, il faudra prendre des dispositions définitives de combat sur la rive gauche du ruisseau et ne pas s'avancer sur la rive droite.

Ordre du général Farre.

Corbie, 21 décembre.

L'ennemi ne s'est pas présenté aujourd'hui. La force de notre position, la vigueur des troupes qui ont repoussé sa sortie d'hier, la confiance qui règne dans toute l'armée le font sans doute hésiter.

Demain nous irons encore l'attendre ; ensuite nous verrons ce que nous aurons à faire.

Je recommande de nouveau de ménager les cartouches et les munitions d'artillerie.

Lettre du colonel de Villenoisy au Général en chef.

Lille, 21 décembre.

Mon Général,

Je n'ai aucune nouvelle sur les troupes qui vous entourent depuis les renseignements que j'ai reçus hier soir.

Les Prussiens, qui étaient venus à Chauny et en étaient repartis, me semblent s'être dirigés sur Mézières, pour concourir au siège de cette place. Afin de nous tromper, ils ont fait une démonstration sur Marle et auraient répandu le bruit d'une marche en plusieurs colonnes qui a fortement inquiété la Sauzaye. Celui-ci a fait faire à ses troupes diverses contremarches et une marche de nuit qui l'a conduit à Vervins, où il craint d'être enveloppé. Divers détachements l'ont rejoint et ont porté son effectif à 5,300 hommes. Je le vois au moment d'être enlevé ou acculé à la frontière. Je prends donc le parti d'envoyer à Vervins le colonel Martin, qui a montré une grande activité. On pourra ainsi inquiéter les Prussiens et gêner l'investissement de Mézières.

Note du général Farre.

Corbie, 21 décembre.

Il me semble que les batteries et les bataillons sont beaucoup plus serrés sur la gauche de notre ligne qui, d'ailleurs, semblait plus menacée que sur la droite. Aviser de manière à obtenir une répartition plus équitable en faisant appuyer de 1 ou 2 kilomètres vers le Nord, la 1re division du 23e corps. L'amiral Moulac comblerait l'intervalle, avec trois de ses bataillons et en placerait trois autres en réserve.

Dans chaque division du 22e corps, on aura soin de ménager une réserve.

Demain matin, j'attends par la route d'Albert à Querrieux une batterie de quatre pièces anglaises, de mobilisés et de marins, venant d'Arras. Cette batterie dépendra de la réserve, mais le général commandant le 22e corps pourra la faire mettre en position dès son arrivée.

Note du général Farre.

Corbie, 21 décembre.

Observations à envoyer aux chefs de corps.

Aujourd'hui, les troupes d'infanterie étaient trop en vue. Il faut tâcher de les disséminer dans des plis de terrain, jusqu'au moment où on en a besoin.

Les tirailleurs seuls, dans le cas où l'ennemi s'approche à portée de fusil, doivent être en vue, s'ils ne trouvent pas d'abris dans la position où on les a placés.

En tous cas, si une troupe est forcée de rester en vue de l'artillerie ennemie, il ne faut pas qu'elle reste immobile; elle doit se déplacer continuellement pour ne pas permettre à l'artillerie ennemie de régler son tir.

Ordre du général Faidherbe.
Corbie, 21 décembre.

Le commandant des gardes nationales mobilisées de Bray et des environs tiendra toutes ses troupes en alerte, et en mouvement, pour surveiller le cours de la Somme.

Il prendra ses dispositions pour s'opposer partout aux tentatives que l'ennemi peut faire pour forcer le passage.

Le général en chef compte sur son activité et son énergie.

Renseignements.

Note du général Farre.
Corbie, 21 décembre.

5,000 Prussiens sont signalés descendant de Cerisy pour traverser la Somme à Sailly-Lorette.

Cet avis vient d'être apporté par le maire de Corbie.

Je prie le commandant des mobilisés, à Bray, de veiller sur ce point.

JOURNÉE DU 22 DÉCEMBRE.

b) **Organisation et administration.**

Le général Faidherbe, au Ministre de la guerre, à Bordeaux.
Corbie, 22 décembre.

J'ai l'honneur de vous adresser l'état de la composition de l'armée du Nord, telle qu'elle est constituée depuis avant-hier, avec le 22ᵉ et le 23ᵉ corps. Il n'y manque que trois bataillons d'infanterie pour compléter la 1ʳᵉ division du 23ᵉ corps, comprenant d'abord exclusivement des gardes mobiles, et qui va se trouver, comme les divisions du 22ᵉ corps, composée, à peu près par parties égales, de mobiles et de troupes de ligne.

L'effectif total de l'armée s'élève ainsi à 41,000 hommes ; notre travail d'organisation ne se ralentit pas ; une 5ᵉ division est en voie de formation avec troupes de ligne, mobiles et mobilisés.

L'artillerie comprend 82 pièces, dont 12 de montagne.

Dans une ou deux semaines, nous aurons 100 pièces à mettre en ligne. La cavalerie seule me manque ; les difficultés à cet égard sont extrêmes, on s'efforce de les surmonter ; ne serait-il pas possible de m'en envoyer quelques régiments. Je dois insister tout spécialement sur cet élément si essentiel d'action offensive dans la région du Nord.

J'ai l'honneur de vous transmettre en même temps l'ordre relatif aux nominations que j'ai dû faire, et que vous avez pleinement approuvées par votre dépêche télégraphique.

Toutes ces nominations sont régulières, en ce sens qu'elles portent le passage d'un grade au grade immédiatement supérieur, et sont motivées par les services rendus.

Aucune d'elles ne saurait donc être imputée au titre de l'armée auxiliaire, suivant les explications que me donne à cet égard votre télégramme d'hier. D'ailleurs elles sont une nécessité impérieuse d'organisation et, pour ce qui concerne les officiers généraux, elles sont motivées par des services rendus, exposés sommairement dans mon télégramme du 20.

En conséquence, Monsieur le Ministre, j'attends de votre bienveillance une nouvelle approbation pleine, entière et définitive, de ces nominations.

c) Opérations.

Rapport du colonel de Villenoisy.

Lille, 22 décembre.

Pas beaucoup de nouvelles. J'estime que Manteuffel est avec 35,000 hommes à Amiens. Un corps de 12,000 au moins, 20,000 au plus, doit être à Reims, se dirigeant vers vous. On se fortifie à Soissons, encombrée de malades ou de blessés.

De petits corps couvrent vers le Nord la marche de Montmédy sur Reims et Amiens. La Sauzaye a promis d'en attaquer un ce matin, à Montcornet.

Votre ordre relatif à l'envoi des mobilisés rencontre des difficultés.

Robin ne commande que ceux du Nord; Pauly à ceux du Pas-de-Calais, Babouin à ceux de la Somme. On ne saurait trop les dépayser sans les séparer de leurs approvisionnements, qui sont distincts.

Ordre du général Faidherbe.

Corbie, 22 décembre.

Le général commandant le 22ᵉ corps d'armée est prévenu qu'il aura à garder avec son corps d'armée toute la ligne de bataille jusqu'à la gauche, une grande partie de la 1ʳᵉ division du 23ᵉ corps étant envoyée vers Sailly pour défendre les passages de la Somme.

CHAPITRE X.

JOURNÉE DU 23 DÉCEMBRE.

a) Journaux de marche.

22ᵉ CORPS.

68ᵉ de marche.

La bataille est engagée vers 10 heures du matin; le régiment reprend les positions du 21, sur la rive gauche de l'Hallue; le 2ᵉ bataillon en arrière de Béhencourt; le 1ᵉʳ bataillon en arrière de Bavelincourt; le 3ᵉ bataillon, en soutien, à côté des batteries de la réserve.

Un violent combat d'artillerie s'engage, vers 1 heure, devant les positions du régiment.

1ᵉʳ bataillon. — La 3ᵉ compagnie (1), capitaine Lebel, de grand'garde en avant de Béhencourt, reste dans le village une partie de la journée; elle coupe les ponts du moulin; mais, menacée d'être entourée, elle se rabat en tirailleurs sur le 2ᵉ bataillon.

Vers 3 heures, la 5ᵉ compagnie, capitaine Mariguet, forme tête de colonne à un bataillon de mobiles qui, sous les ordres du général Derroja, commandant la division, enlève le village de Bavelincourt; elle marche sur Béhencourt, d'où elle est repoussée.

Les trois autres compagnies restent sur les positions.

2ᵉ bataillon. — La 1ʳᵉ et la 2ᵉ compagnie, capitaines Bosch et Levavasseur, marchent sur Béhencourt, vers 3 heures; elles sont repoussées.

Le 3ᵉ *bataillon* appuie d'abord le mouvement sur Béhencourt et sur Bavelincourt, puis il est porté au pas gymnastique entre Béhencourt et

---

(1) 3ᵉ compagnie du 1ᵉʳ bataillon du 24ᵉ.

Fréchencourt, où la retraite précipitée d'un régiment de mobiles avait découvert la gauche du régiment.

A la nuit, le régiment s'établit en entier sur sa position de la journée.

Vers 8 heures, la 4ᵉ compagnie du 2ᵉ bataillon, capitaine Thierry, repousse une sortie de l'ennemi sur Béhencourt.

On passe la nuit à creuser des tranchées ; le froid est excessivement rigoureux ; les distributions de vivres ne peuvent se faire, le manque de bois ne permet pas de faire du feu et beaucoup d'hommes ont les pieds gelés.

91ᵉ *de ligne.*

Le 23 au matin, vers 9 heures, deux compagnies du 33ᵉ de ligne, envoyées en reconnaissance sur les routes de Saint-Gratien et d'Amiens signalèrent de fortes colonnes prussiennes se dirigeant sur Querrieux. On fit prendre les armes à toutes les troupes pour aller occuper les positions de bataille indiquées l'avant-veille. Les grand'gardes du 33ᵉ et du bataillon de chasseurs reçurent l'ordre de défendre, pied à pied, les abords du village et le village lui-même afin de donner aux troupes le temps de prendre position.

Le régiment fut dirigé sur les hauteurs à l'Est de Pont-Noyelles ; le 1ᵉʳ bataillon du 91ᵉ en colonne par division à demi-distance ; le 2ᵉ bataillon à la droite du 1ᵉʳ ; le bataillon du 33ᵉ à la gauche du 1ᵉʳ.

Les trois bataillons, établis un peu en arrière de la crête, étaient couverts par des lignes de tirailleurs déployés à mi-côte.

L'artillerie prussienne, établie sur les hauteurs à gauche de la route d'Albert, ouvrit son feu contre les villages de Querrieux et de Pont-Noyelles.

Mais bientôt toute notre artillerie prit position et lutta avec avantage ; toutefois nous fîmes des pertes sensibles.

Vers 4 heures du soir, l'ennemi gagnait du terrain.

Le général Faidherbe ordonne alors un mouvement en avant sur toute la ligne. Les bataillons exécutèrent une marche en bataille au son de la charge, précédés par leurs lignes de tirailleurs. Le 1ᵉʳ bataillon du 91ᵉ débusqua successivement deux lignes prussiennes et s'empara des premières maisons du village, où il fit 30 prisonniers.

Le mouvement du 2ᵉ bataillon, gêné par un bataillon de mobiles de Somme-et-Marne, en panique, fut plus difficile. Quelques jeunes soldats, entraînés d'abord par le mauvais exemple, furent bientôt ralliés et conduits en avant ; le bataillon du 33ᵉ chargea aussi les Prussiens sur la gauche et pénétra jusque dans le village.

La nuit survint, et le feu ayant cessé de part et d'autre, la division se reporta sur les hauteurs occupées le matin. Le régiment se replia et vint occuper les mêmes hauteurs sans être inquiété dans sa marche. La division bivouaqua sur ses positions.

33ᵉ *de ligne.*

Nos postes avancés ne tardent pas à ouvrir le feu sur les assaillants, dont la marche se trouve ainsi ralentie. Une section du génie établit rapidement une barricade à l'entrée du village de Querrieux, que le capitaine Audibert a reçu la mission de défendre avec deux compagnies, l'une de chasseurs et l'autre du 33ᵉ (la 3ᵉ commandée par le lieutenant Magnier).

La 2ᵉ (lieutenant Maus) se trouve seule de grand'garde et occupe (déployée par escouades sur la lisière extérieure des bois) toute l'étendue de notre front. Elle soutient bravement le premier choc. Pendant plus d'une heure ses tirailleurs tiennent tête aux masses ennemies sans perdre de terrain. Mais ensuite, menacés d'être tournés par leur gauche, ils se mettent en retraite, en bon ordre, sur Querrieux, où ils arrivent en même temps que la compagnie des chasseurs de soutien et quelques francs-tireurs qui se sont déployés sur la droite, dès le commencement de l'action.

L'ennemi bat le village du feu plongeant de son artillerie, établie à couvert sous bois. De fortes colonnes s'avancent à l'assaut par différents chemins.

Une plus grande résistance n'est ni possible ni même nécessaire. Car, à ce moment, toute l'armée est déployée en arrière des crêtes et notre artillerie, promptement mise en position, contre-bat déjà avec avantage les batteries prussiennes.

M. Audibert commande et dirige la retraite.

Querrieux est abandonné pour Pont-Noyelles, où les Allemands pénètrent en même temps que nos soldats. Le combat continue dans les rues. Peu s'en faut que le lieutenant Maus, grièvement blessé à la cheville droite, ne tombe entre les mains de l'ennemi, qui nous fait un certain nombre de prisonniers. Ce qui reste des défenseurs du village repasse l'Hallue.

Quelques-uns, serrés de trop près et coupés du gros de la troupe, sont obligés, pour regagner la rive gauche, de traverser à gué la rivière, malgré la rigueur du froid. La 4ᵉ compagnie, commandée par le lieutenant Herbillon, s'est déployée à quelques centaines de mètres du village, au pied des hauteurs, pour protéger la retraite.

Arrêtés par son feu, les Prussiens renoncent à la poursuite et se bornent à envoyer quelques balles des maisons dans lesquelles ils se sont embusqués.

Les autres compagnies du bataillon sont en tirailleurs sur les gradins naturels de la rive gauche, et leurs meilleurs tireurs dirigent un feu plongeant dans les rues du village de Pont-Noyelles.

Il est environ 1 heure; à ce moment, nous avons abandonné tous les villages dont la défense devait être subordonnée au déploiement de nos troupes; nous entrons dans la deuxième phase de la bataille.

Le canon se fait presque exclusivement entendre; c'est pendant près de trois heures une lutte terrible et grandiose, véritable duel d'artillerie auquel l'infanterie n'assiste pour ainsi dire que comme témoin. Près de 130 pièces tonnent avec rage.

Vers 3 heures, protégées par le feu de leurs batteries, de profondes colonnes ennemies se lancent à l'assaut, derrière un épais rideau de tirailleurs.

La bataille entre dans sa troisième phase.

Devant cette attaque, nos conscrits demeurent un instant hésitants; quelques compagnies de mobiles se débandent; des bataillons entiers battent en retraite. L'ennemi avance toujours.

Notre situation semble presque désespérée. Une de nos batteries est sur le point d'être prise. Mais l'imminence même du danger relève les courages; les rangs se reforment. Une terrible fusillade répond à celle de l'ennemi. Notre artillerie, un instant muette, a trouvé des positions favorables.

Les assaillants hésitent à leur tour. Des feux d'ensemble, exécutés par quelques bataillons, font de larges vides dans leurs rangs.

Bientôt le terrain est reconquis.

En vain, Manteuffel fait-il avancer ses réserves.

Les clairons français ont sonné la charge.

Notre ligne de bataille s'est ébranlée sur tout son front. A notre tour d'être agresseurs.

C'est le quatrième moment de la journée, le moment décisif.

Entraînés par leur élan, nos soldats pénètrent jusque dans les villages, qui ont été fortifiés et que des troupes fraîches défendent avec acharnement.

Mais la nuit arrive, accompagnée d'un épais brouillard et met alors fin au combat.

23º CORPS.

19º *bataillon de chasseurs.*

Une route, parallèle à la Somme, mène de La Neuville à Daours; c'est par là que le bataillon vint prendre position sur la portion du plateau qui domine Daours, près d'un petit bois situé à 500 ou

600 mètres de l'endroit où la route commence à descendre vers cette localité. Des quatre compagnies du bataillon présentes (la 4e compagnie avait été chargée de garder à notre gauche un pont sur la Somme, le pont d'Aubigny), deux, les 1re et 2e, ne quittèrent point le petit bois de toute l'action, lançant seulement à droite et en avant quelques tirailleurs, qui fusillèrent, toute la journée, les tirailleurs ennemis et les forcèrent plusieurs fois à reculer. Les pertes de ces deux compagnies furent peu sensibles; mais il n'en fut pas de même pour les 3e et 5e, appelées, vers 3 heures, pour reprendre Daours. La 5e compagnie se porta immédiatement sur le village; accueillie, à l'entrée, par un feu très nourri, elle fut forcée de s'abriter à droite et à gauche de la route, derrière des clôtures et des meules de paille. Mais, un instant après, enlevant ses hommes au pas gymnastique, le lieutenant Cohendet, qui commandait la compagnie, réussit à pénétrer dans le village. Là, la 5e compagnie est renforcée, vers 4 heures, par la 3e; la lutte, alors, devint terrible; on se battait à bout portant, et les Prussiens, barricadés dans les maisons, avaient tout avantage sur nos chasseurs, obligés de marcher à découvert. A la nuit, la position n'était plus tenable; le lieutenant Cohendet avait été tué, les deux compagnies avaient perdu plus de la moitié de leur effectif, et on ne recevait pas de renfort; il fallut battre en retraite. A 400 mètres du village, nos hommes rencontrèrent le capitaine de vaisseau Payen, qui les renvoya à l'attaque : il fut obéi; on perdit encore quelques hommes, puis les deux compagnies reçurent l'ordre de rejoindre celles qui étaient restées sur le plateau. C'est là que nous passâmes la nuit, sans rompre nos rangs, par un froid de 8 à 10 degrés.

4e *bataillon de garde mobile du Nord.*

Le 23 décembre eut lieu la bataille de Pont-Noyelles; nous occupions l'extrême gauche, avec mission de défendre Aubigny, Fouilloy et Corbie.

Nous restâmes dans nos tranchées et aux barricades toute la journée et toute la nuit, par un froid des plus violents.

6e *bataillon de garde mobile du Nord.*

Vers midi, la bataille de Pont-Noyelles s'engage; on donne au 47e la mission de défendre Fouilloy; le colonel Delagrange m'envoie sur la place de Corbie avec mon bataillon; j'ai l'ordre de faire sauter les trois ponts qui relient Fouilloy à Corbie, en cas de défaite, et de me replier ensuite sur les deux autres bataillons. A 2 h. 30, je reçois l'ordre de marcher vers Pont-Noyelles, et, au moment où le bataillon est formé sur la hauteur, le général Faidherbe prescrit, dit-on, d'enlever à la baïonnette les villages de Pont-Noyelles, Querrieux et Daours. Le 6ᵉ bataillon, ignorant complètement les manœuvres, ne peut avancer qu'en bataille et, en descendant vers Pont-Noyelles, il perd 21 hommes tués ou blessés. Pendant ce temps, une compagnie de marins, qui avait réussi à entrer sur la droite du village, est obligée de se replier, et nous arrivons à 200 mètres des maisons par une nuit noire, sans être appuyés ni à droite ni à gauche.

Je fais ensuite regagner la hauteur. Là, silence absolu, isolement complet, de sorte que je rentre à Corbie pour chercher un ordre; le général en chef me dit de regagner ma position, et nous passons la nuit sans feu, sans eau, par un froid de 8 ou 9 degrés.

c) Opérations.

Rapport du Général en chef.

Boisleux, 9 janvier 1871.

Monsieur le Ministre,

Mon prédécesseur vous a fait connaître qu'après la bataille d'Amiens, livrée le 27 novembre, les trois brigades du 22ᵉ corps et la garnison d'Amiens se retiraient vers le Nord, pour réorganiser les corps qui avaient le plus souffert et rallier les hommes qui s'étaient débandés.

Malgré l'échec subi par nos armes, cette affaire, soutenue avec honneur et sans grandes pertes, ne retarda pas d'un jour le travail d'organisation qui se poursuivait. Dès le 10 décembre, je pus me mettre en campagne avec trois divisions, au lieu des trois brigades qui avaient combattu à Amiens. Ces troupes comprenaient 30,000 combattants et 60 pièces de canon.

Je dirigeai ma marche vers Saint-Quentin.

Je m'étais fait précéder de ce côté par la division du général Lecointe, dont la présence avait suffi pour faire reculer l'ennemi, qui se retira vers La Fère et Ham. Le général Lecointe s'avança le 9 sur Ham, où il arriva à 6 heures du soir. Il pensa, avec raison, qu'il fallait brusquer l'attaque du château, pour ne pas laisser à l'ennemi le temps de se reconnaître et de recevoir des renforts.

Trois colonnes d'un bataillon, appuyées chacune de deux pièces d'artillerie, traversèrent la ville par divers passages et arrivèrent vers l'esplanade. L'une d'elles détacha une compagnie vers la gare du chemin de fer, qui fut enlevée avec ses défenseurs. Après une sommation, qui ne fut pas écoutée, on lança quelques coups de canon contre les tours, sans amener de résultat. La porte d'entrée, difficile à apercevoir, était d'ailleurs fortement barricadée. Cependant, vers 2 heures du matin, les défenseurs demandèrent à capituler. Cette capitulation nous livra 210 prisonniers, dont 12 officiers, et, en arrivant le 10 à Ham, avec le reste du corps d'armée, je trouvai le pays libre d'ennemis.

Ne pouvant songer à faire le siège de La Fère, après avoir reconnu que cette place ne pouvait être enlevée de vive force, je résolus, le 14, de marcher sur Amiens.

La présence, sous les murs de La Fère, de l'armée du Nord, que les généraux ennemis se vantaient d'avoir détruite le 27 novembre, avait jeté un certain trouble parmi leurs troupes. Des mouvements divers et sans but apparent me furent signalés. Je pensai que je ne pouvais mieux faire que d'aller prendre près d'Amiens une forte position, en menaçant la citadelle, et que je pouvais ainsi dégager la Normandie en attirant à moi les forces qui opéraient de ce côté, sauf à profiter des occasions d'agir qui pourraient se présenter.

La marche du 22ᵉ corps s'effectua avec beaucoup d'ordre et sans difficultés.

Le peu de cavalerie dont je disposais (deux escadrons de dragons), opérant par petits détachements, s'aguerrit bien vite et fit quelques courses heureuses.

En approchant d'Amiens, j'appris que le mouvement sur le Havre était arrêté, que Dieppe était évacué et que des rassemblements de troupes s'opéraient vers Montdidier et Breteuil. Il était évident que cette marche avait eu un plein succès, en ce sens que le général de Manteuffel abandonnait ses projets sur le littoral pour venir à moi. L'armée du Nord allait avoir à faire face à des forces supérieures; tous nos soins devaient donc être employés à la renforcer et à lui choisir une bonne position de combat, tout en assurant ses approvisionnements.

J'avais d'ailleurs à tenir compte de la possession de la citadelle par l'ennemi.

Le commandant qui la défendait avait déclaré que l'entrée des troupes françaises dans la ville serait le signal d'un bombardement à outrance. Il commença même la réalisation de cette mesure le jour où, accompagné seulement du général Farre, j'étais allé examiner les dehors de la ville, près de Saint-Acheul. Quelques malheureux bourgeois furent tués ou blessés aux abords de la citadelle; on tirait même sur les voitures publiques.

Je m'établis sur la rive droite de la Somme, présentant une série de hauteurs dominantes, par rapport à la rive gauche. J'étais ainsi parfaitement couvert, vers le Sud, par la rivière et le canal, avec de vastes marécages très difficiles à traverser. Tous les ponts avaient été coupés. J'adoptais pour ligne de bataille, faisant face à la citadelle, seul point de passage laissé à l'ennemi, la vallée de l'Hallue, où se trouvaient les villages de Daours, Bussy, Querrieux, Pont-Noyelles, Bavelincourt, Béhencourt, Vadencourt, Contay. La majeure partie des troupes y fut cantonnée; le surplus occupait Corbie, où j'établis mon quartier général, et les villages environnants.

En même temps, je fis compléter et renforcer les divers corps. De plus, j'appelai à l'armée une division de mobilisés. Je me trouvai ainsi à la tête de quatre divisions bien complètes, comptant chacune deux brigades.

Pour les trois premières divisions, chaque brigade comprenait quatre bataillons d'infanterie de ligne et trois bataillons de garde mobile.

La 4ᵉ division, seule, ne contenait que des gardes nationales mobilisées. Le nombre des canons fut porté à 78, dont 12 pièces de montagne. J'ai eu alors l'honneur de vous soumettre un projet d'organisation de l'armée en deux corps, qui fut pleinement approuvé.

Le 22ᵉ corps, général Lecointe, comprenant deux divisions et six batteries, se trouvait établi de Daours à Contay, le long de l'Hallue.

Quant au 23ᵉ corps, général Paulze d'Ivoy, sa 1ʳᵉ division, amiral Moulac, renfermant les fusiliers marins, occupait Corbie et les environs avec trois batteries et les deux batteries de réserve.

La 2ᵉ division, mobilisés du général Robin, occupait en seconde ligne les villages au Sud-Ouest d'Albert, gardant la voie ferrée et détachant un régiment à Bray pour garder le cours de la Somme entre Péronne et Corbie.

Les positions de combat furent soigneusement indiquées à chaque corps.

La 1ʳᵉ division (Moulac), du 23ᵉ corps, devait occuper à l'extrême gauche, vers la Somme, les hauteurs en arrière de Daours et de Bussy. La 2ᵉ division du 22ᵉ corps s'établit en arrière de Querrieux pendant que la droite était défendue par la 1ʳᵉ division du même corps, appuyée par la division Robin, des mobilisés, qui avait sa position en face de Béhencourt.

Les villages au fond de la vallée ne devaient être défendus que peu de temps par les tirailleurs.

Les efforts devaient se porter sur la défense des positions en arrière, sauf à reprendre les villages quand l'ennemi aurait été repoussé.

A peine étions-nous installés dans nos cantonnements qu'une forte reconnaissance de l'ennemi, 2,000 hommes environ, avec deux pièces d'artillerie, se dirigeait sur Querrieux vers le centre de nos lignes.

Elle fut promptement signalée par les éclaireurs. Le 18ᵉ bataillon de chasseurs à pied et le 33ᵉ de ligne se précipitèrent au-devant de l'ennemi, le repoussèrent malgré sa force supérieure jusqu'au delà du bois de Querrieux et l'obligèrent à une prompte retraite, sans laisser à notre artillerie le temps de venir les appuyer.

Ce combat, très vivement mené, nous fit perdre 7 hommes tués et 20 blessés. L'ennemi laissa sur le terrain 10 tués, 14 blessés, quelques prisonniers.

Le lendemain, quelques affaires d'avant-postes eurent lieu, notamment sur les bords de la Somme, où l'ennemi semblait réunir des forces du côté de Bray. On profita de cette journée pour rectifier les dispositions prises et se préparer au combat qui paraissait prochain. Nous avions appris, en effet, que l'ennemi s'était établi en force dans le voisinage de la citadelle, qu'il avait construit des ponts à Camon, en occupant fortement ce village et qu'il n'attendait que l'arrivée des renforts annoncés.

Le 23 au matin, on venait d'entamer quelques travaux pour renforcer nos positions lorsque l'attaque commença.

Vers 9 heures du matin, les grand'gardes placées en avant du bois de Querrieux, signalèrent de fortes colonnes prussiennes qui, sortant d'Amiens, se dirigèrent sur nos positions par des routes différentes.

Tous les corps furent immédiatement prévenus, prirent promptement leurs positions de combat sur la rive gauche de l'Hallue et s'y trouvaient à peu près établis quand l'ennemi envoya ses premiers coups de canon, vers 11 heures du matin.

La 1re division du 23e corps ne put toutefois arriver que vers midi et demi en face de Daours, à la gauche de la ligne de bataille. En sorte que, dans les premiers moments, la 2e division du 22e corps dut s'étendre beaucoup; néanmoins l'attaque fut bien soutenue. Les villages le long de l'Hallue furent défendus par les détachements qui recueillirent les grand'gardes, dont la retraite s'effectua avec ordre, en tiraillant.

Les masses considérables envoyées par l'ennemi obligèrent d'abandonner ces villages presque partout en même temps.

Bientôt l'action devint générale sur une ligne de plus de 12 kilomètres d'étendue, depuis Daours jusqu'à Contay.

Sur la rive droite, l'ennemi nous opposait 80 pièces environ. Sur la rive gauche, nos batteries étaient plus clairsemées, mais nos lignes de tirailleurs établies sur les pentes présentaient à l'ennemi un cordon de feu non interrompu qui ne lui permit pas d'avancer.

L'action atteignit une vivacité extrême vers la gauche, à la pointe de Daours, sur le plateau qui fait face à Bussy, que la rive droite enveloppait et dominait un peu. Les marins de l'amiral Moulac soutinrent bravement le feu. Quatre batteries, dont deux de 12, qui occupèrent le plateau, eurent beaucoup à souffrir. Plusieurs pièces furent mises hors de combat, et elles durent se retirer successivement pour se remettre en état d'agir. De fortes colonnes ennemies pénétrèrent dans le village de Daours et serraient de près nos tirailleurs.

Au même moment, vers 3 heures, la lutte n'était pas moins vive vers le centre. L'ennemi, en se massant dans le village de Querrieux, tenta aussi de déboucher par Pont-Noyelles.

Il réussit un instant à gravir les pentes et fut sur le point de s'emparer de deux de nos pièces. Mais il fut arrêté par le feu de l'artillerie, repoussé jusqu'à la rivière par les réserves de la 2e division et canonné dans le village de Pont-Noyelles, qui fut incendié.

Sur la droite, notre artillerie trouva des positions plus favorables et lutta avec plus de succès contre l'artillerie ennemie, sans avoir autant à en souffrir. Les tentatives de l'ennemi pour déboucher de Fréchencourt furent infructueuses. Les mobiles et un bataillon de mobilisés s'emparèrent même de Béhencourt, mais ne surent pas s'y maintenir.

Enfin, à l'extrême droite, la 1re division réussit à empêcher l'ennemi de s'étendre tant par l'emploi de son artillerie que par les bonnes positions qu'elle sut occuper. Elle maintint deux bataillons sur la rive droite de la rivière, menaçant la gauche de l'ennemi.

A 4 heures, je résolus de tenter une attaque générale des villages pendant qu'à l'extrême droite, la 1re division dessinerait un mouvement tournant avec les troupes postées sur la rive droite de la rivière. Ce mouvement n'eut qu'un succès relatif parce que la nuit arriva trop vite et ne permit pas de le pousser assez loin.

L'attaque du village de Bavelincourt réussit pleinement, et la 1re division s'y maintint.

Pont-Noyelles et Daours furent envahis avec vigueur, et j'étais convaincu que nous en étions restés maîtres, ayant quitté moi-même, à la nuit, le village de Daours, où j'avais laissé l'amiral Moulac avec plusieurs bataillons. Mais, au milieu de la confusion que fit naître l'arrivée d'une nuit obscure, des Prussiens restés en grand nombre dans les maisons, appuyés par de forts détachements qui tournèrent en silence les villages, parvinrent à les reprendre pour ainsi dire sans coup férir et nous enlevèrent environ 200 hommes dans chacun d'eux.

Malgré ces incidents que je n'appris que, pendant la nuit, nos troupes occupaient les positions de combat que nous avions choisies et se considéraient par cela même comme victorieuses. Je leur fis comprendre qu'à la guerre on constatait sa victoire en couchant sur le champ de bataille, et qu'il ne pouvait être question d'aller reprendre des cantonnements à plusieurs lieues en arrière. On bivouaqua donc sur place par une nuit extrêmement obscure et par un froid de 7 à 8° au-dessous de zéro, avec du pain gelé pour tout aliment.

Cette cruelle épreuve fut supportée avec une patience et une abnégation qu'on ne saurait assez admirer, et qui font plus d'honneur à nos jeunes soldats que leur courage devant le feu de l'ennemi.

Le lendemain, au jour naissant, toutes les troupes étaient en ligne, les munitions avaient été complétées, et nous étions prêts à une nouvelle lutte.

Mais l'ennemi ne voulut pas l'entamer, quoique le prince Albert de Saxe fut arrivé avec des renforts. Tout se borna à quelques feux de tirailleurs, maintenant à distance les deux lignes opposées et à quelques coups de canon envoyés à droite sur les villages et dans les bois où l'on pouvait apercevoir les troupes ennemies.

Comme on ne pouvait penser, en raison de la rigueur extrême de la température et des fatigues excessives que nos soldats avaient supportées, à leur imposer une seconde nuit de bivouac, je me décidai à faire partir les troupes pour leurs cantonnements à 3 heures de l'après-midi.

Le départ s'exécuta avec un ordre parfait, je jugeai opportun d'aller chercher des cantonnements plus sûrs sur la rive droite de la Scarpe, entre Arras et Douai, pour donner aux hommes quelques jours de repos avec toutes facilités pour les ravitaillements.

Les pertes que nous avons éprouvées pendant ces deux jours de lutte ne sont pas, relativement, considérables.

Elles comprennent :

141 tués dont 5 officiers ;
906 blessés dont 45 officiers ;
1,815 disparus dont 9 officiers.

L'artillerie a perdu en outre 138 chevaux.

La majeure partie des disparus se compose d'hommes appartenant à la garde nationale mobile, et surtout à la garde nationale mobilisée, débandés plutôt à cause des privations et des fatigues de ces deux journées, que par la crainte de l'ennemi.

Beaucoup ont rejoint, et il en rentre quelques-uns chaque jour.

Des exemples ont été faits, en ce qui concerne les officiers.

Quant à l'ennemi, il ne nous a laissé qu'un petit nombre de prisonniers, mais les chiffres les plus modérés portent à 3,000 le nombre des hommes mis hors de combat.

Il me reste, Monsieur le Ministre, à vous parler de ceux qui ont secondé mes efforts pendant la lutte. Je devrais les citer tous, car j'ai trouvé le concours le plus dévoué, et une ardeur que je ne saurais trop signaler chez les généraux, les chefs de corps, comme chez les officiers de tous grades, et chez nos jeunes soldats.

Le général de division, commandant en chef,
L. FAIDHERBE.

Rapport adressé à M. le Général commandant en chef, par le Lieutenant-Colonel commandant l'artillerie de l'armée du Nord, sur les journées des 23 et 24 décembre.

Le 23 décembre, l'artillerie de l'armée du Nord, composée de douze batteries, occupait les cantonnements suivants, en allant de la droite à la gauche de la ligne de bataille :

A Warloy, batterie de mobiles de la Seine-Inférieure, capitaine Montégut ;

A Contay, 2ᵉ batterie principale du 15ᵉ, capitaine Bocquillon ;

A Bavelincourt, 3ᵉ batterie *bis* du 12ᵉ, capitaine de Montebello ;

A Béhencourt, 1ʳᵉ batterie *bis* du 15ᵉ, capitaine Collignon (capitaine Ravaut) (1) ;

A Pont-Noyelles, 3ᵉ batterie principale du 12ᵉ, capitaine Beauregard ;

A La Houssoye, 2ᵉ batterie *ter* du 15ᵉ, capitaine Beuzon ;

A La Houssoye, 3ᵉ batteris *bis* du 15ᵉ, capitaine Chastang ;

A La Neuville, 1ʳᵉ batterie mixte de marins, capitaine Giron ;

A La Neuville, 2ᵉ batterie mixte de marins, capitaine Gaigneau ;

A La Neuville, 4ᵉ batterie *bis* du 15ᵉ, capitaine Monnier ;

A Fouilloy, 3ᵉ batterie *ter* du 15ᵉ, capitaine Halphen ;

A Corbie, batterie des mobiles d'Arras, capitaine Dupuich.

La batterie des mobiles de la Seine-Inférieure, capitaine Montégut, occupait, le 23, une forte position à l'extrême droite, sur une hauteur située près de Warloy. Ce village ne fut pas attaqué, et cette batterie n'eut pas de lutte à soutenir. Le 24, elle a lancé quelques obus dans le parc d'un château du village de Béhencourt, où se trouvaient quelques bataillons ennemis, et les a délogés de cette position. Cette batterie a perdu quatre chevaux.

La 2ᵉ batterie principale du 15ᵉ, capitaine Bocquillon, était cantonnée le 23 à Contay. Elle reçut, à midi, l'ordre de prendre position sur la rive gauche de l'Hallue, et se rendit sur une hauteur voisine du village, à quelques centaines de mètres. Pour empêcher un mouvement tournant de l'ennemi, elle détacha une section qui prit de flanc les batteries prussiennes. En même temps, les deux autres sections prenaient position sur la droite de la route de Franvillers, prenant ainsi de flanc les batteries ennemies. Cette batterie leur fit beaucoup de mal, et ne perdit personne, grâce aux bonnes positions qu'elle occupait. Elle garda

---

(1) Le capitaine Ravaut conserva le commandement de cette batterie pendant la bataille de Pont-Noyelles.

ses positions, dans la nuit du 23 au 24, reprit son feu vers 9 h. 30 du matin, sur les colonnes ennemies qui s'approchaient ; les força à se retirer en désordre; ne cessa son feu que sur un ordre formel, et battit en retraite vers 3 heures. Cette batterie n'a perdu ni hommes ni chevaux.

La 3e batterie *bis* du 12e, capitaine de Montebello, était cantonnée à Bavelincourt, le 23 ; elle quitta ses cantonnements à 2 heures du soir, se portant sur les hauteurs qui dominent ce village, et ouvrit son feu sur les colonnes ennemies qui descendaient les pentes. Elle eut à lutter contre une batterie ennemie, et son feu n'a cessé qu'à la nuit. Dans cette lutte, cette batterie a perdu cinq hommes et un cheval. Après avoir couché sur ses positions, elle prit position, le 24, sur les hauteurs dominant Pont-Noyelles, tira sur une maison avancée du village, servant de poste à l'ennemi. Elle détacha une section à la disposition du colonel Pittié, et ne cessa son feu que lorsque la retraite fut ordonnée.

La 1re batterie *bis* du 15e, capitaine Collignon (capitaine Ravaut), cantonna à Béhencourt, et se rendit, vers 10 heures du matin, sur les hauteurs dominant Béhencourt et Pont-Noyelles. Elle s'établit en deux parties, une demi-batterie dominant Montigny et Bavelincourt, l'autre dirigeant son tir sur le village de Querrieux. Elle n'a perdu qu'un cheval, et a couché sur ses positions. Dans la journée du 24, elle tira peu, et lança quelques obus sur un état-major ennemi.

La 3e batterie principale du 12e, capitaine Beauregard, cantonnée à Pont-Noyelles, se rendit, vers 10 h. 30, sur la route de La Houssoye à Pont-Noyelles, à la montagne de la Bahotte. Elle détacha une section pour appuyer la batterie Chastang, et ouvrit le feu sur des colonnes ennemies qu'elle força à obliquer. Une batterie prussienne venant se placer en face, entre le moulin à vent et le cimetière, elle ouvrit un feu serré, et ce ne fut que lorsqu'une seconde batterie prussienne eut renforcé la première, que la batterie Beauregard dut se retirer en arrière ; de cette nouvelle position, elle fit éprouver des pertes sérieuses à l'ennemi. Cette batterie a perdu une vingtaine d'hommes, un sous-officier et sept chevaux. Après cette lutte, sa section détachée la rejoignit et la batterie régla alors son tir sur les colonnes ennemies, qui circulaient entre Fréchencourt et Pont-Noyelles ; à la nuit, elle cessa son feu, conserva sa position, et battit en retraite le 24, après en avoir reçu l'ordre.

La 2e batterie *ter* du 15e régiment, capitaine Beuzon, était, le 23, cantonnée à La Houssoye. A 11 heures du matin, elle se porta sur les hauteurs qui dominent le village de Pont-Noyelles, détacha une section à droite de la grande route d'Amiens, et plaça les deux autres à gauche de la même route. Cette batterie tira, dans cette position, contre une batterie prussienne située en arrière de Querrieux. Elle perdit douze hommes et autant de chevaux, se reporta en arrière pour se réorganiser, rejoignit la section détachée à droite de la route, et entretint un feu nourri contre le village de Fréchencourt, cherchant ainsi à empêcher le mouvement tournant de l'ennemi.

Cette batterie, après avoir couché sur ses positions, battit en retraite, le 24, après en avoir reçu l'ordre.

La 3ᵉ batterie *bis* du 15ᵉ, cantonnée à La Houssoye, se tint en position, au début de l'attaque, à gauche de la route de Pont-Noyelles, et reçut le feu violent de toute l'artillerie ennemie. Elle fut soutenue par deux sections de la batterie Beuzon, par une section de la batterie Beauregard; elle put alors se retirer en arrière, se réorganiser, et se remettre en batterie en face de Pont-Noyelles. Elle reçut ensuite l'ordre du général en chef de se porter en avant, mais les tirailleurs ennemis s'étant avancés à 150 mètres, elle voulut battre en retraite. En faisant amener les avant-trains, les chevaux furent presque tous blessés, et deux pièces furent laissées sur le terrain. Dès que les chasseurs eurent repoussé l'ennemi, les deux pièces furent reprises. Cette batterie a beaucoup souffert, elle a perdu 18 chevaux et 25 hommes. Elle a couché sur ses positions, et s'est retirée le 24, avec le reste de l'armée.

La 3ᵉ batterie *ter* du 15ᵉ, capitaine Halphen, était, le 23, cantonnée à Fouilloy. Elle partit à 10 heures du matin, laissant une section à Fouilloy, pour défendre le village. Le reste de la batterie se rendit sur les hauteurs dominant le village de Daours, et la vallée de la Somme.

Cette batterie a beaucoup souffert, étant prise de face et d'écharpe, par deux batteries prussiennes. Après avoir lutté avec la première, elle s'est retirée en arrière, et a imposé silence à la seconde. A la nuit, elle a cessé le feu. Le 24, elle est restée sur ses positions de la veille, et lorsque la retraite a été ordonnée, elle s'est portée en avant du bois d'Heilly, pour protéger la retraite. Cette batterie a perdu 21 hommes et autant de chevaux.

La 1ʳᵉ batterie mixte de marins, capitaine Giron, était cantonnée le 23 à La Neuville. Dès que l'attaque eût commencé, elle reçut l'ordre de porter secours aux batteries de notre gauche. Elle eut à lutter contre trois batteries prussiennes la prenant d'écharpe et de face, et perdit dans cette lutte beaucoup d'hommes et de chevaux. Après avoir épuisé ses munitions, elle a reculé en attendant ses réserves; après s'être réorganisée, elle reprit sa position, en espaçant ses pièces de 60 mètres. L'ennemi, croyant que la batterie avait battu en retraite, eut un tir long, de sorte que la batterie souffrit peu, à partir de ce moment.

Lorsque l'ennemi eût dessiné son attaque sur Querrieux, cette batterie se porta sur les hauteurs, et entretint un feu nourri contre le village qui brûla en plusieurs points. La nuit venue, elle dut cesser le feu et après avoir couché sur ses positions, elle battit en retraite, le 24, avec le reste de l'armée. Elle a perdu 1 officier, 2 sous-officiers, 22 hommes, et autant de chevaux.

La 2e batterie mixte de marins, capitaine Gaigneau, cantonnée le 23 à La Neuville, se porta, au commencement de l'action, sur les hauteurs en face du village de Bussy, à droite de Daours, ayant à lutter, comme la 1re batterie mixte de marins, contre trois batteries prussiennes.

Elle eut beaucoup à souffrir, et après s'être réorganisée rapidement, se mit en position au-dessus de Daours. Elle reçut ensuite l'ordre de se porter à la droite de la 1re batterie mixte, en face du village de Querrieux, tirant sur une batterie prussienne établie à gauche du village. Quand eut lieu la charge à la baïonnette, le feu de cette batterie cessa, et elle garda ses positions pendant la nuit. Elle battit en retraite le lendemain, 24, avec le reste de l'armée. Le capitaine Gaigneau a perdu 1 officier, 2 sous-officiers, 30 hommes, et autant de chevaux.

La 4e batterie *bis* du 15e, capitaine Monnier, était à Bray dans la matinée du 23. Elle est arrivée à La Neuville vers 11 heures, s'est rendue au combat en avant de Bussy, et à droite de Daours, près de la 2e batterie mixte de marins. Après avoir éprouvé quelques pertes dans cette position, elle s'est mise en batterie dans une vallée d'où elle ne pouvait avoir aucune action. Elle fut obligée de se retirer, et se rendit un peu plus tard sur le plateau en avant de Querrieux. Elle ne tira que quelques obus sur le village, la nuit étant arrivée. Cette batterie a peu souffert dans ses dernières positions, elle a perdu 11 hommes et 6 chevaux.

La batterie des mobiles d'Arras, capitaine Dupuich, était cantonnée à Corbie. Dès le commencement, elle se porta sur les hauteurs dominant Daours et Pont-Noyelles.

Elle dirigea son feu sur l'infanterie qui était dans la plaine. Le feu de l'ennemi s'étant rapproché elle dut tirer à mitraille. Protégée par l'infanterie, elle put se réorganiser. Cette batterie a perdu sept hommes, et autant de chevaux.

La batterie des mobilisés, commandée par le lieutenant de vaisseau Rolland, et composée de canons anglais, se porta dès le début de la bataille vers la droite. Elle tira quelques coups, mais les pièces s'étant échauffées, le jeu des culasses mobiles ne put s'effectuer, et la batterie dut cesser son tir. Une pièce eut sa culasse enlevée; ses pertes furent très faibles, et elle se retira du champ de bataille pour essayer de rectifier ses culasses, ce qu'elle ne put faire qu'à Albert.

Dans les journées du 23 et 24 décembre, l'artillerie française a prouvé qu'elle pouvait lutter avec l'artillerie ennemie. Le canon de 4 de campagne a notamment rendu de bons services et, malgré la critique dont il a été l'objet, il n'en reste pas moins notre meilleure bouche à feu. L'armement exclusif de nos projectiles avec fusées percutantes, les rend très redoutables, et leur effet sur les masses d'infanterie est considérable. Sur plusieurs points, les batteries de 12 de réserve ont par leur tir lent et bien dirigé, fait cesser le feu de plusieurs batteries prussiennes, situées à 2,500 ou 3,000 mètres. Dans toutes les batteries, les hommes se sont bien conduits, ils y ont fait preuve d'entrain, de bravoure et d'énergie.

Nos pointeurs sont bons, et la justesse de notre tir, très supérieure à celle de l'ennemi, a pu être constatée pendant la journée du 23.

En résumé, les bouches à feu que l'armée du Nord a mises en ligne dans la journée du 23, ont victorieusement lutté.

Les pertes ont été cruelles et se résument ainsi : 2 officiers, 9 sous-officiers, 150 hommes, 136 chevaux.

Beaurains, le 1er janvier 1871.

Le lieutenant-colonel, commandant l'artillerie
de l'armée du Nord,
CHARON.

Rapport sur les travaux exécutés par les troupes du génie attachées au 22ᵉ corps d'armée, à la bataille de Pont-Noyelles, le 23 décembre 1870.

Fampoux, 28 décembre 1870.

Une section de la 2ᵉ compagnie *bis*, du 2ᵉ régiment du génie, sous les ordres du capitaine Lucchini, reçut l'ordre de faire quelques travaux destinés à concourir à la défense du village de Daours.

Au moment où l'approche de l'ennemi était signalée, le capitaine Lucchini divisa sa petite troupe en trois parties ; il envoya la première partie, sous la conduite du sergent Dupuy, vers la gauche de Daours ; il conserva la direction de la deuxième partie qu'il avait établie au centre, et il dirigea la troisième vers la droite du même village, sous la surveillance du sergent Demout. Le détachement de droite, et celui de gauche, avaient reçu l'ordre de barrer les routes qui donnent accès dans le village, et de mettre ce village en état de défense. Le capitaine Lucchini avait, en outre, prescrit de se retirer sur le village de La Houssoye, en cas de retraite forcée.

Ces dispositions prises, le détachement central, commandé par le capitaine Lucchini, s'engagea en avant du village de Daours, et entra en ligne avec des marins. Ce détachement de sapeurs combattit jusqu'au moment où son capitaine tomba frappé d'une balle, en commandant une charge à la baïonnette. Il se retira ensuite sur Corbie, emportant son capitaine à l'ambulance.

Pendant ce temps, les détachements de droite et de gauche, avaient, suivant la prescription du capitaine, commencé des barricades, ainsi qu'une tranchée, destinée à barrer la route de Bussy à Daours. Ces travaux étaient en construction, quand, par suite, de la retraite des avant-postes, le combat s'étendit aux abords du village. Les sergents Dupuy et Demont firent alors cesser les travaux, et les deux détachements commencèrent le coup de feu.

Le sergent Demont se joignit, avec ses quelques hommes, à une compagnie de marins, se plaça derrière les barricades qu'il avait fait élever, et les défendit vigoureusement. Le sergent Dupuy en fit autant à la gauche, mais les deux détachements durent battre en retraite, et se retirer sur Corbie; La Houssoye, point indiqué par le capitaine Lucchini, était devenu inabordable pendant le combat. Tout en se retirant sur Corbie, le sergent Dupuy, n'a pu emmener une voiture chargée d'outils, les ponts de Daours ayant été coupés avant sa retraite. Trois sapeurs, dont un sapeur-conducteur, sont restés avec cette voiture, au pouvoir de l'ennemi.

A Querrieux, où la 2e compagnie du dépôt du 3e régiment du génie, attachée au 23e corps, avait l'ordre de se rendre, le capitaine Mangin, reçut du chef de bataillon Allard, commandant le génie du 23e corps, les instructions suivantes : barricader toutes les issues du village de Querrieux, de manière à permettre aux avant-postes d'opposer une résistance efficace à l'ennemi, et de donner le temps aux troupes, réunies en arrière, de venir les soutenir. Ce travail commença à 9 heures du matin, et fut terminé deux heures après, au moment où la fusillade se faisait entendre. Le général du Bessol donna à la section, et aux voitures du parc, l'ordre de se replier sur La Houssoye. Le travail exécuté se composait de trois barricades, divisées en deux parties, de manière à permettre à l'artillerie de se porter au besoin en avant. La plus importante fut établie sur la route de Querrieux à Amiens, en haut du village. Elle était flanquée sur les côtés par des feux de tirailleurs, postés, derrière un mur, sur une banquette en planches.

Les deux autres avaient été construites d'une manière plus rapide, quoique suffisantes pour résister au feu de l'infanterie.

La deuxième section devait se porter à Fréchencourt, et barrer les deux routes qui aboutissent en face du château.

Trois barricades, formées de deux parties, furent construites en travers de la route principale, qui aboutit en face du château, ainsi que sur les deux routes latérales. Une quatrième fut construite en travers de la rue qui aboutit sur la grande route, auprès de l'église. Une cinquième fut établie en avant du pont qui passe sur l'Hallue, à Fréchencourt, afin de protéger les travailleurs, qui auraient démoli ce pont, si l'ordre en avait été donné.

Quelques soldats du génie abattaient, en outre, des arbres, dans la plaine en arrière de l'Hallue, afin de permettre, d'enfiler la grande route qui traverse Fréchencourt. Ce travail fut achevé quelques temps après que les troupes placées à Fréchencourt se furent retirées. La section du génie informée, par les gens du pays, que la route directe de Corbie était impraticable pour les voitures du parc, dut se replier sur La Houssoye, où elle rencontra la portion principale de la compagnie.

Vers l'extrême droite, un détachement de douze sapeurs était mis à la disposition de la batterie Bocquillon.

Il abattit quelques arbres, qui gênaient la direction du tir, et le sous-lieutenant Ranger se mit à la disposition du général Derroja, qui l'employa comme officier d'ordonnance.

Le chef de bataillon, commandant le génie du 22e corps,

THOUZELLIER.

Rapport du Sous-Intendant de la 1re division du 22e corps.

Gavrelles, 28 décembre.

Monsieur l'Intendant en chef,

Le 23, vers 1 heure de l'après-midi, je fus invité par M. le général Derroja, commandant la division, à diriger immédiatement le convoi sur Franvillers et à y attendre de nouveaux ordres. L'ennemi venait de paraître sur la rive droite de nos positions, opérant un mouvement tournant pendant l'attaque de Pont-Noyelles.

Je donnai le signal du départ et je surveillai le mouvement jusqu'à ce que toutes les voitures attelées fussent sorties du village. Après m'être assuré qu'il ne restait plus que trois ou quatre voitures à Bavelincourt, je chargeai l'officier comptable de ne pas quitter ce village avant leur départ, et je mis le lieutenant Pelletier à la recherche des conducteurs.

Arrivé à Franvillers vers 3 h. 30, mon premier soin fut d'installer l'ambulance dans une maison et d'organiser les moyens de secours et de transport que je conduisis dans la direction du champ de bataille. Cette ambulance volante recueillit un assez grand nombre de blessés, près de Béhencourt ; mais, à mon regret, je ne pus pénétrer dans ce village occupé par l'ennemi.

Je rentrai à Franvillers, vers 8 heures du soir. L'ambulance était en pleine activité ; elle fonctionna toute la nuit et donna des soins a plus de 60 blessés, qui furent transportés le lendemain matin à la gare d'Albert sur des voitures de réquisition.

Environ 40 nouveaux blessés furent admis à l'ambulance dans la journée du 24; plusieurs amputations furent pratiquées par M. le docteur Baudoin.

Vers 4 heures du soir, je reçus l'ordre de suivre le mouvement de retraite des troupes vers Albert; je pus faire évacuer les derniers blessés avant de diriger sur Senlis les services administratifs de la division.

Dans ces diverses circonstances, chacun rivalisa de zèle, d'activité et de dévouement.

22ᵉ CORPS.

Rapport du lieutenant-colonel Aynès.

Arras, 26 décembre.

J'ai l'honneur de vous adresser le compte rendu de la part prise par les troupes de la brigade aux combats livrés sur les bords de l'Hallue, dans les journées des 23 et 24 décembre courant.

L'armée occupait depuis deux jours sur l'Hallue, une série de villages où elle était cantonnée. En arrière de ces villages, s'étend une suite de hauteurs faciles à défendre, et sur lesquelles les divers corps avaient leurs positions de combat assignées à l'avance.

Le 2ᵉ bataillon de marche de chasseurs à pied, le 67ᵉ régiment d'infanterie de marche, la batterie Bocquillon occupaient les cantonnements de Vadencourt et de Contay, villages situés en avant de l'Hallue.

Les positions de combat de ces troupes étaient très fortes; en avant de Contay, un bataillon, fortement appuyé à un moulin à vent et à une briqueterie, en grande partie dissimulé dans un chemin creux, perpendiculaire à la route départementale d'Amiens à Arras; à la lisière du bois de Vadencourt, qui domine la route de Contay à Harponville, trois compagnies de chasseurs à pied; le reste du bataillon couvrant la route de Vadencourt à Harponville; sur la route départementale d'Amiens à Arras, à l'entrée du village de Contay, vers Bavelincourt deux compagnies. Sur la rive gauche de l'Hallue, qui, dans cet endroit, est très voisine de sa source, mais cependant très difficile à franchir, à cause de l'escarpement des berges, un bataillon d'infanterie, détachant de nombreux tirailleurs parallèlement à la route départementale et au ruisseau, la droite à la hauteur de la gauche du bataillon placé au moulin à vent et à la briqueterie, la gauche tendant vers Bavelincourt; sur la même rive de l'Hallue, sur un mamelon très escarpé dominant Vadencourt et Contay, position extrêmement forte et qui prêtait parfaitement au placement de deux lignes de tirailleurs donnant des feux étagés, trois compagnies et la batterie d'artillerie du capitaine Bocquillon. La position occupée par le bataillon, placé au au moulin et à la briqueterie en avant de Contay, n'était qu'une position d'expectative ou de résistance modérée ; en cas d'attaque vigoureuse de l'ennemi, le bataillon qui s'y trouvait devait venir se placer en arrière des tirailleurs déployés le long de l'Hallue, la droite appuyée au chemin de grande communication, qui joint Contay à Franvillers, et séparée par ce chemin du mamelon où était l'artillerie. Le terrain présentait comme couvert pour ce bataillon, ainsi placé en seconde ligne, un chemin creux dans lequel les hommes étaient presque complètement couchés.

Le mamelon escarpé sur lequel était placé l'artillerie était, dans cette partie du champ de bataille, un point d'une extrême importance, très facile d'ailleurs à défendre, qu'il fallait à tout prix conserver pour garantir l'armée d'un mouvement tournant que l'ennemi pouvait tenter sur la droite, afin de nous couper de la route d'Arras. En face de ce mamelon, à l'éperon du bois de Vadencourt, les trois compagnies de chasseurs à pied, en se montrant à la lisière du bois, devaient exercer une action de présence heureuse, en laissant supposer que le bois était entièrement occupé, et décourager ainsi l'ennemi du mouvement tournant qui était à craindre sur notre droite.

De leurs positions élevées, ces trois compagnies surveillaient, au loin, la plaine ondulée qui s'étendait devant nous. A la gauche de ma position se trouvaient cantonnés : à Bavelincourt, deux bataillons de garde nationale mobile du 91e régiment (Pas-de-Calais); à Beaucourt, un bataillon du même régiment. Les positions de combat de ces trois bataillons étaient sur les plateaux dominant en arrière les villages de Bavelincourt et de Béhencourt. En cas d'une attaque sérieuse de l'ennemi, les villages devaient être abandonnés après une résistance honorable, et les trois bataillons devaient reprendre aussitôt leurs positions en arrière, sur les plateaux.

Le 23 décembre, vers 11 h. 30, l'ennemi attaqua vigoureusement le village de Beaucourt, et s'en empara, ainsi que des autres villages de la rive droite, Montigny et Fréchencourt.

Les bataillons de mobiles s'établirent sur le plateau en arrière de Bavelincourt, le centre appuyé au bois de Bavelincourt. Un peu en arrière, et à gauche, la batterie Montebello (de 8) ouvrit le feu contre les batteries ennemies placées de l'autre côté de l'Hallue. Le combat d'artillerie continua jusqu'à 4 heures, assez faiblement soutenu de part et d'autre. L'ennemi avait, dès midi et demi, occupé le village de Bavelincourt, mais il ne chercha pas à gravir les pentes du plateau que nous occupions.

A 4 h. 30, le général de division en personne, et le lieutenant-colonel

Fovel commandant le 91º de mobiles, firent reprendre à la baïonnette le village de Bavelincourt, sur la rive gauche, et la ferme (du château) d'Ebart, sur la rive droite. La nuit était venue; il n'était plus possible de tenter contre Beaucourt une attaque sérieuse, et ce village demeura au pouvoir de l'ennemi qui l'occupait en force.

La reprise à la baïonnette du village de Bavelincourt eut lieu avec le plus grand entrain. Ce coup de vigueur fait le plus grand honneur au lieutenant-colonel Fovel, et à ses jeunes troupes qui allaient au feu pour la première fois; il nous permettait de passer la nuit dans nos cantonnements du matin.

A droite, vers Contay et Vadencourt, l'ennemi n'avait pas tenté une attaque sérieuse; il s'était borné à quelques démonstrations, et avait échangé avec la batterie Bocquillon quelques obus, au grand désavantage des Prussiens.

Vers 4 h. 30, sur l'ordre du général commandant la division, je me portai de ma personne à Contay. Je laissai dans leurs positions, sur le mamelon escarpé, une section d'artillerie, les trois compagnies qui s'y trouvaient, et le bataillon qui observait par ses tirailleurs les bords de l'Hallue. J'emmenai avec moi tout le reste, opérant un changement de front, l'aile droite en avant, le pied du plateau du bois de Bavelincourt servant de pivot. Ce mouvement, vigoureusement conduit et habilement dirigé, pour le détail, par le lieutenant-colonel de Linières, conduisit cette partie de ma brigade sur un mamelon élevé dominant la route de Bavelincourt à Hérissart, parallèlement à laquelle s'étend une série de bois, qui étaient encore occupés par l'ennemi, avec lequel nos tirailleurs échangèrent quelques coups de fusil. La nuit était venue; je dus faire cesser le feu et m'arrêter sur la position que j'occupais, renonçant ainsi à poursuivre ce mouvement tournant, qui m'aurait assuré définitivement la possession des bois en avant de mon front, aurait probablement décidé l'abandon par l'ennemi du village de Beaucourt, et peut-être amené sa retraite définitive.

J'envoyai fouiller les deux bois plus près de moi; l'un n'était plus occupé, l'autre plus rapproché de Beaucourt l'était encore assez fortement, et le capitaine Didio qui commandait la reconnaissance que j'y dirigeai fut blessé et resta sur le terrain. La reconnaissance revint, et me rendit compte. J'envoyai une nouvelle reconnaissance, pour retrouver le capitaine, et me mieux assurer de la situation; elle trouva le bois abandonné, mais le village de Beaucourt fortement occupé. Le général commandant la division se rendit sur la position que j'occupais; sur son ordre, les troupes rentrèrent dans leurs cantonnements à 7 h. 30, à la nuit complètement close, ayant pour instruction de rejoindre le lendemain de bonne heure, au moins à titre de démonstration, les positions qu'elles quittaient.

Le 24, à 7 heures, les troupes reprirent leurs positions de la veille au soir, mais le mouvement tournant de la droite ne fut que dessiné, parce qu'il était de nature à donner au combat une direction qui pouvait ne pas entrer dans les intentions du général en chef. Du mamelon situé en face de la route de Bavelincourt à Hérissart je constatai la présence, dans les bois et dans les terrains découverts, de forces assez nombreuses d'infanterie et de cavalerie paraissant se diriger vers notre droite. Sur l'ordre du général de division, je me retirai, très lentement, en très bon ordre, et en échelons successifs, sur la rive gauche de l'Hallue dans les fortes positions reconnues et adoptées la veille.

L'ennemi occupa, par des vedettes et des sentinelles, le mamelon que je quittais, et plus tard dans la journée, y établit une batterie qui nous lança deux obus, qui ne nous atteignirent pas, et se retira aussitôt après.

A 2 h. 30, sur l'ordre du grand quartier général, les troupes se retirèrent lentement et méthodiquement, en dissimulant, sous l'apparence de manœuvres, leur mouvement de retraite, et prirent la route de Baizieux, pour se rendre dans les villages de Senlis et Forceville, où elles devaient passer la nuit.

Rapport du colonel Pittié.

Rœux, 26 décembre.

Mon Général,

J'ai l'honneur de vous adresser le compte rendu de la part prise par les troupes de la 2ᵉ brigade, aux combats des 23 et 24 décembre.

Ces troupes, dès le 20, avaient pris position dans Montigny et dans Béhencourt.

Montigny, dominé de toutes parts, ne pouvait être efficacement défendu ; la défense de Béhencourt n'était possible que par la possession des deux plateaux qui dominent ce village, en arrière de l'Hallue.

L'Hallue, petit affluent de droite de la Somme, pas large, mais assez profondément encaissé, formait d'ailleurs une ligne défensive assez réelle.

J'ai donc, dès l'abord, arrêté les dispositions suivantes : le 1ᵉʳ bataillon des mobiles du Nord, soutenu par une compagnie du 68ᵉ de marche (capitaine Lebel) (1), devait prendre position sur la rive gauche de l'Hallue, mettant à profit les accidents de terrain, ou autres obstacles formés par les haies, les arbres, etc..... Le pont du moulin de Béhencourt, donnant accès dans le village, avait été détruit; une coupure

---

(1) 3ᵉ compagnie du 1ᵉʳ bataillon du 24ᵉ.

profonde avait été pratiquée en avant du pont de Montigny, des abatis barraient en arrière le passage de ce même pont.

La défense du plateau, qui domine directement Béhencourt, devait être confiée au 68ᵉ régiment de marche (colonel Cottin); le deuxième plateau, situé au-dessus de Fréchencourt, devait être placé sous la protection du 17ᵉ bataillon de chasseurs (commandant Moynier), et des 2ᵉ et 3ᵉ bataillons des mobiles du Nord.

La batterie Ravaut, divisée en deux portions, était naturellement adjointe, par parties égales, à chacune de mes deux demi-brigades. Les mouvements de l'ennemi ont été observés avec le plus grand soin. J'ai su par des rapports certains, que les villages de Cardonnette, Allonville, que nous avions occupés quelques jours auparavant, étaient l'objet de ses incursions journalières.

Une forte reconnaissance de cavalerie, dirigée par M. le capitaine de dragons, m'a signalé, le 23 au matin, l'arrivée d'une colonne prussienne assez considérable à Molliens-aux-Bois. C'était le signe évident d'une attaque prochaine, et j'ai tout aussitôt disposé mes troupes, suivant l'ordre indiqué plus haut; Montigny, abandonné par nous, a été occupé par les Prussiens entre midi et 1 heure.

L'ennemi, toutefois, n'a pas essayé d'enlever de vive force le passage de l'Hallue.

Une vive fusillade s'est engagée des deux parts, pendant laquelle le bataillon des mobiles du Nord a subi quelques pertes.

Le village de Beaucourt, situé sur ma droite, ayant été forcé sur ces entrefaites, les mobiles se sont repliés, non sans quelque désordre et tout le poids de l'action a été momentanément abandonné à la compagnie Lebel. Je ne saurais assez louer l'énergie déployée en cette circonstance par cette petite mais vaillante troupe. Le moulin a été particulièrement l'objet d'une défense opiniâtre; M. le capitaine Lebel, dont j'ai eu maintes fois l'occasion d'apprécier le courage, se loue très hautement de l'assistance que lui ont prêtée ses officiers.

J'ajoute que les mobiles, ont fait, en somme, une contenance convenable et que leur mouvement de recul ne s'est accentué que par la crainte justifiée d'une attaque tournante.

Il convient de rendre justice aux qualités déployées en cette circonstance par M. le commandant de Lalène-Laprade et quelques-uns de ses officiers.

Les Prussiens n'ont occupé Béhencourt qu'à la nuit close. Un retour offensif, tenté par un bataillon de garde nationale mobilisée, n'a pu réussir à les en déloger.

L'action, pendant ce temps, s'était engagée avec une vivacité singulière du côté de Querrieux et de Fréchencourt. Craignant une attaque combinée dans ces deux directions, j'avais fait garder par une triple ligne de tirailleurs, soutenue par de fortes réserves, les pentes qui rejoignent ces villages au plateau défendu par le 17e bataillon de chasseurs et les 2e et 3e bataillons du Nord.

L'ennemi, après son entrée dans Fréchencourt, a tenté, à maintes reprises, de forcer le passage de l'Hallue. Les tirailleurs du 1er bataillon, dont l'attitude a été excellente, lui ont infligé des pertes très sensibles et l'ont toujours obligé à se replier. Les entreprises de l'ennemi n'ont pas davantage réussi sur le flanc gauche du plateau, gardé par les mobiles, et toutes les positions de ce côté ont été conservées.

Le 68e régiment de marche, sous la direction de M. le colonel Cottin n'a pas agi sur la droite avec un moindre succès.

L'ennemi n'a pu dépasser Béheucourt.

Une reconnaissance prussienne, dirigée sur le centre de nos positions, a été vigoureusement repoussée par la compagnie de marche de M. le capitaine Thierry.

Vers 4 heures du soir, trois compagnies du 68e ont été lancées sur Bavelincourt par M. le général commandant la division et ont enlevé ce village à la baïonnette avec l'entrain des vieilles troupes.

La journée du 24 se résume en un combat de tirailleurs et d'artillerie. J'ai conservé les dispositions qui m'avaient réussi la veille et l'ennemi n'a pas tenté de nous attaquer sérieusement. J'insiste cependant sur la très remarquable solidité dont a fait preuve le 17e bataillon de chasseurs pendant cette deuxième journée. Atteints par des feux convergents, partis de Béhencourt et de Fréchencourt, les tirailleurs de ce bataillon n'ont pas cédé un pouce de terrain, et cela malgré des pertes successives et pour ainsi dire incessantes.

Quelques compagnies du 64e, placées en soutien, ont également fait montre de qualités non communes.

Je dois, avant de terminer, faire ressortir les nombreux et importants services qui m'ont été rendus par la batterie de M. le capitaine Ravaut pendant les deux journées. Positions habilement choisies, très grande rapidité dans les mouvements, justesse de tir à peu près parfaite; telles sont les qualités principales dont cette batterie a fait preuve. Elle a fait subir à l'ennemi des pertes très sérieuses et à très efficacement coopéré au succès.

Rapport du général du Bessol.

Biache, 29 décembre.

Le 23, à 9 heures du matin, les grand'gardes, placées en avant du bois de Querrieux, signalèrent de fortes colonnes prussiennes qui, sortant d'Amiens, se dirigeaient sur nos positions par des routes différentes.

La compagnie des francs-tireurs, commandant Bayle, annonçait la marche, sur notre droite, de 7,000 ou 8,000 Prussiens.

Les troupes de la division furent alors réunies pour prendre les positions de combat assignées le 21, tout en laissant dans les villages de Daours, Bussy-Daours et Querrieux le nombre d'hommes nécessaire pour en défendre les approches. Des compagnies occupèrent les premières maisons et la tête des rues; elles furent renforcés par les grand'-gardes, qui se retirèrent en combattant et on laissa, par corps, une compagnie de soutien avec l'ordre de résister le plus longtemps possible.

Le reste de la division arrivait sur les hauteurs au moment où les premiers coups de canon partaient du côté de l'ennemi; la division était alors seule pour couronner toutes les hauteurs et le 20e bataillon de chasseurs, situé à l'extrême gauche, ne put me rejoindre que vers 2 heures, après avoir été relevé par le 23e corps.

La garde mobile de Somme-et-Marne, venue de Fréchencourt, fut placée en tête de la gorge qui va de Pont-Noyelles à La Houssoye.

Les villages furent énergiquement défendus, mais l'ennemi s'étant emparé du parc du château de Querrieux, put arriver, à travers les arbres, jusqu'à la rivière, tournant ainsi les obstacles placés dans les rues et menaçant d'envelopper les défenseurs. Ce mouvement décida l'abandon du village.

Maîtres de Pont-Noyelles, les Prussiens crénelèrent les premières maisons, lancèrent des tirailleurs dans la plaine et firent placer deux batteries entre le cimetière et le moulin de Querrieux.

J'avais fait avancer la batterie Chastang sur un mamelon qui domine toute la vallée; elle lutta seule pendant plus de deux heures contre trois batteries ennemies et essuya de grandes pertes. A ce moment, je pus la faire appuyer par deux pièces de 12, tirées d'une batterie placée plus à droite. Ces deux pièces produisirent un grand effet. Il est regrettable que les pièces de ce calibre ne soient pas en nombre plus considérable, ce sont les seules qui luttent victorieusement. Les quatre autres pièces tenaient tête à des batteries placées en arrière de Querrieux, en même temps qu'elles tiraient sur des colonnes prussiennes qui se formaient dans Pont-Noyelles pour attaquer les hauteurs. Une deuxième batterie, celle du capitaine Beuzon, placée un peu plus à gauche, avait le même objectif.

Vers 2 heures, l'ennemi essaya un mouvement tournant par Fréchencourt; une colonne prussienne de trois ou quatre bataillons s'élança de Pont-Noyelles au pas de course pour appuyer ce mouvement.

L'attaque fut très vigoureuse; les tirailleurs arrivèrent jusqu'à hauteur des batteries; ils furent arrêtés et repoussés par le feu de l'artillerie et la mise en mouvement de quelques bataillons de réserve, qui les poussèrent jusqu'à l'Hallue.

Vers 4 heures, on essaya de reprendre la ligne de l'Hallue et les villages situés de l'autre côté : le 20ᵉ bataillon de chasseurs, un bataillon du 43ᵉ et, plus à droite, le 91ᵉ et le 18ᵉ bataillon de chasseurs se portèrent en avant. Cette attaque vigoureuse rejeta l'ennemi de l'autre côté de la rivière. Bussy fut enlevé, ainsi que Pont-Noyelles ; mais la résistance devint terrible au pont de Querrieux et le 18ᵉ bataillon de marche, après avoir enlevé les premières maisons, dut se retirer avec des pertes sensibles. Le commandant Vaton fut blessé dans cette affaire.

A la tombée de la nuit, une nouvelle attaque fut essayée ; un bataillon de mobiles, qui était en tête, fut reçu par un feu violent ; les Prussiens s'étaient embusqués pour nous attendre et faisaient même des sonneries françaises pour nous attirer.

Quelques officiers s'y trompèrent ; le capitaine Audibert, du 33ᵉ, fut fait prisonnier. Cet officier avait brillamment conduit son bataillon pendant la journée.

Cette dernière tentative eut pour résultat de rejeter les Prussiens dans Pont-Noyelles.

La nuit, du reste, était venue et le désordre produit par ces différents assauts ne permettait pas de renouveler une attaque sérieuse ; on reprit position sur les hauteurs pour être prêt à recommencer le combat le lendemain.

Les pentes vis-à-vis Pont-Noyelles sont les plus accessibles, tandis que les hauteurs de l'autre côté de l'Hallue, en arrière de Querrieux, sont assez rapprochées pour fournir à l'ennemi d'excellentes positions. Il n'est donc pas étonnant que les Prussiens aient choisi ce point pour y diriger leur principal effort, essayant de percer notre ligne au centre et de couper notre ligne de retraite sur La Houssoye.

La 2ᵉ division, espacée sur les crêtes au commencement de l'action, s'est réunie pour tenir tête à cet effort ; mais elle a beaucoup souffert, d'autant plus que son artillerie avait fait de grandes pertes au début du combat. Elle a lutté victorieusement. L'infanterie a montré une grande solidité. J'ai eu moins à me louer des troupes de soutien venues du 23ᵉ corps, des mobilisés surtout.

23ᵉ CORPS.

Rapport du général Paulze d'Ivoy.

Mon Général,

J'ai l'honneur de vous adresser le rapport suivant, sur la part prise par mon corps d'armée à la bataille de Pont-Noyelles.

Prévenu à midi de prendre les armes, pour repousser l'attaque dirigée par les Prussiens sur nos positions de l'Hallue, je portai, en toute hâte, mes troupes aux points assignés, sur les hauteurs qui bordent la rive gauche de cette rivière : la gauche de ma ligne appuyée à la route de Corbie à Daours, la droite reliée au 22ᵉ corps.

Mes troupes, composées de la division Moulac, étaient disposées sur deux lignes; la première formée par deux bataillons du régiment de fusiliers marins, commandant Rouquette, était couverte par des tirailleurs, et appuyée par une batterie de réserve, capitaine Gaigneau.

La deuxième était composée des trois bataillons de mobiles du 48ᵉ régiment (colonel Degoutin), déployés en colonnes de division, et abrités dans un pli de terrain, à 800 mètres en arrière de la première; à droite et en avant, le 19ᵉ bataillon de marche de chasseurs à pied occupait, par une compagnie, la lisière d'un bois derrière lequel les autres compagnies étaient en réserve, prêtes à renforcer les points menacés.

La gauche de ma ligne était appuyée par quatre pièces de la batterie Halphen, établies sur les hauteurs de la Neuville.

La deuxième batterie de la division Moulac (mobiles d'Arras) appuya bientôt la première ligne.

La 2ᵉ brigade de la division Moulac (colonel Delagrange) occupait, avec deux pièces de la batterie Halphen, le village de Fouilloy, détachant le 5ᵉ bataillon de mobilisés du Pas-de-Calais pour observer, par ses tirailleurs, la vallée de la Somme, de La Neuville à Daours.

La 2ᵉ division du 23ᵉ corps, général Robin, occupait, au centre de l'armée, des positions, de concert avec le 22ᵉ corps; son éloignement ne m'a point permis de suivre ses mouvements.

A peine arrivé sur le terrain, la division Moulac fut immédiatement engagée avec les tirailleurs ennemis, et ses batteries exposées au feu roulant, et bien dirigé, de deux batteries prussiennes, en position sur les hauteurs de la rive droite de l'Hallue.

Après une demi-heure de lutte, la batterie Gaigneau dut se replier, et la batterie de mobiles, que j'avais dirigée pour l'appuyer, ne put même se mettre complètement en batterie, tellement le tir des Prussiens était bien réglé.

C'est à ce moment que j'aperçus deux fortes colonnes prussiennes en marche sur Daours; je prescrivis de les faire battre par la batterie Halphen, à laquelle j'envoyai l'ordre de quitter sa position de La Neuville, pour se rapprocher.

Mais pendant le temps qu'elle mit à arriver, les colonnes ennemies avaient pénétré dans le village, et cette batterie dut se borner à engager un feu d'artillerie avec celles qui lui étaient opposées.

Je ne saurais trop insister sur l'énergie du capitaine Halphen, et sur la précision du tir de ses pièces. Ce combat, se prolongea jusqu'à 3 h. 30.

Mes régiments d'infanterie supportaient avec l'aplomb et la ténacité de vieilles troupes, la pluie de projectiles qui sillonnait le plateau.

Mes fusiliers marins commençaient à se trouver fortement engagés, surtout du côté de Daours.

J'envoyai dans la direction de ce village, sur lequel s'était porté lui-même l'amiral Moulac, un bataillon du 48ᵉ régiment de mobiles, qui avait ordre de tourner le village par la gauche, pendant que deux compagnies du 19ᵉ bataillon de chasseurs à pied, disposées en colonnes d'assaut, devaient l'attaquer à la baïonnette.

Cette dernière colonne, que commandait le capitaine Sabot (du 19ᵉ bataillon), sous la conduite de l'amiral, s'avança, sous un feu très vif, jusqu'à l'église de Daours, qu'elle ne put dépasser.

L'attaque du bataillon de mobiles, sur la gauche, n'eut pas de suite.

C'est à ce moment, mon Général, qu'eut lieu votre arrivée sur le théâtre de la lutte, lutte que nous étions en droit de croire couronnée de succès, puisque j'ai pu vous accompagner jusqu'à l'entrée du village avec le lieutenant-colonel Marchand, mon chef d'état-major, qui conduisit lui-même, avec beaucoup d'entrain, dans le village de Daours, à l'amiral Moulac, une nouvelle compagnie de renfort.

Mais la nuit s'était faite, on ne se reconnaissait plus, et le feu cessa sur toute la ligne.

Persuadé que nous étions restés maîtres de la position, j'y envoyai, pour recueillir nos blessés, M. l'intendant Lafosse, dont je ne saurais trop louer le zèle et l'activité dans cette journée; mais il fut reçu par des coups de fusil.

Cet événement me paraissait tellement impossible que je crus devoir m'en assurer par moi-même, et je me dirigeais sur Daours avec mon chef d'état-major, et un faible détachement du 48ᵉ régiment de mobiles, lorsqu'à cinquante pas nous fûmes arrêtés par le qui-vive prussien, suivi d'une fusillade assez vive, à la suite de laquelle le feu cessa sur toute la ligne; les troupes restèrent en position, échangeant, de temps en temps, quelques coups de fusil avec les avant-postes prussiens.

Elles la conservèrent, pendant toute la nuit, malgré la rigueur de la température, et c'est un titre de gloire, pour elles, d'avoir su résister à de si rudes fatigues.

La 2ᵉ brigade (colonel Delagrange) ne fut pas inquiétée, et conserva toute la journée ses positions dans le village de Fouilloy.

Telle est, mon Général, la part prise par les troupes de mon corps d'armée au combat de Pont-Noyelles.

Le Commandant supérieur au Chef d'état-major, à Lille (D. T.).

Avesnes, 23 décembre, 10 h. 40 soir. Expédiée à 10 h. 59 soir (n° 5375).

La colonne est arrivée à Avesnes, vers 7 heures du soir, en très bon ordre. Les zouaves éclaireurs sont seuls demeurés à La Capelle, où je les fais rester jusqu'à nouvel ordre. Ils surveillent les routes de Vervins et de Guise.

Toute la colonne est cantonnée dans les environs d'Avesnes, de manière à pouvoir être réunie en un instant.

Le général Farre au Commissaire général et au colonel de Villenoisy, à Lille (D. T.).

Corbie, 23 décembre, 8 h. 20 soir. Expédiée à 8 h. 55 soir (n° 10622).

Bataille de 11 heures à 5 heures, vigoureusement soutenue sur toute la ligne, depuis Daours jusqu'à Contay; succès complet sur la droite, résultat indécis sur la gauche; au centre, le village de Pont-Noyelles incendié n'a pu être repris; les troupes couchent sur leurs positions de combat. Je n'ai pas encore rejoint le général en chef qui va bien.

Dépêche du général Faidherbe à M. Testelin et au Préfet du Nord, à Lille.

Aujourd'hui, de 11 heures à 6 heures, bataille à Pont-Noyelles. Nous sommes restés maîtres du champ de bataille, après un long combat d'artillerie terminé par une charge d'infanterie sur toute la ligne.

Le Préfet du Nord au général Faidherbe, à Corbie.

Lille, 23 décembre.

Monsieur Testelin n'a pas reçu votre dépêche; il a reçu votre lettre, et est parti pour Corbie par le train de 2 heures.

CAMPAGNE DE L'ARMÉE DU NORD.

d) Situations et emplacements.

Pertes de l'armée du Nord pendant les journées des 23 et 24 décembre.

	OFFICIERS			HOMMES			CHEVAUX		
	Tués.	Blessés.	Disparus.	Tués.	Blessés.	Disparus.	Tués.	Blessés.	Disparus.
Génie.................	»	1	»	»	»	3	»	»	»
Artillerie.................		2			159			136	
Cavalerie.................	»	»	»	»	»	3	2	»	3
1re DIVISION.									
1re brigade.									
2e bataillon de chasseurs......	»	»	»	1	1	2	»	»	»
67e de marche. { 75e de ligne....	»	2	»	1	7	7	»	»	»
{ 65e de ligne....	»	»	»	»	2	»	»	»	»
91e mobiles.................	»	3	»	»	25	120	»	»	»
2e brigade.									
17e chasseurs à pied.........	»	2	»	11	77	10	»	»	»
68e de ligne.................	»	1	»	1	25	42	»	»	»
46e mobiles.................	»	3	1	6	64	105	»	»	»
2e DIVISION.									
1re brigade.									
20e chasseurs à pied.........	1	1	»	5	32	31	»	»	»
69e de marche. { 43e de ligne....	1	2	1	2	17	81	»	»	»
{ Infanterie de marine........	»	2	»	2	14	51	»	»	»
Mobiles du Gard............	»	1	»	»	50	119	»	»	»
2e brigade.									
18e bataillon de chasseurs.....	1	2	»	22	82	261	»	»	»
2 bataillons du 91e, 1 bataillon du 33e........	2	4	1	27	193	207	»	»	»
Mobiles de Somme-et-Marne...	»	3	»	9	78	68	»	»	»
Éclaireurs.................	»	1	»	1	11	»	»	»	»
Division MOULAC.									
19e bataillon de chasseurs.....	»	1	»	4	18	122	»	»	»
1er bataillon de marins.........	»	3	»	10	14	231	»	»	»
3e bataillon de marins.........	»	»	3	7	44	115	»	»	»
48e régiment de mobiles......	»	1	3	10	14	231	»	»	»
47e régiment de mobiles......	»	»	»	»	21	»	»	»	»
État-major.................	»	1	»	»	»	»	»	»	»
Ouvriers d'administration.....	»	»	»	»	1	4	»	»	»
Mobilisés.... { 3e régiment....	»	»	»	22	35	»	»	»	»
{ 1er voltigeurs....	»	»	»	2	40	»	»	»	»
{ 2e voltigeurs....	»	»	»	2	10	»	»	»	»
TOTAL........	5	45	9	145	1,031	1,904	»	»	»

Pertes de l'armée allemande pendant les journées des 23 et 24 décembre.

	TUÉS, BLESSÉS OU DISPARUS.		
	OFFICIERS.	HOMMES.	CHEVAUX.
Ier CORPS D'ARMÉE.			
4e régiment......................	1	8	1
3e —	»	14	»
6e batterie légère	2	3	6
Total.............	3	25	7
VIIIe CORPS D'ARMÉE.			
28e régiment.....................	3	63	1
65e —	11	208	»
68e —	6	66	»
33e —	11	244	1
29e —	2	101	»
69e —	»	21	4
40e —	»	26	»
70e —	2	25	1
8e bataillon de chasseurs..........	»	27	»
7e hussards......................	1	6	17
9e —	»	3	10
Artillerie.........................	6	62	47
Total.............	42	853	82
3e DIVISION DE CAVALERIE.			
14e uhlans......................	»	3	1
Total général....	45	881	90

CHAPITRE XI.

JOURNÉE DU 24 DÉCEMBRE.

a) Journaux de marche.

22e CORPS.

A 6 heures du matin, les troupes reprennent les armes sur les positions de la veille.

A 2 heures, marche en retraite.

Quartier général et compagnie du génie : à Senlis.

1re division : Senlis, Hédeauville, Varennes, en passant par Warloy.

2e division, Bresle, La Viéville, Millencourt, en suivant la grande route d'Albert depuis La Houssoye.

2e DIVISION.

La division quitte le champ de bataille à 2 heures précises pour aller prendre les cantonnements suivants :

Général commandant la division : à Hénencourt ;

Services administratifs dirigés sur Albert ;

3e batterie principale du 12e, 3e batterie *ter* du 15e à Hénencourt ;
3e batterie *bis* du 15e : à Bresle.

1re brigade.

Colonel commandant la 1re brigade : à Hénencourt ;
20e chasseurs : à Hénencourt ;
Infanterie de marine, 43e de ligne : à Hénencourt ;
Garde mobile du Gard : à Bresle.

2e brigade.

Colonel commandant la 2e brigade : à Bresle.
18e chasseurs, 33e de ligne, 91e de ligne : à Bresle ;
Régiment de Somme-et-Marne : à La Viéville.

23ᵉ CORPS.

2ᵉ *brigade de mobilisés.*

La brigade réunie se forme en bataille en face de Béhencourt.
Le commandant de la division est présent. Froid extrême.
A 3 heures de l'après-midi, départ : quatre bataillons à Bouzincourt, trois bataillons à Aveluy.

b) Organisation et administration.

Le Ministre de la guerre au général Faidherbe, à Lille (D. T.).

Bordeaux, 24 décembre, 8 h. 30 soir (n° 5188).

La 1ʳᵉ compagnie *bis* du 3ᵉ régiment du génie, 200 hommes avec son parc, est partie avant-hier pour Lille.

c) Opérations.

Ordre du Général commandant le 22ᵉ corps.

Franvilliers, 24 décembre.

Toutes les troupes du 22ᵉ corps, sauf celles qui se trouvent avec le général Derroja, devront se replacer à 6 heures du matin sur les positions qu'elles occupaient hier. Elles devront, jusqu'à nouvel ordre, s'opposer à tout mouvement offensif de l'ennemi.

Les batteries d'artillerie prendront position de façon à surveiller, en se montrant le moins possible, les débouchés des villages de Pont-Noyelles, Fréchencourt et Béhencourt, et se tiendront prêtes à bombarder ces villages, dans le cas où un retour offensif de notre côté resterait sans succès.

Ces batteries seront réparties de la façon suivante :

La batterie Montebello devant Pont-Noyelles, appuyée à droite et à gauche par les batteries Beuzon et Chastang et par les pièces anglaises ;

La batterie Collignon restera avec le colonel Pittié pour battre Béhencourt ; la batterie de montagne des mobilisés sera chargée de battre Fréchencourt.

Si l'ennemi ne reprend pas ses attaques, l'intendance fera faire une distribution de vivres en arrière des lignes.

Ordre du général Faidherbe.

La Houssoye, 24 décembre.

Dans le cas où l'attaque de l'ennemi ne se serait pas prononcée à 2 heures, l'armée se mettrait en retraite vers le Nord. Ce mouvement s'opérerait en ayant soin de le masquer par une ligne de tirailleurs de bonnes troupes, qui tiendraient une heure après le départ de l'armée.

La 1re division du 23e corps irait se cantonner à Ribémont, Buire et villages voisins, en passant par Bonnay et Heilly.

La 2e division du 22e corps se portera à Bresle, La Viéville, Millencourt et Hénencourt, en suivant la grande route d'Albert depuis La Houssoye.

La 1re division du 22e corps se portera sur Senlis, Hédeauville et Varennes, en passant par Baisieux et par Warloy. De Warloy à Varennes, une partie des troupes suivra le chemin par la ligne de faîte en observant soigneusement la gauche.

On aura soin, dans ce mouvement, de mettre les meilleures troupes à l'arrière-garde avec une batterie de 4.

Le quartier général s'établira à Millencourt.

Par ordre :

Le Major général.

Le major général Farre à M. Testelin, commissaire de la défense et à l'Aide-Major général, à Lille (D. T.).

Corbie, 24 décembre, 3 heures soir (n° 5104).

L'armée se met en retraite vers Arras et Douai, l'ennemi menaçant de tourner notre gauche ; pas de combat sérieux aujourd'hui.

JOURNÉE DU 25 DÉCEMBRE.

a) **Journaux de marche.**

22e CORPS.

Départ à 6 heures du matin.

Quartier général et compagnie de génie : Berles-aux-Bois.

1re division : Ransart, Rivière, Bailleulval et Bailleulmont, par Acheux, Courcelles-au-Bois, Sailly-au-Bois, Foncquevillers et Monchy-au-Bois.

2ᵉ division : Bucquoy, Douchy, Adinfer, Boiry-Saint-Martin, Ayette et Ablainzevelle, par Senlis, Hédeauville, Mailly et Puisieux.

23ᵉ CORPS.

2ᵉ *brigade de mobilisés.*

Cantonnements à Quéant et Prouville.

b) **Organisation et administration.**

Circulaire relative au réapprovisionnement en munitions.

Le général commandant en chef rappelle les prescriptions suivantes contenues dans les ordres antérieurs :

1° Les caissons de munitions d'infanterie affectés aux bataillons doivent marcher avec eux, et sont distincts des caissons affectés au grand parc de réserve ;

2° Les caissons de munitions d'infanterie, affectés au grand parc de réserve, sont placés sous le commandement du commandant en chef de l'artillerie de l'armée, et marchent habituellement avec le grand quartier général.

Immédiatement après le combat, les commandants des troupes d'infanterie doivent faire compléter les munitions des hommes et celles des caissons affectés aux bataillons ;

3° Les commandants d'artillerie agiront de même et feront compléter leurs caissons entamés, au moyen d'un ou plusieurs caissons qu'ils videront complètement.

Ils prendront de suite les ordres de M. le colonel commandant l'artillerie de l'armée pour savoir sur quels points ils dirigeront ces caissons vides, soit pour les faire charger, soit pour les échanger contre des caissons pleins.

Les trois caissons de munitions, attelés par le train d'artillerie, doivent marcher constamment avec leurs batteries.

Le Ministre de la guerre au général Faidherbe.

Bordeaux, 25 décembre.

Général,

Pour compléter les mesures prises relativement à l'organisation de la cavalerie du Nord, je donne des ordres pour que le dépôt du 7ᵉ de dragons soit immédiatement transféré à Lille.

c) Opérations.

Ordre du mouvement pour le 25 décembre.

Demain, 25 décembre, départ à 6 heures du matin, pour continuer la marche vers le Nord.

La 1re division du 22e corps se rendra à Bailleulmont, Bailleulval, Rivière, Ransart, en passant par Acheux et Foncquevilliers.

La 2e division se rendra à Bucquoy, Douchy, Adinfer, Boiry-Saint-Martin, Ayette, Ablainzeille.

La 2e division du 23e corps s'établira à Écoust, Noreuil, Hendecourt, Riencourt, Quéant, Prouville, Bullecourt.

Le quartier général sera à Arras.

Par ordre :
Le major général,
FARRE.

Le général Paulze d'Ivoy au général Faidherbe, à Boisleux (D. T.).

Arras, 25 décembre.

Route faite assez régulièrement, sauf un peu de trouble apporté dans la colonne par trois bataillons du 22e corps qui se sont trompés de route. La division Moulac, très fatiguée, demande à rester aujourd'hui à Bapaume et dans les villages voisins. Elle rejoindra demain ses cantonnements.

Le général Farre au colonel de Villenoisy, à Lille (D. T.).

Boisleux, 25 décembre, 9 h. 50 soir. Expédiée à 10 h. 35.

Le quartier général sera à Fampoux demain ; vers 10 heures, toute l'armée s'établira sur la Scarpe, entre Arras et Douai.

Point de nouvelles de l'ennemi ; en avez-vous ?

Le Général commandant le 23e corps au général Faidherbe, à Boisleux (D. T.).

Arras, 25 décembre, 10 h. 30. Expédiée à 11 h. 15 (n° 58).

L'amiral Moulac m'informe que son arrière-garde a été attaquée à la sortie d'Albert par une cinquantaine de uhlans ; pertes nulles de notre part ; notre arrière-garde est arrivée à Bapaume à 6 heures ; les troupes se gardent bien.

Le colonel Brusley, commandant la 1re *brigade de mobilisés, au Commandant en chef de l'armée du Nord* (D. T.).

Bapaume, 25 décembre, 11 h. 15.

Je rends compte que je suis parti à la nuit de Bray avec le 1er régiment; j'ai envoyé le 2e à Meaulte; je serai prêt à partir demain matin à 6 heures; je demande la direction.

A M. le Général, chef d'état-major général, à Lille (Copie d'une dépêche de notre inspecteur principal, à Arras).

Lille, 25 décembre, 11 h. 30 matin.

Arras, 10 h. 30 matin.

L'évacuation d'Albert s'est faite dans les meilleures conditions.

Le général en chef et ses officiers sont arrivés à 8 h. 30 par le dernier train.

J'ai fait conduire le général en chef à Boisleux, et c'est là que se trouve, jusqu'à nouvel ordre, le quartier général.

L'ennemi paraît n'avoir pas quitté ses positions sous Amiens; 30 hussards prussiens sont venus, à 7 h. 30, à Corbie, et y ont fait quelques prisonniers.

Ordre du 25 *décembre.*

Boisleux, 25 décembre.

Le général commandant en chef adresse ses félicitations aux troupes de l'armée du Nord pour leur belle conduite à la bataille de Pont-Noyelles, qui restera pour elles un glorieux succès. L'artillerie s'est parfaitement comportée; quelques batteries ont été admirables.

L'infanterie, après avoir montré de la solidité dans ses positions, a fait preuve de la plus grande vigueur quand elle a reçu l'ordre d'attaquer.

Les mobiles et les mobilisés ont montré qu'on pouvait compter sur eux, et que les marches et les combats les aguerrissent de jour en jour.

Les privations et les rigueurs de la saison sont supportées avec résignation; quelques jours de repos et de bien-être les feront oublier; du reste, rappelons-nous que c'est pour la patrie que nous souffrons ces dures épreuves.

Quelques hommes se sont débandés avant et après la bataille; on fera des exemples sévères.

Le général commandant en chef,
FAIDHERBE.

JOURNÉE DU 26 DÉCEMBRE.

a) Journaux de marche.

22ᵉ CORPS.

Départ à 8 heures du matin.
Quartier général et compagnie du génie : à Fampoux.

1ʳᵉ DIVISION.

A Saint-Laurent, Blangy, Athies, Feuchy, Fampoux, Rœux et Pelves, par Arras, sans entrer en ville.

2ᵉ DIVISION.

Général commandant la division : à Roclincourt ;
Services administratifs : à Vimy ;
3ᵉ batterie principale du 12ᵉ : à Roclincourt ;
2ᵉ batterie *ter* du 15ᵉ : à Écurie ;
3ᵉ batterie *bis* du 15ᵉ : à Bailleul.

1ʳᵉ *brigade*.

Colonel commandant : à Écurie ;
20ᵉ chasseurs : à Roclincourt ;
Infanterie de marine : à Écurie ;
43ᵉ de ligne : à Thélus ;
Régiment du Gard : à Vimy.

2ᵉ *brigade*.

Colonel commandant : à Bailleul ;
18ᵉ chasseurs : à Gavrelle ;
33ᵉ de ligne : à Villerval ;
91ᵉ de ligne : Bailleul ;
Régiment de Somme-et-Marne : à Neuville.

23ᵉ CORPS.

2ᵉ *brigade de mobilisés*.

La brigade se porte : le 4ᵉ régiment à Esquerchin ; le 3ᵉ régiment à Beaumont ; le bataillon du Cateau à Quéry-la-Motte.

Cantonnements des 26 et 27 décembre.
(Journaux de marche) (1)

	26 DÉCEMBRE.	27 DÉCEMBRE.
22ᵉ CORPS.		
1ʳᵉ DIVISION.		
91ᵉ mobiles.............	Saint-Laurent, Blangy.	Rœux.
46ᵉ mobiles.............	Pelves–Plouvain.	Gravelle.
68ᵉ de ligne............	Fampoux.	Fampoux.
67ᵉ de ligne............	St-Nicolas-les-Arras.	Fampoux.
47ᵉ chasseurs...........	Feuchy.	Rœux.
2ᵉ chasseurs...........	Fampoux.	Fampoux.
2ᵉ DIVISION.		
101ᵉ mobiles............	Neuville, Saint-Vast.	Fresnes-les-Montauban.
44ᵉ mobiles............	Vimy.	Izel.
20ᵉ chasseurs	Roclincourt.	Biache-St-Vast (3 compagnies vont à Vitry).
48ᵉ chasseurs..........	Gavrelle.	Plouvain.
69ᵉ de ligne...........	Ecurie-Thélus.	Biache.
91ᵉ et 33ᵉ de ligne......	Bailleul.	Plouvain.
Compⁱᵉˢ de reconnaissance.	Achicourt.	Vitry.
23ᵉ CORPS.		
1ʳᵉ DIVISION.		
19ᵉ chasseurs...........	Vitry.	Brebières.
47ᵉ mobiles (avec la batterie Dupuich)............	Brebières.	Courchelettes.
48ᵉ mobiles............	Biache.	Lambres.
5ᵉ bataillon de mobilisés du Pas-de-Calais.....	»	Corbehem.
2ᵉ DIVISION.		
1ᵉʳ bataillon de voltigeurs.	Izel.	Izel.
2ᵉ bataillon de voltigeurs.	Quéry-la-Motte.	Lauwin Planque.
3ᵉ régiment (réduit à 1200 hommes)......	Beaumont.	Cuincy.
4ᵉ régiment	Esquerchin.	Esquerchin.

(1) Ce tableau a été établi d'après les renseignements fournis par les journaux de marche.

b) Organisation et administration.

Le colonel Martin au général Farre, à Lille (D. T.).

Landrecies, 26 décembre, 3 h. 55 soir (n° 10910).

Je reçois de M. le général de brigade l'ordre de former à Maubeuge un nouveau régiment de mobiles portant le n° 46 *bis* ; sans autre avis, je remettrai le commandement de la colonne expéditionnaire au colonel de la Sauzaye pour me rendre demain matin à Maubeuge.

c) Opérations.

Rapport du colonel de Villenoisy.

Lille, 26 décembre.

Il se confirme que Mézières est investi depuis hier soir.

Les troupes qui ont menacé Avesnes et Landrecies ont passé par Saint-Quentin et au midi de Guise. Ces places ne sont donc plus menacées. Mais la panique et le désordre se sont mis dans la colonne la Sauzaye, qui a besoin de deux ou trois jours de repos et surtout d'un chef.

Je suis sans nouvelles du corps qui, de Saint-Quentin, s'est dirigé sur Ham. Impossible de savoir si le mouvement se propage de là vers le Nord ou vers Paris.

Le Ministre autorise la formation de deux nouveaux régiments de marche, n°s 72 et 73.

Il me paraît difficile de vous envoyer le bataillon du 24°, qui est à Cambrai, cette place étant exposée en ce moment.

Le général Farre au général commandant le 22e corps.

Je vous envoie copie d'une dépêche, qui m'arrive à 1 heure du matin, du sous-préfet de Doullens :

Un corps d'armée prussien, infanterie, cavalerie, nombreuse artillerie, s'avance à marche forcée sur Arras, derrière notre armée. Il a débouché, à 2 heures, de Bavelincourt et a pris la route de Bucquoy.

Cette nouvelle oblige à hâter l'heure du départ plutôt que de la retarder. Je compte d'ailleurs sur vous pour que la marche sur Arras s'opère avec tous les soins nécessaires en présence de l'ennemi.

Je vais aller vous rejoindre, vers 7 ou 8 heures du matin, sur votre route.

Le colonel de Villenoisy au général Faidherbe, à Arras (D. T.).

Lille, 26 décembre, 7 h. 10 (n° 5758).

On dit que par l'arrivée du prince Albert et de la Garde royale saxonne ou prussienne, samedi soir, venant de Beauvais, il y aurait à présent 45,000 hommes sous Amiens.

Je ne sais si c'est exact.

Le bataillon du 65° part pour Vitry.

Douai étant sans garnison, j'y dirige 2,500 mobilisés en formation, six bataillons inégaux, qui devront être réduits à trois bataillons réguliers.

Le colonel de Villenoisy au général Faidherbe, à Boisleux (D. T.).

Lille, 26 décembre, 10 h. 15 soir.

Je vais exécuter vos ordres pour les mobilisés; 3,000 envoyés aujourd'hui à Douai pourraient entrer en ligne.

Pas de nouvelles de Landrecies; les Prussiens paraissent marcher de Saint-Quentin vers Ham ou Paris. Je laisse donc le bataillon du 65°, à Valenciennes, à votre disposition.

Ordre.

Boisleux, 25 décembre.

Demain 23, l'armée ira prendre ses cantonnements au Nord de la Scarpe, entre Arras et Douai; le 22° corps s'établira au Nord de la ligne d'Arras à Fampoux.

Le 23° corps, de Plouvain à Brebières et dans les villages au Nord de cette ligne.

Cette installation sera faite en occupant les villages, dont le tableau est ci-joint, à peu près proportionnellement à leur population. On se mettra en route demain, à 8 heures du matin, après avoir fait manger la soupe aux hommes.

Le quartier général du 22° corps et le grand quartier général s'établiront à Fampoux.

Le quartier général du 23° corps sera établi à Vitry.

La cavalerie et l'artillerie de réserve resteront à Arras.

Par ordre :

Le Major général.

Le Ministre de la guerre au général en chef Faidherbe, à Arras (D. T.).

Lyon, 26 décembre, 11 h. 12 (n° 5219).

Nous avons tous applaudi à votre brillante journée de Pont-Noyelles et au brillant élan dont les troupes que vous avez si rapidement organisées ont fait preuve; poussez à l'organisation vigoureusement. Il y a déjà trois semaines, vous m'avez demandé des nominations pour le 23e corps. J'ai tout approuvé.

Ici, nos affaires sont en bonne situation. Les deux armées de la Loire sont réparées, et en état de reprendre l'offensive. L'Allemagne est découragée, elle sent que nous ne sommes qu'au début de la guerre de l'indépendance. Deux mois de persévérance, et la France sera plus glorieuse, plus grande que jamais.

Léon GAMBETTA.

Renseignements.

Le Sous-Préfet de la Somme au Général commandant supérieur, à Arras (D. T.).

Doullens, 26 décembre, 11 h. 49 matin. Expédiée à 11 h. 49 (n° 5256).

La force de la colonne prussienne, annoncée cette nuit, paraît avoir été exagérée par le maire qui a rapporté la nouvelle, mais il est certain que 700 à 800 cavaliers, et une infanterie nombreuse, se sont avancés hier jusqu'à Forceville, à 4 heures.

Le colonel de Villenoisy au général en chef, à Boisleux (D. T.).

Dépêches du parquet. — A Soissons, 2,000 Prussiens, cavalerie, infanterie, et surtout landwehr; à Compiègne environ 2,000, armes diverses; à Clermont 800; à Noyon 1500, infanterie et cavalerie, avec 24 canons, venant de Compiègne, et se dirigeant sur Ham.

Les Prussiens de Saint-Quentin, venus de Mézières, sont partis ce matin pour Ham, tous ces corps paraissent se diriger sur l'armée du général Faidherbe; c'est l'opinion de l'agent.

JOURNÉE DU 27 DÉCEMBRE.

a) Journaux de marche.

22ᵉ CORPS.

2ᵉ DIVISION.

Général commandant la division : à Biache ;
Services administratifs : à Fresnes-les-Montauban ;
3ᵉ batterie principale du 12ᵉ, 2ᵉ batterie *ter* du 15ᵉ : à Biache ;
3ᵉ batterie *bis* du 15ᵉ : à Plouvain.

1ʳᵉ *brigade*.

Colonel commandant : à Biache ;
20ᵉ chasseurs, infanterie de marine, 43ᵉ de ligne : à Biache ;
Régiment du Gard : à Izel.

2ᵉ *brigade*.

Colonel commandant : à Plouvain ;
18ᵉ chasseurs, 33ᵉ de ligne, 91ᵉ de ligne : à Plouvain ;
Régiment de Somme-et-Marne : à Fresnes-les-Montauban.

23ᵉ CORPS.

2ᵉ *brigade de mobilisés*.

Mêmes cantonnements que la veille.

c) Opérations.

Le Commandant supérieur d'Abbeville au général Faidherbe, à Lille.

Mon Général,

J'ai l'honneur de vous adresser un rapport sommaire sur l'engagement d'avant-garde qui a eu lieu hier, 27 décembre, dans le village de l'Étoile.

Informé qu'une colonne d'environ 400 Prussiens occupait le village de l'Étoile, situé sur la route de Condé à Domart, à 3 kilomètres Nord-Nord-Est de Longpré, je donnai l'ordre à deux compagnies de mobiles du Pas-de-Calais de se rendre à Longpré, pour renforcer le poste établi dans ce village. L'ennemi occupait déjà les hauteurs qui dominent la vallée de la Somme, et s'était fortement retranché dans le village de l'Étoile; nous étions séparés par la Somme, et toute communication était impossible, le pont étant coupé. Malgré le désavantage de la position, les hommes échelonnés le long de la rive, faisaient un mal considérable à l'ennemi par des feux bien nourris et réguliers.

Après deux heures et demie de combat, force fut de se replier, la nuit tombait.

Les forces ennemies se composaient d'environ 400 hommes (infanterie et cavalerie), nous avions seulement 240 hommes.

Nos pertes sont : 1 homme tué, 2 autres blessés.

Le Général chef d'état-major général au général Lecointe, à Fampoux, et au général Paulze d'Ivoy, à Vitry.

Arras, 27 décembre, 6 h. 55 matin. Expédiée à 7 h. 15 (n° 1003).

Le général en chef vous attend à la gare d'Arras pour conseil; on vous envoie un train spécial pour venir immédiatement; donnez des ordres pour qu'on se garde; l'ennemi est proche.

Le général Farre au colonel de Villenoisy, à Lille (D. T.).

Arras, 27 décembre, 11 h. 25 matin. Expédiée à 12 h. 20 (n° 10991).

Le quartier général sera à Vitry, à 2 heures.

Ordre du général Lecointe.

Fampoux, 27 décembre.

Dans la journée d'aujourd'hui 27, les cantonnements de la 1re division du 22e corps seront pris dans les villages de Fampoux, Rœux, Gavrelle.

Ceux de la 2e division, dans les villages de Biache, Plouvain, Fresnes-les-Montauban.

Le convoi et les ambulances de la 1re division seront portés à Gavrelle.

Le convoi et les ambulances de la 2e division seront placés à Fresnes.

MM. les généraux commandant les divisions enverront ce soir au quartier général du 22ᵉ corps, à Fampoux, les emplacements occupés par les troupes sous leurs ordres.

Ils feront également une reconnaissance détaillée du terrain en avant de leurs cantonnements, prendront leurs dispositions de combat, et donneront à chacun de leurs bataillons la place qu'il doit défendre.

Le grand quartier général du commandant en chef sera porté ce soir à Vitry.

On se tiendra prêt, dans chaque cantonnement, à prendre les armes au premier signal ; personne ne devra s'en absenter.

Ordre du général Farre.

Vitry, 27 décembre.

Il importe de veiller, avec la plus sérieuse attention, sur les abords de la position du 22ᵉ corps, tant sur la droite que sur la gauche, et notamment entre Athies et Bailleul.

Le général en chef recommande cette surveillance d'une manière toute spéciale.

Il importe aussi de défendre les passages sur le canal et la rivière, et peut-être de faire démonter les ponts. Prière de donner son avis à ce sujet.

Dans tous les cas, ne négliger aucun des moyens de retranchement dont on peut disposer.

Pour les retranchements à faire à Vitry, il faudrait y envoyer, dès ce soir, une section du génie, avec un officier pour diriger les travaux, et quelques voitures d'outils.

Le colonel de Villenoisy au Ministre de la guerre, à Bordeaux (D. T.).

Lille, 27 décembre, 9 heures matin (nº 611).

Les dépêches prussiennes sur le combat de Pont-Noyelles sont tout à fait mensongères. Notre artillerie a pris la supériorité, et nous avons eu un succès très marqué.

Nous n'avons laissé ni un homme ni un canon.

La retraite a été motivée par l'arrivée de renforts venant de Beauvais, et par la marche d'un corps venant sur la gauche, par Saint-Quentin, nous avons fait sauter un pont entre Reims et Laon.

Cette ligne est perdue pour l'ennemi.

Mézières est investi, mais faiblement.

En somme, nos efforts ont dégagé le Havre, et attiré des troupes de Paris, outre l'armée de Montmédy.

Le général Farre au colonel de Villenoisy, à Lille
(D. T.).

Vitry, 27 décembre, 4 h. 30 soir. Expédiée à 5 h. 28 soir (n° 11037).

On envoie le 65° à Arras pour compléter la garnison la plus exposée.

Envoyez immédiatement vers Courchelettes, à la 2ᵉ brigade de la 1ʳᵉ division du 23ᵉ corps, le bataillon Négrier de Douai.

Le colonel de Villenoisy au général Farre, à Vitry
(D. T.).

Lille, 27 décembre (n° 5847).

On annonce, de Cambrai, la présence à Fins d'une colonne d'une dizaine de mille hommes. Elle aurait même des grand'gardes à Frémicourt et à Beaumetz.

Un grand transport arrive à Dunkerque pour transporter 3,000 hommes à Cherbourg. J'ai répondu qu'on n'avait ni ordres, ni hommes à donner; cependant, après conseil avec Testelin, vous pourriez peut-être donner des mobilisés.

Le Commandant de la place de Douai au général Farre, à Lille (D. T.).

Douai, 27 décembre, 10 h. 30 (n° 10977).

La brigade de mobilisés du Nord est arrivée par fractions à Douai, elle a été dirigée sur Noyelles-Godault, Courcelles, Auby, Flers, Lauwin, Cuincy, et d'autres petits hameaux.

Renseignements.

Le Commissaire de surveillance administrative au général Farre, à Lille (D. T.).

Saint-Quentin, 27 décembre, 7 h. 26. Expédiée à 7 h. 30 (n° 11057).

Suivant renseignements de ce jour, 27 décembre, 12,000 Prussiens environ sont à Ham; une forte colonne est partie ce matin, à 4 heures, dans la direction de Péronne.

Le général de Chargère au général Faidherbe, à Vitry (D. T.).

Arras, 27 décembre (n° 5164).

Le percepteur de Bapaume prétend qu'il est entré, hier soir, près de 10,000 Prussiens dans cette ville.

JOURNÉE DU 28 DÉCEMBRE.

b) Organisation.

Ordre du 28 décembre.

La batterie des mobilisés du Finistère, de huit pièces de 4 de montagne, sera attachée à la 2ᵉ division du 23ᵉ corps.

Le 2ᵉ régiment de marche de mobilisés du Nord (trois bataillons) quitte la 1ʳᵉ brigade de la même division, et entre dans la garnison de la place d'Arras.

Le 6ᵉ régiment de marche de mobilisés du Nord remplacera le 2ᵉ régiment à la 1ʳᵉ brigade de la 1ʳᵉ division du 22ᵉ corps.

Le 5ᵉ régiment de marche et le 4ᵉ bataillon du 1ᵉʳ régiment de marche des mobilisés du Nord, arrivés récemment, sont mis à la disposition du commandant supérieur de la place de Douai pour compléter sa garnison.

Le 24ᵉ bataillon de chasseurs de marche (commandant de Négrier) est attaché à la 2ᵉ brigade du 23ᵉ corps.

M. le capitaine de vaisseau Payen, nommé général de brigade à titre auxiliaire, prendra le commandement de la 1ʳᵉ division du 23ᵉ corps, en remplacement de l'amiral Moulac, entré à l'hôpital.

c) Opérations.

Rapport du colonel de Villenoisy.

Lille, 28 décembre.

J'envoie demain un bataillon de mobilisés à Cambrai.

Le commandant Queillé, au Général en chef, à Vitry.

Lille, 28 décembre.

La batterie mobile du Finistère, huit pièces de 4 de montagne, avec deux caissons attelés, le reste des munitions sur voitures de réquisition, peut partir demain matin de Lille. Où l'envoyer? Très bonne batterie, bien commandée.

Le commandant Queillé au Colonel commandant l'artillerie, à Vitry.

Lille, 28 décembre.

On a envoyé à l'armée du Nord, à Vitry :
1° 5 caissons Gribeauval, 1 brigadier, 5 hommes ;
2° 42 caissons, 3 sous-officiers, 6 brigadiers, 30 hommes ;
3° 18 caissons, 1 sous-officier, 2 brigadiers, 10 hommes ;
On prépare le parc pour les 14 bataillons, division Robin.
Renvoyez à Lille les caissons et le personnel disponibles.
A-t-on trouvé à Arras 7 wagons de munitions d'infanterie envoyés de Lille ?
J'ai donné l'ordre d'envoyer de Douai sur Vitry 14 caissons Gribeauval, munitions d'infanterie, attelés avec chevaux de réquisition.

Lettre du général Paulze d'Ivoy au général Farre.

Mon cher Général,

Je vous préviens que les cantonnements que le général en chef m'a assignés sont insuffisants pour caser la division Moulac. Je vous ai envoyé un mot à ce sujet ; ne recevant pas de réponse, je fais occuper Ferin et Gœulzin, en arrière du canal de la Sensée. C'était indispensable, à moins de laisser bivouaquer les troupes par ce grand froid. Du reste, la position de ces deux points me semble avantageuse, puisqu'elle domine les chaussées aboutissant vers Douai. Tout le Sud de cette dernière ville est inondé et, par suite, impraticable. Ce ne serait donc pas de ce côté qu'il faudrait nous replier en cas de retraite. Il serait préférable de passer à l'Ouest de Douai, à moins d'aller rejoindre, à travers champs, les villages de Cuincy, Lauwin et Flers, ce qui nous permettrait de nous reformer en arrière du canal de la Deule.
Veuillez me répondre un mot à ce sujet et me dire si le général de division approuve ce que j'ai fait.
En cas d'attaque demain, il va sans dire que les bataillons de Ferin et Gœulzin prendront l'ennemi de flanc pour venir nous retrouver.

Le général Farre au colonel de Villenoisy, à Lille (D. T.).

Vitry, 28 décembre, 7 h. 40 soir. Expédiée à 7 h. 49 (n° 11479).

Les dépôts d'Arras et de Béthune doivent être envoyés à Dunkerque, mais en laissant à Arras le bataillon en organisation. Envoyez la batterie de huit pièces de montagne à la réserve, au quartier général à Vitry ; quand sera prête la batterie de 4 de montagne en organisation ?

Envoyez au quartier général, dès qu'elle arrivera, la nouvelle compagnie du génie annoncée. Celle en constitution à Lille, où en est-elle ?

Le commandant Queillé au général Faidherbe, et au colonel commandant l'artillerie, à Vitry (D. T.).

Lille, 28 décembre, 4 h. 3 soir. Arrivée à 4 h. 10 soir.

La batterie de 4 de campagne, avec mobiles de la Seine-Inférieure est prête à Douai ; elle peut partir demain soir, où faut-il l'envoyer ?

d) **Situations et emplacements.**

Emplacements de la colonne de la Sauzaye.

(Dépêche du colonel Martin, 28 décembre.)

3° de ligne à Landrecies, 941 hommes ;
40° de ligne à Landrecies, 553 hommes ;
Compagnie franche de Monthermé, 86 hommes, à Favril ; zouaves éclaireurs, 70 hommes, à Prisches ;
Deux compagnies du 2° bataillon du Nord, 341 hommes, à Maroilles ;
1er bataillon des Ardennes, 1090 hommes, à Prisches ;
2° bataillon des Ardennes, 560 hommes, à Maroilles.

22° CORPS.

28 décembre.

CANTONNEMENTS DE LA 1re DIVISION.

Quartier général de la 1re division : à Fampoux ;
Quartier général de la 1re brigade : à Fampoux ;
Quartier général de la 2e brigade : à Rœux ;

Batteries Montebello et Ravaut, 2ᵉ bataillon de chasseurs à pied, 67ᵉ régiment de marche (75ᵉ et 65ᵉ), 2ᵉ bataillon du 24ᵉ de ligne : à Fampoux;

91ᵉ régiment de mobiles, 17ᵉ bataillon de chasseurs à pied, batterie Bocquillon : à Rœux;

46ᵉ régiment de mobiles, bataillon du 64ᵉ de ligne, intendance, prévôté, ambulance, convoi : à Gavrelle.

CANTONNEMENTS DE LA 2ᵉ DIVISION.

Le quartier général de la 2ᵉ division : à Biache.

1ʳᵉ *brigade.*

Le 20ᵉ bataillon de chasseurs, les deux bataillons du 43ᵉ, le bataillon d'infanterie de marine, une batterie de 4, une batterie de 12 : à Biache;

Le régiment du Gard, à Gavrelle, le 29 à Izel.

2ᵉ *brigade.*

Le 18ᵉ bataillon de chasseurs, les deux bataillons du 91ᵉ, un bataillon du 33ᵉ : à Plouvain;

Régiment de Somme-et-Marne, intendance, convoi, ambulance : à Fresnes-les-Montauban.

23ᵉ CORPS.

CANTONNEMENTS OCCUPÉS PAR LA 1ʳᵉ DIVISION.

Quartier général, 19ᵉ bataillon de chasseurs à pied, trois bataillons de fusiliers marins, batterie Halphen, parc et convoi : à Brebières;

Trois bataillons du 48ᵉ mobiles : à Lambres;

Trois bataillons du 47ᵉ mobiles, batterie mobilisée d'Arras (capitaine Dupuich), quartier général du colonel Delagrange : à Courchelettes;

5ᵉ bataillon de mobilisés du Pas-de-Calais : à Corbehem.

CANTONNEMENTS OCCUPÉS PAR LA 2ᵉ DIVISION (mobilisés du Nord).

1ʳᵉ *brigade.*

1ᵉʳ bataillon de voltigeurs : à Izel;

1ᵉʳ régiment, 1ᵉʳ bataillon : à Quierry-la-Motte;

1er régiment, 2e bataillon : à Oppy ;
1er régiment, 3e bataillon : à Neuvireuil ;
2e régiment : à Arras.

2e *brigade*.

2e bataillon de voltigeurs : à Lauwin ;
3e régiment : à Cuincy ;
4e régiment : à Esquerchin ;
Artillerie, quartier général : à Quierry-la-Motte ;
Cavalerie : à Izel-les-Esquerchin.

Renseignements.

Le Sous-Préfet au Général, à Arras (D. T.).

Doullens, 28 décembre, 4 h. 55 soir (n° 5264).

On dit que la garnison prussienne d'Amiens est forte de 5,000 à 6,000 hommes, et que ce matin à 11 heures elle se dirigeait sur Arras par la route d'Albert.

L'Employé du télégraphe au général Faidherbe, à Lille (D. T.).

Saint-Quentin, 28 décembre, 10 h. 5 soir. Expédiée à 10 h. 40 (n° 11204).

Aujourd'hui est logée dans les faubourgs de Saint-Quentin une colonne saxonne venant, dit-on, de Beauvais, par Nesle, Ham, composée d'environ 1000 dragons, 200 lanciers, un millier de chasseurs à pied et cinq pièces d'artillerie ; on dit que cette colonne est l'avant-garde d'un corps d'armée d'environ 10,000 hommes.

Le général Scatelli au Général en chef, à Lille (D. T.).

Cambrai, 28 décembre, 10 h. 5. Expédiée à 10 h. 35 (n° 11202).

1500 Prussiens avec des canons sont à Fins.

JOURNÉE DU 29 DÉCEMBRE.

a) Journaux de marche.

22e CORPS.

La compagnie du génie va, dans l'après-midi, rétablir le pont de Blangy sur la Scarpe et ouvrir les barricades du pont d'Athies et de la route de Tilloy, en avant de Saint-Laurent.

b) Organisation et administration.

Le Ministre de la guerre au général Faidherbe, à Arras (D. T.).

Des difficultés semblent s'être élevées sur la formation du camp stratégique de Saint-Omer. Je ne sais pas au juste en quoi elles consistent et quelle en est l'origine. Vous m'obligeriez beaucoup de me donner votre impression personnelle à cet égard.

De Freycinet.

c) Opérations.

Ordre n° 21.

Fampoux, 29 décembre.

Conformément aux ordres de M. le Général en chef, le général du Bessol formera une colonne volante, comprenant les quatre bataillons cantonnés à Plouvain et une de ses batteries d'artillerie.

Ces bataillons seront sans sacs et ne prendront que leurs couvertes en sautoir, leurs bissacs, leurs cartouches et un jour de vivres, ainsi que leurs ustensiles de campement pour faire la soupe et le café. Tous les malingres et les éclopés seront laissés au cantonnement à la garde des sacs. La batterie sera également allégée autant que possible. Les bataillons seront remplacés dans Plouvain par les mobiles de Somme-et-Marne, cantonnés à Fresnes, qui emporteront tous leurs bagages. Le commandant de ces mobiles prendra toutes les dispositions nécessaires pour la garde de Plouvain. Il fera partir ses bataillons de Fresnes, de manière à arriver, demain matin, 30 décembre, à 4 heures du matin, à Plouvain. Aussitôt relevée, la colonne volante, qui aura dû prendre le café avant de partir, se dirigera, sous les ordres du général du

Bessol, sur Fampoux, Athies, Saint-Laurent, le faubourg d'Achicourt, en contournant Arras, pour de là gagner Agny et Wailly, où elle fera la grande halte.

Le général Derroja formera une colonne volante, comprenant cinq bataillons d'infanterie régulière, une batterie de 4 et une de 8. Ces bataillons prendront les mêmes dispositions que la colonne du Bessol. Ils seront remplacés dans leurs cantonnements par le 46ᵉ mobiles, qui devra quitter Gavrelle demain, 30 décembre, de manière à arriver à Athies et à Fampoux à 4 heures du matin. Le colonel de Linières restera à Athies; le colonel Cottin marchera avec la colonne. Aussitôt que le 46ᵉ aura pris la consigne des bataillons qu'il remplace, ceux-ci se dirigeront, sous les ordres du général Derroja, vers Athies, Saint-Laurent, Blangy, Tilloy, Beaurains et Agny, où ils feront la grande halte, qui durera une heure au maximum. Les deux colonnes marcheront ensuite sur Berneville, Warlus, d'où elles rétrograderont pour aller coucher : la colonne du Bessol à Achicourt, et la colonne Derroja à Dainville.

Les deux colonnes s'éclaireront avec le plus grand soin, n'oublieront pas qu'elles ont beaucoup de cavalerie devant elles, aborderont et fouilleront les villages avec précaution et se tiendront toujours prêtes à se protéger mutuellement. Elles seront placées sous le commandement du général Lecointe.

Le général commandant le 22ᵉ corps,
LECOINTE.

Communications à faire uniquement aux généraux commandant les divisions de l'armée du Nord.

Vitry, 29 décembre.

Dans le cas où l'armée changerait de position et irait s'établir au Nord du canal de la haute Deule, entre le fort de Scarpe et Oignies, il importe d'indiquer immédiatement la direction que devrait suivre chaque corps.

La 1ʳᵉ division du 23ᵉ corps prendrait la route d'Arras, traverserait Douai, longerait le fort de Scarpe, pour aller s'établir le long du canal de la haute Deule, entre ce fort et le pont d'Auby.

La 2ᵉ division du 22ᵉ corps (division du Bessol) se dirigerait vers Esquerchin pour gagner le pont d'Auby et s'établir entre ce pont et le Pont-à-Sault.

La 1ʳᵉ division du 22ᵉ corps (division Derroja), en manœuvrant pour couvrir la retraite, se dirigerait vers Noyelle-Godault et Dourges, pour traverser le canal à Pont-à-Sault, au pont du chemin de fer qui se trouve à environ 1200 mètres plus au Sud, et même au pont d'Oignies.

La division de mobilisés gagnerait, au plus court, les terrains couverts d'Esquerchin, Lauwin, Cuincy, pour se rendre aux Capelles, où elle aurait double passage par un pont sur le canal et le pont du chemin de fer. Elle s'établirait, en seconde ligne, en arrière du chemin de fer, entre Leforest et Oignies. Quant aux convois, ils seront dirigés sur Douai et sur les Capelles.

Le canal de la haute Deule, n'ayant pas d'écluse, présente sur toute sa longueur un obstacle de 18 mètres de largeur d'eau, avec des berges extrêmement élevées, surmontées de remblais sur les deux rives. Il est donc très facile à défendre, en gardant avec un soin particulier les ponts peu nombreux qui le traversent. On n'épargnera rien pour cet objet, dût-on employer pour les barricades quelques voitures de l'armée. On détruira les ponts au besoin, si cela est possible.

La garde et la destruction des ponts d'Oignies, du bac de Courrières, du Pont-Maudit et du Pont-à-Vendin seront assurées par des détachements du 22ᵉ corps désignés à l'avance.

Si la ligne du canal était forcée, l'armée prendrait position en arrière, sur les hauteurs boisées d'Ostricourt et de Moncheaux.

Le major général,
Farre.

Ordre du général Farre, chef d'état-major général.

Demain, à 8 heures du matin, MM. les généraux commandants les deux corps d'armée passeront en revue les troupes sous leurs ordres, disposées sur la ligne à défendre, à leur place de bataille.

Toutes les troupes seront en tenue de marche, comme si elles devaient se mettre en route immédiatement.

La division des mobilisés sera réunie au complet, avec artillerie et cavalerie, sur la route d'Arras à Douai, la droite à Gavrelle, face au Sud; elle s'y trouvera réunie avant 9 heures du matin.

Renseignements.

Le colonel de Villenoisy au général Faidherbe, à Vitry (D. T.).

Lille, 29 décembre, 6 h. 55.

Pas de Prussiens d'Amiens à Arras, par Doullens; ils sont en force vers Bapaume; il y en a 2,000 à Saint-Quentin, annonçant toujours l'arrivée d'autres.

JOURNÉE DU 30 DÉCEMBRE.

a) Journaux de marche.

22e CORPS.

Reconnaissance autour d'Arras sous les ordres du général Lecointe.

Le régiment des mobiles de Somme-et-Marne, parti de Fresnes, vient, à 4 heures du matin, relever les troupes cantonnées à Plouvain.

Le 46e mobiles vient relever les troupes cantonnées à Fampoux et Athies.

Une première colonne de quatre bataillons et une batterie de 4 de la 2e division part de Plouvain à 4 heures et se dirige par Fampoux, Athies, Achicourt, Agny.

Une seconde colonne, de cinq bataillons, une batterie de 4, une de 8, de la 1re division, part de Fampoux et Athies à 5 heures et se dirige sur Agny.

Les deux colonnes réunies repartent d'Agny à 11 h. 30, passent par Wailly, Bernéville, et vont coucher : la colonne Derroja à Blangy, la colonne du Bessol à Saint-Laurent.

2e DIVISION.

Une reconnaissance est faite par la 2e brigade, moins le régiment de Somme-et-Marne. Le soir, les troupes ont couché au faubourg Saint-Laurent. Le régiment de Somme-et-Marne vient cantonner à Plouvain.

23e CORPS.

2e brigade de mobilisés.

Revue du général Farre sur la route d'Arras à Douai.

b) Organisation et administration.

Le Général en chef au Ministre de la guerre, à Bordeaux.

Lille, 30 décembre.

Les corps francs ont été formés en dehors de l'action militaire, qui n'en a pas toujours été informée; on n'en a jamais entendu parler; à peine a-t-on vu les chefs par hasard. Un des corps a pu être ressaisi;

on l'a licencié sur-le-champ. On sait que quelques compagnies expéditionnent dans les Ardennes, mais on n'a aucune donnée sur leur effectif. Il est impossible de fournir le document demandé.

Le général Faidherbe au Ministre de la guerre et au Commissaire général (D. T.).

Les mobilisés du Nord sont tous ou à l'armée active, ou dans les places fortes, dont ils suffisent à peine à former les garnisons, et où, sous la surveillance des commandants de place, ils sont dans les meilleures conditions possibles pour être instruits et disciplinés; il ne me semble donc pas qu'il y ait lieu de construire un camp à Helfaut pour les y mettre. Qui enverrait-on à leur place à l'armée ou dans les garnisons?

Ordre.

Le bataillon du 65ᵉ de ligne, faisant partie de la garnison d'Arras, entrera à la 2ᵉ brigade de la 1ʳᵉ division du 23ᵉ corps et la rejoindra demain.

Le bataillon du 33ᵉ de ligne, qui fait partie de la 2ᵉ brigade de la 2ᵉ division du 22ᵉ corps, passera à la 2ᵉ brigade de la 1ʳᵉ division du 23ᵉ corps, à partir de demain, 31.

Ces deux bataillons formeront le régiment de marche d'infanterie de cette brigade, sous le commandement du chef de bataillon le plus ancien.

Ils prendront leurs cantonnements aux emplacements qui leur seront indiqués par le commandant de la brigade. Ils iront attendre des ordres à ce sujet à Tilloy, où ils s'établiront en grand'garde demain dans la matinée.

JOURNÉE DU 31 DÉCEMBRE.

a) **Journaux de marche.**

22ᵉ CORPS.

A 6 heures, les deux reconnaissances de la veille retournent à leurs anciens cantonnements.

Le 22ᵉ corps se met en marche pour s'établir en avant d'Arras, la 1ʳᵉ division à 10 heures, la 2ᵉ à 11 h. 30.

Quartier général, à Agny;

1ʳᵉ *division.* — Wailly, Rivière, Beaumetz-les-Loges, par le pont du chemin de fer d'Arras à Lens, sur la Scarpe;

2ᵉ *division.* — Agny, Dainville, Achicourt, par le pont de Blangy. Génie, à Achicourt.

Le bataillon du 33ᵉ, passe au 23ᵉ corps.

2ᵉ DIVISION.

Général commandant la division : à Achicourt;
Services administratifs : à Dainville;
3ᵉ batterie principale du 12ᵉ : à Achicourt;
2ᵉ batterie *ter* du 15ᵉ : à Agny;
3ᵉ batterie *bis* du 15ᵉ : à Achicourt;
Colonel commandant la 1ʳᵉ brigade : à Agny;
20ᵉ chasseurs, 69ᵉ : à Agny;
Gard : à Dainville;
Colonel commandant la 2ᵉ brigade : à Achicourt;
18ᵉ chasseurs, 91ᵉ : à Achicourt;
Somme-et-Marne : à Dainville.

b) Organisation et administration.

Ordre du général Farre, major général de l'armée du Nord.

Ronville, 1ᵉʳ janvier.

Les mouvements indiqués ci-après auront lieu aujourd'hui :

22ᵉ *corps.* — Les troupes cantonnées à Dainville, se transporteront à Bernéville. Pas d'autre mouvement.

23ᵉ *corps.* — La 1ʳᵉ division se portera en avant, et occupera Mercatel, Neuville, Wancourt, Guémappe, et au besoin Monchy-le-Preux.

La 2ᵉ division sortira des faubourgs, et s'établira à Feuchy, Tilloy, pont Bapaume, et Baurains.

Le quartier général de la 1ʳᵉ division s'établira à Neuville; à Beaurains, celui de la 2ᵉ division, ainsi que le quartier général du 23ᵉ corps.

L'artillerie de réserve, la prévôté, le trésor et les postes, se rendront à Beaurains.

Les escadrons de gendarmerie s'établiront à Beaurains, ainsi que le convoi.

Les éclaireurs se transporteront d'Etrun à Gouy en Artois.

Grand quartier général à Beaurains. Les troupes se mettront en marche à 11 heures.

Le Ministre de la guerre au général Faidherbe, à Vitry-en-Artois, et au Préfet du Nord, à Lille (D. T.).

Bordeaux, 31 décembre, 11 h. 30. Expédiée à 11 h. 45 (n° 11540).

N'apportez aucune entrave à la création du camp d'Helfaut: ce camp, et tous les autres, prévus au décret du 25 novembre, sont des institutions permanentes, et non destinées à disparaître avec l'état de guerre; en conséquence, l'installation doit rester complètement indépendante de la direction donnée aux mobilisés, et réciproquement. Mais cette installation est nécessaire, et je tiens à ce qu'elle soit faite sans aucun retard, même si aucun mobilisé ne devait s'y rendre pour le moment.

DE FREYCINET.

Le colonel de Villenoisy au Ministre de la guerre, à Bordeaux.

Lille, 31 décembre.

Le général en chef, ni personne de son état-major, n'a l'intention d'entraver l'organisation du camp d'Helfaut, pourvu qu'on n'enlève pas à l'armée, et aux places, les hommes, les armes, le matériel déjà insuffisants, et faute desquels tout deviendra impossible. Nous sommes débordés par les nécessités du jour; il s'agit de pourvoir l'armée sans affaiblir les garnisons; nous y portons tous nos efforts, en suppliant seulement qu'on ne les rende infructueux. Il est bien difficile de faire apprécier les choses à une grande distance, mais surtout soyez convaincu qu'on n'apporte aucune mauvaise volonté.

Le général Faidherbe passe dix heures à cheval chaque jour, s'épuise, et, de l'avis de tous, se prodigue trop; mais qui pourrait le remplacer? le général Farre est, comme lui, sur les dents.

Le Commandant supérieur au général en chef, à Lille (D. T.).

Dunkerque, 31 décembre, 5 h. 20. Expédiée à 5 h. 55 (n° 11599).

« La Moselle » vient d'arriver, elle apporte 308 passagers militaires et 14 chevaux; parmi les passagers se trouvent 270 hommes du génie.

Le commandant Queillé au général Faidherbe et au Colonel commandant l'artillerie, à Arras (D. T.).

Lille, 31 décembre, 12 h. 20 soir (n° 5384).

Le parc de la division Robin, 14 voitures, est prêt; il partira demain matin à 8 h. 50 pour Vitry, avec le personnel ordinaire, un sous-officier, 2 brigadiers, 8 hommes.

Les parcs pour les 1re et 2e divisions du 22e corps, et pour la 1re division du 23e, sont prêts ce soir, mais sans personnel.

c) Opérations.

Ordre.

Arras, 31 décembre.

Nous allons manœuvrer en présence de l'ennemi. Il faut marcher et se garder militairement; il ne doit plus y avoir un seul homme débandé. Les chefs de corps y veilleront avec soin; dans les marches en avant, et dans les combats, des cavaliers seront placés en arrière, pour empêcher les traînards d'abandonner leurs rangs. Les chefs de corps auront soin d'évacuer sur Arras, leurs malades et leurs éclopés.

A Pont-Noyelles, nous n'avons pu compléter notre victoire, parce que l'ennemi s'appuyait à une place forte. Aujourd'hui, cet avantage est à nous.

Je compte donc, lorsque l'ordre en sera donné, que vous chargerez l'ennemi vigoureusement, et à la française, jusqu'à ce qu'il soit en fuite.

La France a les yeux sur vous, que chacun jure de vaincre ou de mourir, et la victoire est certaine.

Par ordre :
Le major général,
FARRE.

Ordre de mouvement du 23e corps d'armée.

Brebières, 30 décembre.

Conformément aux ordres antérieurs, MM. les généraux de division indiqueront à leurs divisions un point de concentration sur lequel les différents cantonnements devront se diriger en ordre, après appel fait, de manière à en partir à l'heure indiquée par le général en chef et prendre rang dans la colonne, qui marchera précédée d'une avant-garde et suivie d'une arrière-garde, comme il a été ordonné. MM. les officiers généraux marcheront avec leurs troupes. Ces dernières auront mangé la soupe pour 6 h. 30 au plus tard. Une section d'artillerie marchera avec l'avant-garde de chaque colonne; le reste de la batterie marchera entre les deux brigades. Les autres batteries de la division suivront la queue de la colonne. La 1re division suivra la rive gauche de la Scarpe. La 2e division fera la grande halte à Gavrelle, sur la route de Douai, qu'elle suivra pour passer la Scarpe au pont de Blangy et se diriger sur ses cantonnements.

Le convoi suivra la route de Douai à Arras.

Les brigades marcheront à un kilomètre d'intervalle, afin d'établir dans les colonnes le plus d'ordre possible.

Le Général commandant le 23e corps.

Par ordre :
Le chef d'état-major,
MARCHAND.

Ordre de mouvement de la 2e division du 23e corps d'armée.

Quierry-la-Motte, 30 décembre.

Le 31 décembre, la 2e division du 23e corps quittera ses cantonnements pour aller prendre ceux de Ronville, Saint-Sauveur et Blangy.

On marchera dans l'ordre suivant : le 1er bataillon du 1er régiment, avec une section de la batterie du Finistère à l'avant-garde, partira à 7 heures d'Izel pour se rendre à Oppy, d'où il devra se mettre en marche à 7 h. 30; il sera suivi, à un quart d'heure d'intervalle, par les 2e et 3e bataillons du même régiment, puis par le 6e de marche. Entre la 1re et la 2e brigade marchera la seconde section de la batterie du Finistère.

La 2e brigade devra conserver un intervalle de un kilomètre avec la 1re brigade; elle partira d'Oppy un quart d'heure après la 1re brigade et marchera dans l'ordre suivant : 3e de marche, 4e de marche, les batteries de la Seine-Inférieure.

L'arrière-garde sera formée par le 2e bataillon de voltigeurs.

Les troupes cantonnées à Equerchin, Cuincy et Lauwin, ainsi que le 6e de marche, devront partir de leurs cantonnements à 5 heures du matin, afin d'être rendues : la 2e brigade à Equerchin, à 6 heures, pour de là se rendre dans l'ordre indiqué à Oppy; le 6e de marche, à 6 h. 30, à Quierry-la-Motte, afin d'aller, de là, prendre son poste dans la brigade à Oppy.

Les brigades devront marcher en ordre, tous les officiers à la tête de leurs troupes. L'appel devra être fait au point de concentration des brigades, avant le départ. Les convois doivent passer par la grande route d'Arras.

Le Commandant supérieur de Landrecies au général en chef, à Lille (D. T.).

Landrecies, 31 décembre, 4 h. 35 soir. Expédiée à 6 heures (n° 11610).

Le 4ᵉ bataillon de l'Aisne, parti pour Cambrai ce matin, a trouvé Busigny occupé par 100 cavaliers et 300 chasseurs à pied saxons. Le combat a duré une heure et demie.

Renseignements.

Le Sous-Préfet de Doullens au Général, à Arras (D. T.).

Doullens, 31 décembre, 6 h. 30 soir. Expédiée à 9 heures (n° 5420).

Aujourd'hui, à 11 heures, une colonne prussienne de 2,000 hommes environ, venant de Bucquoy, a passé à Mailly, se dirigeant sur Hédeauville; une autre colonne a été vue ce matin, à 9 heures, à Miraumont, venant d'Achiet. Péronne tient toujours avec succès.

Le général Treuille de Beaulieu au général Farre, à Arras (D. T.).

Douai, 31 décembre, 9 h. 25. Expédiée à 9 h. 45 (n° 5423)

Le train venant de Cambrai, à 3 heures de l'après-midi, n'est arrivé aujourd'hui qu'à 9 h. 35. La voie a été coupée en arrière de Bouchain par 50 ou 60 uhlans; ils ont essayé de faire sauter un pont, qui n'a été qu'ébranlé. On dit que 3,000 ou 4,000 Prussiens sont sur la route de Saint-Quentin à Cambrai.

TABLE DES MATIÈRES

DES

DOCUMENTS ANNEXES

Chapitres VIII et IX.

Pages.

Journée du 4 décembre	1
— du 5 décembre	3
— du 6 décembre	6
— du 7 décembre	8
— du 8 décembre	11
— du 9 décembre	12
— du 10 décembre	16
— du 11 décembre	21
— du 12 décembre	23
— du 13 décembre	28
— du 14 décembre	31
— du 15 décembre	34
— du 16 décembre	40
— du 17 décembre	49
— du 18 décembre	55
— du 19 décembre	59
— du 20 décembre	63
— du 21 décembre	69
— du 22 décembre	71

Chapitre X.

Journée du 23 décembre	74

Chapitre XI.

Journée du 24 décembre	103
— du 25 décembre	107
— du 26 décembre	111
— du 27 décembre	116
— du 28 décembre	120
— du 29 décembre	125
— du 30 décembre	128
— du 31 décembre	129

Paris. — Imprimerie R. Chapelot et Cⁱᵉ, 2, rue Christine.

232 / 19

EMPLACEMENT DES TROUPES LE 1ᵉʳ JANVIER

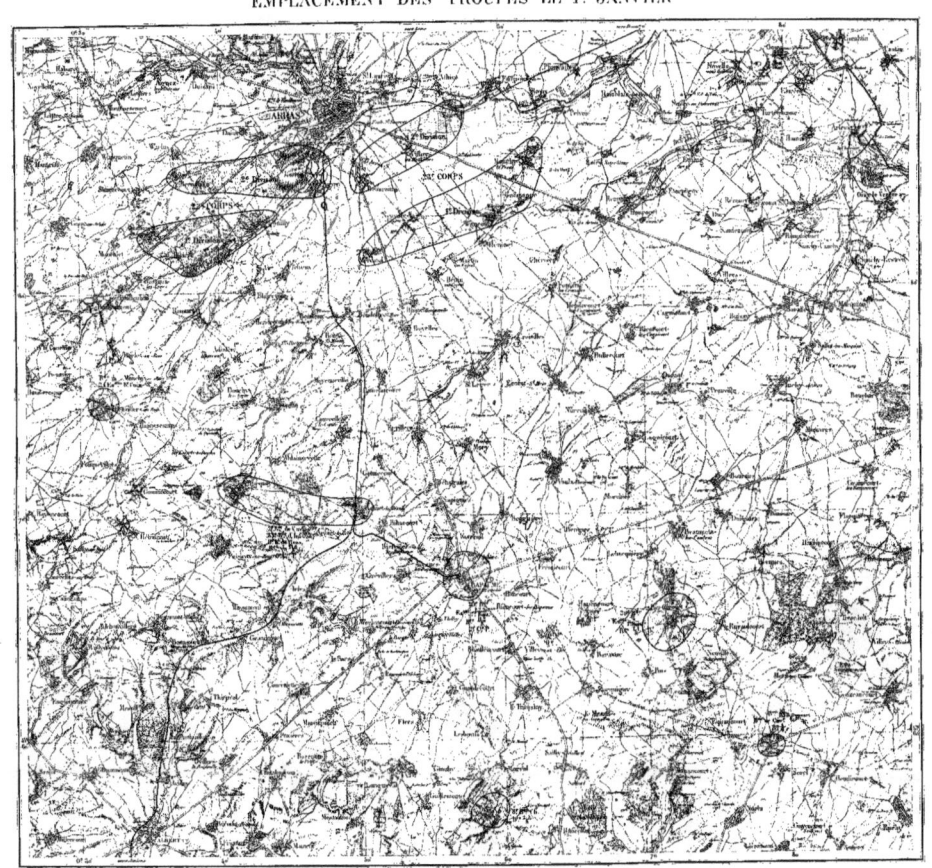

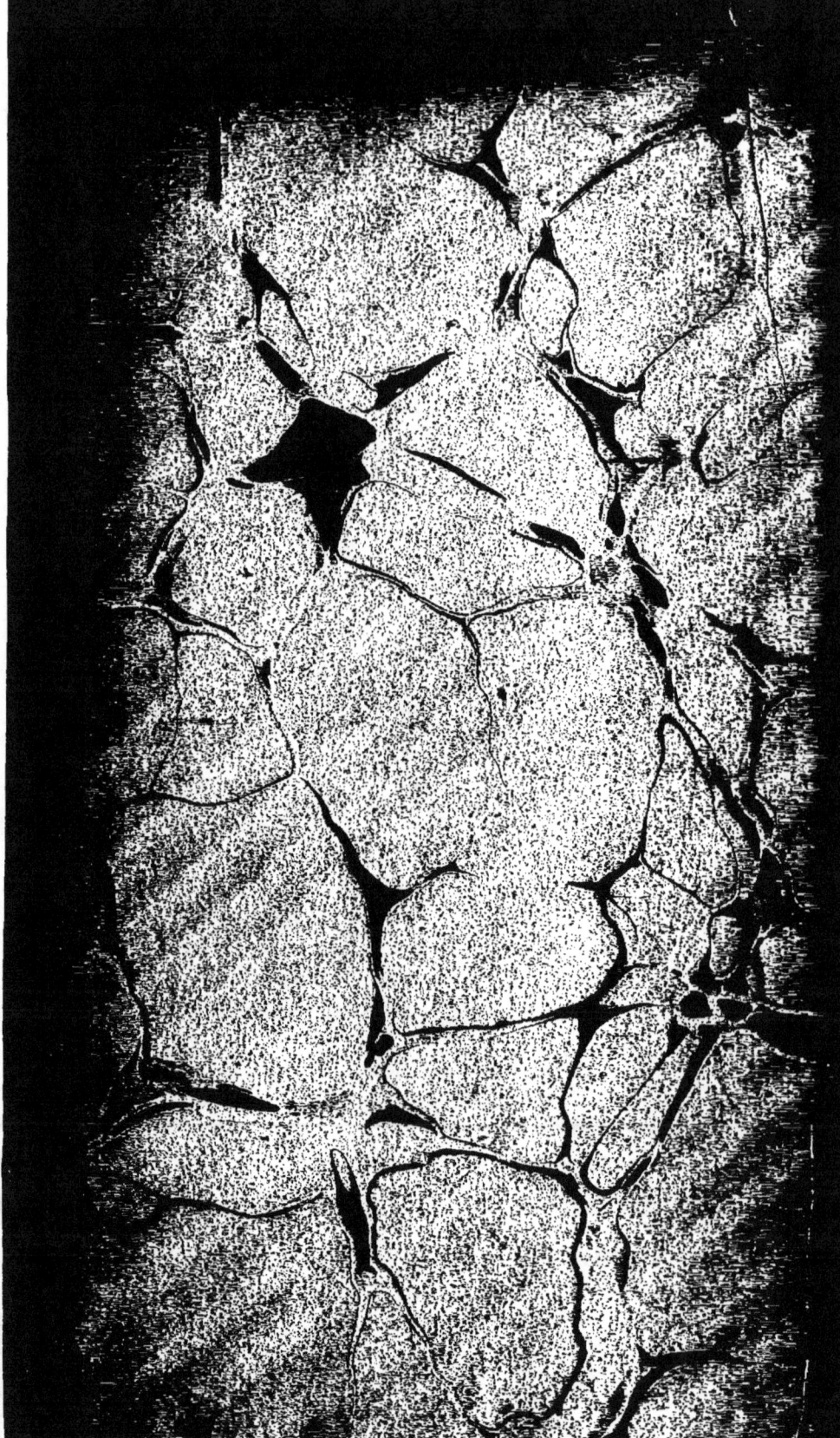

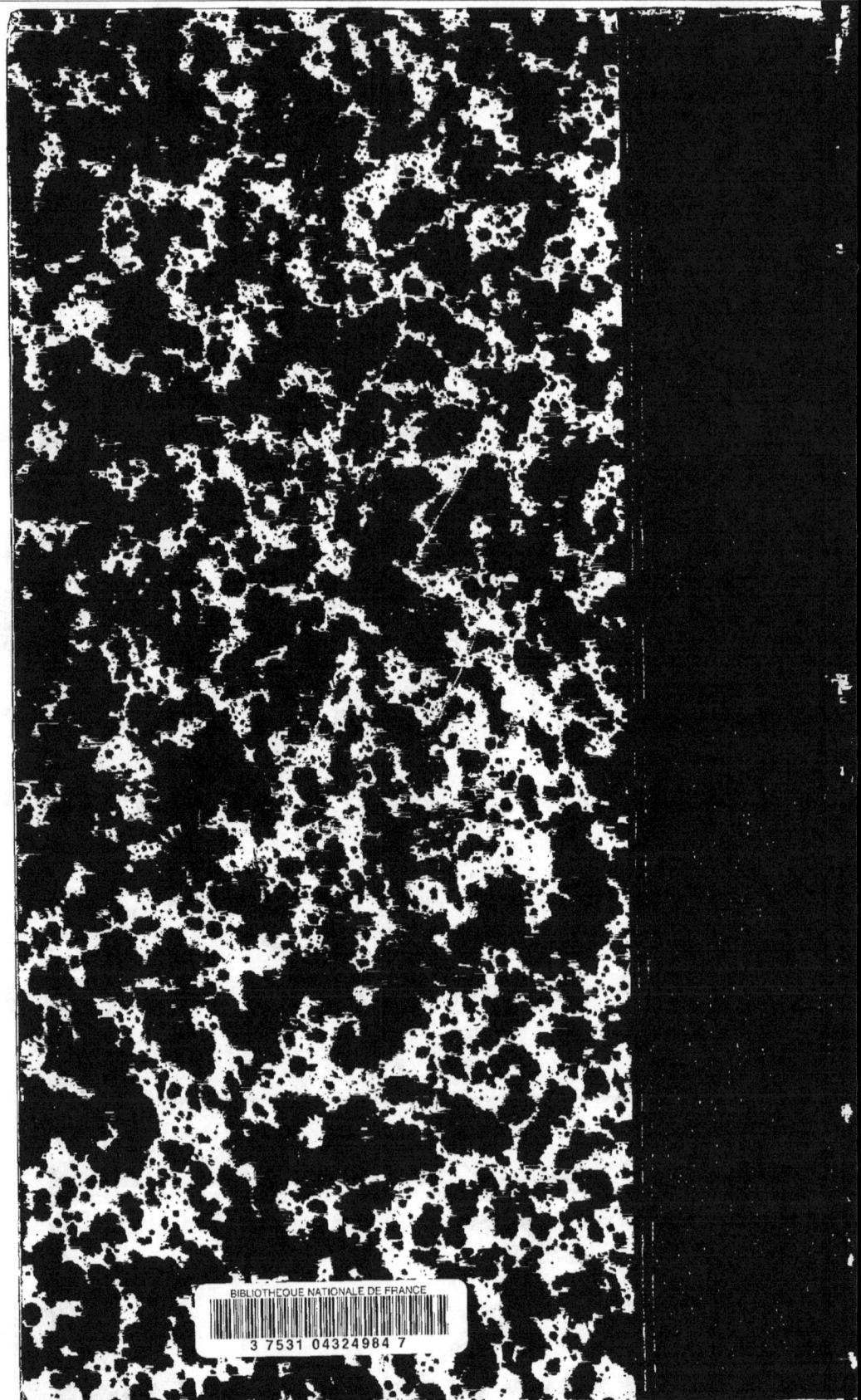

www.ingramcontent.com/pod-product-compliance
Lightning Source LLC
Chambersburg PA
CBHW071414150426
43191CB00008B/913